KB048201

인터폴의 세계

인터폴의 세계

초판 1쇄 발행 2021년 3월 25일
초판 2쇄 발행 2021년 3월 30일

지은이 김종양
펴낸이 정해종
디자인 유혜현

펴낸곳 ㈜파람북
출판등록 2018년 4월 30일 제2018 - 000126호
주소 서울특별시 마포구 양화로 12길 8-9, 2층
전자우편 info parambook.co.kr **인스타그램** param.book
페이스북 www.facebook.com/parambook/ **네이버 포스트** m.post.naver.com/parambook
대표전화 (편집) 02 - 2038 - 2633 (마케팅) 070 - 4353 - 0561

ISBN 979-11-90052-64-1 03300
책값은 뒤표지에 있습니다.

이 책은 저작물 저작권법에 따라 보호받는 저작물이므로 무단 전재와 복제를 금하며, 이 책 내용의 전부 또는 일부를
이용하시려면 반드시 저작권자와 ㈜파람북의 서면 동의를 받아야 합니다.

보다 더 안전한 세상을 향한 100년의 여정

인터폴의 세계

인터폴 총재 김종양 지음

INTERPOL

파람북

인터폴과 함께 걸어온 여정

평소 입버릇처럼 사용하는 말이 '굿 럭(Good Luck)'이다. 가난한 시골 출신으로 어렸을 때부터 모든 일이 뜻대로 되기를 바라는 일종의 자기최면이다.

2018년 세밑에 인터폴 총재에 당선된 것에 대해 친구이자 문화심리학자인 김정운 교수는 언론 기고문으로 쓴 글을 내게 보내주었다.

지난 주말 여수 가막만(灣) 입구에 벚꽃이 폈다. 아주 흐드러지게 피었다. 한겨울에 벚꽃이 환장한 거다. 내 친구 종양이 말년 운세도 그 벚꽃처럼 아주 미쳤다. 경기경찰청장까지 했으면 꽤 선방한 거다. 은퇴한 후, 트로트 음반을 취입하기도 했다. 쌍꺼풀과 짙은 속눈썹 때문에 그는 아주 느끼한 트로트 가수처럼 보인다. 그런데 은퇴하고도 몇 년이 지난 후 느닷없이 인터폴 총재가 된 거다. 중국인 인터폴 총재가 뜬금없이 행방불명되고, 러시아를 견제하려고 미국이 적극 지원하는 등, 예상치 못한 우연적 사건들이 동시다발로 일어난 결과다. 물론 평소 영어책을 손에서 놓아본 적이 없고, 매우 느끼한 종양이의 인상이 인터폴 회원국 대표들에게 어필했기 때문이기도 한다. 그러나 보통사람들에게 그렇게 '미친 벚꽃'처럼 환장할 일은 쉽게 일어나지 않는다.

친구의 격한 표현처럼 인터폴 총재는 어쩌면 내 인생에서 가장 큰 행운이다. 마치 운명처럼 나의 인터폴 스토리가 부총재에서 끝나기 직전에 찾아왔기에 더욱 그렇다. 당시 인터폴과의 관계를 조금 더 이어가기를 바라는 간절한 염원이 가져다준 천우신조의 기회였는지도 모른다. 혹시나 행운이 예고 없이 찾아왔을 때를 놓치지 않으려고 노력을 게을리하지 않은 것도 사실이다. 그동안 경찰인으로 살아오면서 세계 경찰의 총본산이자 상징인 인터폴을 향한 관심을 키워온 것은 당연지사였다. 조금 과장하면 한국인 최초 인터폴 총재라는 자리에 이르기까지 겪어온 시간들은 어쩌면 잘 짜인 한 편의 드라마로 느껴진다.

'외사통' 타이틀이 준 기회

개인적으로 경찰 간의 국제적인 협력 업무를 경험한 것은 2007년 주 LA총영사관 근무 시절이다. 재외국민 보호를 위해 영사로서 현지 경찰과 매일 연락하면서 사건, 사고를 해결했던 경험은 지금도 자부심으로 남아 있다. 이후 2012년 서울에서 개최된 제2차 핵안보 정상회의(Nuclear Security Summit)에서는 경찰청 기획단장을 맡아 참가국 대테러기관과 협력하여 경호와 치안에 이르기까지 완벽하게 소화해냈다. 이때부터 서서히 경찰 내에서 '외사통', 즉 국제 협력의 전문가로 불릴 수 있었다.

그 이듬해 승진과 더불어 경찰청 외사국장에 임명되었다. 외사국은 외국 경찰과의 협력을 전담하고 인터폴 대한민국 중앙사무국도 산하에 두고 있었다. 이때부터 본격적으로 인터폴에 눈을 뜨고, 인터폴 집행위원회 아시아 대표라는 목표를 차분히 준비하게 되었다.

집행위원을 선출하는 인터폴 총회는 매년 회원국의 경찰청장이나 장관, 실무자를 포함하여 2,000명에 가까운 경찰 관계자가 참석하는 대규모 국제회의다. 회의장에 들어서면 빼곡한 좌석 위에 놓인 명패만으로는 어느 나라 대표단이 어디에 앉아 있는지조차 가늠하기 어렵다. 통상 1

개 회원국을 무작위로 추첨해 맨 앞줄에 배치하고, 그 나라의 이름을 기준으로 전체 회원국을 프랑스어 알파벳 순서로 배열하는데, 선거가 있었던 2012년 로마 총회에서는 덴마크(Danemark)가 기준이 되어 우리나라(Corée)는 맨 뒷자리에 배정되었다. 처음에는 서운했지만 각국 대표단의 움직임을 파악하고 대표들과 자연스럽게 접촉하기에는 이보다 좋은 위치가 없었다. 공식적인 선거운동 시간이 많지 않았던 만큼 휴식 시간 틈틈이 모든 회원국 대표들과 일일이 만나 뜻을 전하고 지지를 호소했다. 특히 인터폴 선거의 특성상 어느 나라나 1표를 행사하는 만큼, 다른 후보들은 크게 신경 쓰지 않던 약소국 대표단에 정성을 다했다. 선거운동 기간 내내 "대한민국이 한강의 기적으로 불리는 성장을 이루는 데 대한민국 경찰이 큰 기여를 했듯이, 이제는 인터폴을 통해 안전한 세계를 만드는 데 기여할 수 있는 기회를 달라"는 메시지로 설득했다. 그 결과 2명을 뽑는 아시아에서 1위로 당선되었다.

당시 같이 당선된 카타르 후보의 경우, 선거 하루 전날 1,500만 달러를 인터폴에 기부하겠다는 양해각서(MOU)까지 체결할 정도로 정부 차원의 경쟁이 치열하게 전개되었다. 지금 생각해보면 다른 대표단들에게 줄 기념품 예산도 넉넉하지 않았던 상황에서 발품으로 노력한 결과라고 말하고 싶다.

한국인 최초 인터폴 총재까지

3년 후 아시아 부총재에 도전했다. 총회가 아프리카 르완다에서 개최되어 인천에서 두 번이나 비행기를 갈아타고 하루가 꼬박 걸려 총회장에 도착했다. 인터폴 공식 4개 언어별로 전담팀을 구성하고, 나라별로 대표단이 관심을 가질 만한 내용을 카드로 일일이 정리하여 암기할 정도로 치밀하게 준비해, 솔직히 여유 있게 당선될 수 있었다. "No greeting, no vote"라고 강조하던 어느 회원국 대표의 말이 지금도 기억에 생생하다. 상대 후보자가 관심을 주지 않은 것을 빗댄 것인데, 어느 나라를 불문하고 먼저 알아주는 사람에게 호감을 갖는 것은 인지상정인 듯싶다.

당시 재미있는 일화가 있었다. 기념품으로 준비한 휴대용 배터리를 항공사에서 실어줄 수 없다고 막아선 것이다. 다량의 배터리는 폭발 위험 때문에 항공기 화물에 실을 수 없도록 보안 지침이 강화되었다는 것인데, 한 번에 너무 많이 가져가니 판매용이 아닌가 오해도 있는 눈치였다. 다행히 경찰청에서 공문까지 보내고, 후발대가 소량으로 나누어 직접 기내에 싣고 가까스로 가져와 요긴하게 쓸 수 있었다.

2018년 10월 초로 기억된다. 당시 중국 국적의 인터폴 총재가 본국으로 들어간 후 수사를 받고 있다는 놀라운 이야기가 언론에서 흘러나왔다. 그로부터 며칠 후 사무총장에게 연락이 왔다. 중국 정부를 통해 총재의 사임 의사가 확인되었기에, 인터폴 헌장 규정에 따라 선임 부총재인 내가 총재 권한대행을 맡아야 한다고 했다. 총회를 한 달여 앞둔 시점에서 조속히 인터폴 조직을 안정시키고 국제기구로서 손상된 위상을 조속히 되찾아야 한다는 생각에 제안을 수락하고, 이어서 총재 출마 결심까지 굳게 되었다.

이미 공직을 떠나 있었지만 경찰청과 정부에서 외교 라인까지 동원하여 물심양면으로 선거를 지원해주었다. 한 가지 어려움은 총회 기간 내내 총재 권한대행으로 의장 역할을 맡아 회의를 진행하면서, 동시에 선거운동을 해야 한다는 점이었다. 더욱이 상대는 집행위원회에서 함께 다년간 일해온 러시아 출신 유럽 부총재라, CNN, BBC 등 주요 외신조차 '서방과 반대 진영의 대결'이라며 속보로 전할 정도로 지대한 관심을 보였다. 코소보 회원국 가입 등 어느 해보다 민감한 이슈가 많았음에도 회의를 매끄럽게 진행하여 유권자인 회원국에게 믿음을 주었고, 틈새 시간에는 마지막까지 거의 모든 대표들을 만나 지지를 호소했다. 그 결과 큰 차이로 총재에 당선될 수 있었다.

다시 돌이켜보아도 전혀 예견하지 못했던 우연한 일들이 서로 약속한 듯 이어지며 기회를 준 것이 사실이다. 하지만 인터폴 총재에 이르는 과정은 단순한 기다림이 아니라 보이지 않는 준비와 끝없는 노력의 연속이었다.

총재는 만능이 아닌 '가교'다

취임 초부터 세계 곳곳의 회원국과 국제기구를 직접 방문하고 회의를 주재하느라 쉴 틈 없이 바쁜 시간을 보냈다. 그러다 코로나 전염병으로 국내에 머무는 시간이 많아지면서 여러 지인들에게 다양한 질문과 요청을 받게 되었다. 예를 들면 인터폴 총재는 미국과 같은 강대국이 밀어주면 자동으로 되는 것 아닌가? 아주 흉악한 범죄를 저지르고 해외로 도주한 범인은 인터폴 직원을 동원해서 잡아올 수 없나? 인터폴이 적색 수배한 연예인이 캐나다에서 보란 듯이 활동하는데 왜 방치하나? 인터폴이 한국 수사기관에서 신청한 특정인의 적색 수배서를 거부한 적이 있는데, 이는 총재의 정치적인 성향에 기인한 것은 아닌가? 등등이다.

인터폴에 대한 이해의 부족이 오해와 갈등을 불러올 수 있다는 생각이 들었다. 이 책을 쓰게 된 계기도 여기에 있다. 대부분의 질문은 본문에서 충분히 설명하고 있다. 다만 마지막 질문에 대해서는 오해가 없도록 재차 강조하자면, 모든 적색 수배서는 각국의 경찰 전문가와 변호사로 구성된 인터폴 사무총국 내 수배 · 통지 실무단에서 형식적인 요건과 적정성을 1차로 심사하여 발부하고, 이렇게 발부된 수배서에 이의가 제기되는 경우, 국제 변호사들로 구성된 독립 기구인 인터폴 파일통제위원회에서 심의하여 구속력 있는 결정을 내린다. 인터폴에서도 적색 수배가 정치적 목적에 악용되는 것을 방지하고 오로지 국제 사법 정의를 구현하는 데 활용될 수 있도록 이중의 안전장치를 둔 것이다. 어떠한 조직이라도 총재나 소수에게 모든 권한이 집중되는 것은 결코 바람직하지 않다. 조직의 건강한 운영을 보장하기 위해서는 '견제와 균형'의 원리에 입각한 제도적인 힘의 분산이 반드시 필요하며, 이는 인터폴도 마찬가지인 것이다.

평소 총재로서의 신념은 '인터폴이 세계 곳곳의 경찰을 이어주는 가교(Bridge)'가 되는 것이다. 이를 위해 아프리카, 태평양 도서 지역처럼 소외된 곳에서 개최되는 회의, 행사에는 거리를 불문하고 찾아가 치안 관계자들의 목소리를 직접 듣고 인터폴의 정책에 반영시키기 위해 노력하고 있다. 인터폴의 역사적 발전 과정에서 비롯되어 현재까지도 남아 있는 유럽 중심의 인터폴 집행위원회 구성도, 모든 대륙이 동일한 대표성을 가질 수 있도록 개선안을 총재로서 직접 제안하여 회원국의 동의를 구하고 있다. 그리고 전 세계 순직 경찰관들의 희생을 기리기 위해 추진하고 있는 인터폴 기념사업도 조그마한 위안이다.

열정, 겸손, 자랑

국제관계에서는 언제나 국익이 최우선이다. 인터폴도 예외는 아니다. 회원국들은 국제범죄로부터 자국의 안전을 지키기 위해 교류하고 협력한다. 주요 선진국들이 의무적인 분담금 외에도 인터폴의 사업을 재정적으로 지원하여 소외 지역과 다른 회원국의 치안 역량을 높이려는 이유도 여기에 있다. 이런 맥락에서 그간 인터폴과 인연을 이어오며 대한민국의 기여를 확대하기 위해 노력해온 몇 가지 사례가 있다.

먼저 총재 취임을 계기로 시행하고 있는 인터폴 사업에 대한 재정 지원이 대표적이다. 우리나라에서도 심각한 이슈로 등장한 온라인 아동 성착취물, 전화 금융사기와 같은 금융범죄를 근절하기 위한 것으로, 한국 경찰이 주도적으로 참여하여 회원국들의 공동 대응을 이끌고 있다. 이를 위해 2022년까지 사업비로 연 15억 원이 투입된다. 의무적인 분담금 외에 우리나라에서 최초로 인터폴에 재정을 지원한 사례로, 인터폴 전체 펀딩 예산 중 2.2%를 차지하고 있다. 시기적으로 늦은 감이 있지만 한국 경찰의 인터폴 참여와 이를 통한 국제사회 기여를 확대할 수 있는 기회로 의미 있는 성과를 거두기를 기대한다. 가장 최근에는 문화체육관광부에서 한류 콘텐츠를 보호하기 위해 온라인 저작물 침해에 관한 인터폴 사업에 투자를 결정했다. 인터넷에서 벌어지고 있는 저작물의 불법 유통에 대해 국제적인 공동 대응을 유도하고, 범죄 활동으로 인한 불법 수익의 환수까지 목표로 하고 있다.

또 다른 예는 인터폴에서 일하고 있는 한국 출신 인력들이다. 현재 인터폴에는 세계 110여 개 국가에서 1,000여 명의 인력이 근무하고 있다. 사실상 그 나라 국력과 인력 규모가 비례한다. 집행위원을 시작하던 2012년만 해도 한국인은 2명에 불과했지만, 현재는 정부에서 파견한 인력과 인터폴이 직접 채용한 인력을 포함하여 10여 명이 대테러, 사이버, 해상 안전, 재정 등 다양한 분야에서 실력을 인정받으며 맹활약하고 있다. 총재로서 우리나라 전문가들이 인터폴에 더욱 진출할 수 있도록 지원하고, 그들의 활약상을 지켜보는 것은 내심 흐뭇한 일이다.

　마지막으로 항상 마음속에 '열정, 겸손, 자랑'을 새기고 있음을 밝히고 싶다. '일에는 열정을, 사람에게는 겸손을, 그리하여 누군가의 자랑이 되자'는 의미다. 부족하지만 이러한 다짐을 실천하기 위해 노력하여 인터폴 총재라는 자리에 이르는 행운을 얻게 되었다고 생각한다. 30여 년의 공직 생활을 마무리하고도, 이에 더하여 인터폴 총재라는 국제기구 최고의 지위에 이르는 과정에서 틈틈이 정리해온 자료들을 책자로 엮을 수 있었던 것은 개인적인 노력과 더불어 주변의 도움이 큰 힘이 되었다. 지면을 빌려 인터폴 총재직의 성공적인 수행을 위해 물심양면으로 지원해준 대한민국 정부와 경찰청 모든 분들께 깊은 감사를 드린다. 또한 총재에 이르기까지 세 번의 선거를 당선으로 이끌고 전례 없는 상황에서도 인터폴 총재의 직무를 원활하게 수행할 수 있도록 일상에서 보좌해준 총재 지원실 직원들에게도 따뜻한 위로와 고마운 마음을 전하고 싶다.

　이 책을 통해 많은 분들이 인터폴이 꿈꾸는 보다 더 안전한 세상을 이해하고 이러한 비전을 실현하는 데 함께할 수 있기를 바란다.

인터폴 총재 김종양

차례

부록

역사를 보면 미래가 보인다

지난 100년간 세계사와 함께하며 1, 2차 세계대전을 비롯한 수많은 굴곡에도 불구하고 발전을 거듭해온 인터폴은 이제 국제사회에서 경찰 협력을 주도하는 필수 불가결한 국제기구로 자리매김한 상황이다. 온오 프라인을 불문하고 거침없이 경계와 국경을 넘나드는 범죄에 대응하기 위해서는 어느 한 국가만의 노력이 아닌 국가와 국가, 지역과 지역, 나아 가 전 세계를 연결하는 네트워크가 해결책이다. '경찰을 연결하여 보다 더 안전한 세상을 만든다(Connecting Police for a Safer World)'는 비전을 가진 인터폴은 전 세계 모든 경찰을 촘촘히 이어주는 연결자이자 끊임없는 혁 신의 촉진자라고 정의할 수 있다. 가장 대표적으로 인터폴 수배서는 수 개월에서 길게는 몇 년씩 소요되는 범죄인 인도 절차를 대신하여 경찰 간 치안 협력만으로 강제 추방과 같은 즉시성 있는 조치를 가능하게 해 주는 효율적 수단으로 활용되고 있다.

일반 국민에게 인터폴이라고 하면 여전히 영화나 TV에서 비춰지는 것처럼 첨단 무기로 무장하고 뛰어난 전문성을 보이며 거악을 척결하기 위해 국경을 넘나들며 그 임무를 수행하는 국제경찰들이 모여 있는 조직 으로 여기는 경우가 대다수다. 그간 국내에 소개된 서적은 대부분 단편 적으로 인터폴을 다루었다. 그래서 일반인들은 물론 국제 치안 협력을 담당하는 현장 경찰관이나 국제 변호사 등 관련 전문가들도 인터폴을 제대로 설명해주는 자료를 접할 기회가 거의 없었을 것이다. 이러한 점을 감안하여 이 책은 관심과 흥미를 유발하기 위한 스토리보다는 인터폴에 대한 깊이 있는 이해를 도모하기 위한 기본서이자 해설서로 구성되었다.

이를 위해 1장에서는 인터폴의 역사에 대한 조명을 통해 세계사에서 인터폴이 걸어온 길을 되짚어 보았다. 2~5장에서는 인력 · 예산 · 법규 등 인터폴 조직 전반에 대한 소개와 더불어, 인터폴의 데이터베이스 및 수배서, 통지 등을 바탕으로 한 다양한 국제범죄에 대응한 인터폴의 활동, 그리고 한국 경찰과 인터폴의 관계에 대해서도 간략히 기술했다. 마지막으로 제6장에서는 인터폴이 직면하고 있는 도전과 위협, 미래의 주요 의제 및 거버넌스 이슈에 대해서도 압축적으로 제시하려고 노력했다. 전체적으로는 최대한 객관적 관점에서 인터폴의 역사, 현재, 그리고 미래를 연속선상에서 조명하면서도 단락별로 알기 쉽게 개념적인 설명과 예시, 사례, 주석, 도표, 사진 등을 최대한 상세히 포함하여 내용에 대한 이해도를 높이는 데 중점을 두었다. 이처럼 시간을 뛰어넘어 인터폴 세계에서 펼쳐지는 다채로운 이야기를 모두 담은 이 책이 여러분의 관심과 이해에 부합하기를 기대한다.

1

역사로 본 인터폴

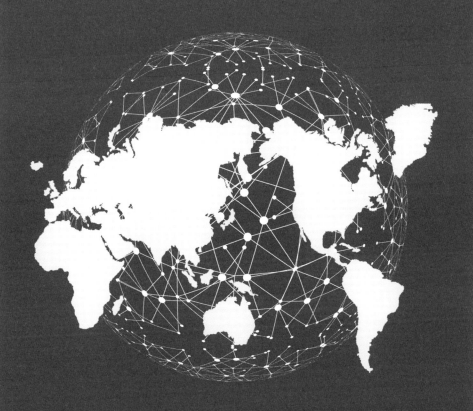

1. 인터폴에 대한 오해와 진실

흔히 영화나 드라마에 등장하는 인터폴[1] 요원들은 첨단 무기로 무장하고 국경을 넘나들며 거대한 범죄 조직을 소탕하는 만능 수사관으로 표현되곤 한다. 그러나 이런 인터폴의 모습을 현실에서 기대하기는 어렵다. 인터폴은 '국제범죄의 예방과 진압을 위해 인터폴 헌장과 각 회원국의 국내법이 허용하는 한도 내에서 국제범죄에 관한 정보를 교환하고 범죄자의 체포 및 인도에 대해 상호 협력하는 국제형사경찰기구(ICPO-INTERPOL, International Criminal Police Organization)'를 말하며, 일반인들이 생각하는 것처럼 국경을 넘나들며 수사권을 행사하는 특별한 권한과 능력을 가진 국제경찰을 의미하는 것은 아니다.

위에 제시된 인터폴의 의의와 관련하여 유의해야 할 사항이 두 가지 있다. 먼저 인터폴은 모든 일반 범죄가 아니라 범행의 계획과 실행, 결과에 이르는 과정에서 2개국 이상과 관련되는 '국제범죄(Transnational crime)'에 주안점을 둔다는 점이다. 여기에서 말하는 국제범죄는 제노사이드, 반인도적 범죄 등과 같이 전범 재판을 통해 형성된 국제관습법에서 제시하는 또 다른 의미의 '국제범죄(International crime)'와는 구별되는 개념[2]으로 여러 나라에 걸쳐 영향을 미치는 테러, 마약, 총기, 인신매매, 조직범죄 등을 망라하고 있다. 또한 최근 초연결의 시대를 맞아 날로 진화하는 사이버범죄를 비롯한 혁신 기술에 수반되는 새로운 위협들도 인터폴의 새로운 관심 분야로 대두되고 있다.

다음으로는 주권 국가로서 각 회원국별로 상이한 국내법상의 형사사법 절차와 수사 체계를 전제로, 이의 허용 범위 내에서 회원국의 경찰과 법집행기관 간의 협력을 도모한다는 점이다. 특히 나라마다 언어와

문화, 치안 역량이 다른 상황에서 일상으로 국경을 넘나드는 국제범죄를 수사하여 범인들을 추적, 검거한다는 것은 결코 쉬운 일이 아니다. 그러므로 인터폴에서는 회원국 간의 공조와 협력을 촉진할 수 있는 다양한 유형의 수단과 서비스를 개발하고, 회원국 경찰과 법집행기관들이 자국의 법적·제도적 특수성 속에서 상호 적용할 수 있는 국제적인 규범을 정립하여 실행하고 있다.

국제사회의 환경 변화와 이슈에 따라 인터폴의 정책 방향과 역할에 일부 변화가 있었던 것도 사실이다. 하지만 오늘날의 인터폴은 다음과 같은 현대적인 의미를 가진다고 할 수 있다. 첫째, 인터폴은 전 세계 경찰과 법집행기관의 '연결자(Connector)'다. '경찰을 연결하여 더 안전한 세상을 만든다(Connecting police for a Safer World)'라는 인터폴의 비전이 상징하듯, 지구촌 곳곳의 경찰을 상호 연결하는 핵심적인 가교 역할을 하고 있는 것이다. 특히 기술적인 수단으로 인터폴의 전용 보안통신망인 I-24/7은 전 세계 경찰과 법집행기관을 실시간으로 연결하는 신경망으로 작동하고 있다. 둘째, 인터폴은 국제 경찰협력의 '글로벌 플랫폼(Global platform)'이라고 할 수 있다. 인터폴 외에도 유로폴(Europol)과 같이 지역별로 다양한 경찰협력기구가 운영되고 있지만, 해당 지역을 벗어나 다른 국가 및 지역과의 협력을 위해서는 전 세계적인 협력 플랫폼을 보유한 인터폴이 필수불가결한 존재다. 지금 이 시간에도 인터폴 데이터베이스에 저장된 1억여 건의 자료를 대상으로 세계 곳곳에서 1초당 172건의 조회가 실시되고 수배자, 도난 여권 등 연간 100만 건 이상의 유의미한 조회 결과가 실시간으로 전 세계 경찰과 법집행기관에 공유되고 있다. 세계 주요 공항과 항만에서 국제범죄자들이 위조 여권을 이용하여 출입국을 시도할 때 진위 여부를 검색할 수 있는 자료가 바로 인터폴에서 관리하고 공유 중인 도난 분실 여권 데이터베이스다. 셋째 인터폴은 각국 경찰 간 협력의 '조정자이자 촉진자(Coordinator & Facilitator)'다. 이와 관련하여 영어, 프랑스어, 스페인어, 아랍어의 네 가지 공용어로 24시간 365일 가동되는 인터폴 지휘조정센터(Command and Coordination Center)를 통해 전 세계 모든 회원국의 긴급한 지원 요청을 처리하고, 테러와 재난 등 주요 사건에는 사건 대응팀을 파견하여 대응하고 있다. 마지막으로 인터폴은 '규칙 제정자(Rule-setter)'이다. 최근 국제연합에서는 총회를 통해 종전의 UN 안보리 제재 대상인 테러범들에 대한 인터폴 특별 수배서 외에도 외국인 테러 전투원(FTFs) 및 인신매매, 불법 무기 등 국제적인 조직범죄에 대한 인터폴과의 협력을 강화하기 위한 결의안을 체결하는 등 국제사회에서 인터폴의 효용과 존재감이 높아지고 있다. 이와 더불어 인터폴에서는 학계, 연구소, 민간기업 등 국제 안보 분야의 다양한 이해당사자들과도 협력의 외연을 더욱 넓혀가고 있다.

오늘의 모습에 이르기까지 인터폴은 다른 국제기구에서는 보기 드문 상당히 복잡한 발전 과정을 겪어왔다. 여기에는 유럽 중심의 경찰 간 자발적인 비정부 기구로 출발하여, 현재는 UN보다 많은 194개 회원국을 보유한 세계 최대의 국제 경찰협력기구이자 정부 간 국제기구(Intergovernmental Organization)가 되기까지 수많은 사연이 담겨 있다. 또한 현재 적색 수배서와 인터폴이 표방하는 정치적 중립성의 한계 등에 대한 국제사회의 일부 이견과 더불어, 인터폴은 끊임없이 새로운 도전에 직면하고 있는 것도 사실이다. 어떤 사안이든 실체를 제대로 이해하기 위해서는 먼저 배경과 역사를 살펴봐야 하듯이, 인터폴을 제대로 알 수 있도록 한 세기에 걸친 인터폴의 역사를 먼저 살펴보고자 한다.

2. 아이디어, 그리고 희망사항

사실 각국 경찰 간 국제 협력의 필요성은 이미 19세기 말 유럽에서 부터 본격적으로 제기되었다. 당시는 여권이나 비자 제도가 제대로 정착 되지 않아 국경이 제대로 관리되지 않던 시기로, 오전에 유럽의 한 도시 에서 커피와 크루아상을 곁들여 신문을 즐기다가 오후에 여유 있게 짐을 꾸려 기차를 타고 별다른 제재 없이 국경을 넘어 다른 도시로 이동하는 새로운 범죄자들이 나타나는데도 경찰은 그저 지켜볼 수밖에 없었다. 당 시에도 일부 국가 간에는 범죄인 인도 조약이 체결되어 있었지만, 짧게 는 몇 개월에서 길게는 몇 년씩 걸리는 사법 절차를 통해 범죄인들을 다 시 본국으로 송환하기란 거의 불가능했다. 이와 더불어 비행기와 자동차 가 본격적으로 일상생활에서 대중화되면서 기동성이 높아진 신종 범죄 자들에 대한 대책이 시급히 필요했다.

이러한 시대 상황에서 인터폴의 시작이 되는 아이디어가 등장했는 데, 이는 일반인들의 예상과는 달리 경찰이 아니라 유럽의 유명 관광지 이자 작은 도시 국가인 모나코 왕실에서 제시되었다. 예나 지금이나 모 나코는 카지노와 관광이 재정 수입의 상당 부분을 차지하여 국제적으 로 자국을 알리는 것이 늘 왕실의 주요 관심사였다. 이러한 목적의 일환 으로도 볼 수 있겠지만, 1914년 4월 당시 모나코를 통치했던 앨버트 1 세 왕세자가 각국의 법학자와 고위급 경찰관들을 초청하여 국제경찰 공 조를 위해 최초로 개최한 '국제형사경찰회의(International Criminal Police Congress)'가 인터폴이 탄생할 수 있었던 결정적인 계기가 된 것이다. 왕세 자가 어떤 사유로 국제 경찰협력에 관심을 갖게 되었는지에 대한 재미있 는 비화[3]가 있어 소개하면 다음과 같다.

왕세자 앨버트 1세

　당시 부인과 이혼하고 혼자였던 왕세자는 카지노를 찾아온 젊고 예쁜 독일 여성과 사랑에 빠졌다. 그녀는 비밀 통로를 통해 왕궁 내 왕세자의 거처를 경비원 몰래 자유로이 오갈 수 있었다. 하지만 그녀에게는 카지노에 같이 온 다른 남자 친구가 이미 있었다. 이 여성은 왕실 내 귀중품이 많다는 것을 알고 남자 친구와 공모해 이를 훔쳐 도주하기로 작정했다. 그리고 어느 날 밤 그녀가 왕세자와 벤치에서 시간을 보내는 동안 남자 친구가 비밀 통로를 이용하여 왕실 내 귀중품을 훔쳐 이탈리아로 흔적도 없이 달아나는 사건이 발생했다. 황당한 사건에 모나코 경찰은 도망친 범인을 검거하기 위해 모든 노력을 다했지만, 결국 할 수 있는 일은 아무것도 없었다. 당시만 해도 모나코 경찰이 국외에서 활동할 수 있는 법적 근거가 없었을 뿐만 아니라 다른 나라의 경찰로부터 협조를 구할 수 있는 통로도 없었기 때문이다. 이에 앨버트 왕세자가 직접 외국의 경찰 관계자들을 초청해 이 같은 상황에 대한 대응책을 마련하는 데 직접 나섰다는 것이 대강의 내용이다.

　자초지종이야 어찌 되었든 1914년 4월 14일부터 20일까지 6일간 개

12가지 희망사항과 이를 소개한 기사

최된 최초의 국제형사경찰회의에는 24개국[4] 경찰관뿐만 아니라 법학자, 변호사 등 180여 명이 참석하여 큰 성공을 거두었는데, 참석자들은 급증하는 국제범죄에 효율적으로 대처하기 위해 국가 간 경찰 협력이 절대적으로 필요하다는 데 인식을 같이하고 에스페란토어[5]의 보편적인 사용 전까지 공용어로 프랑스어 사용, 경찰관 대상 과학 수사 실무 교육기관 확대, 통일된 국제범죄 기록 도입 및 국제 신원 확인 기구(International Identification Bureau) 창설, 범죄인 인도 절차의 표준화 등을 촉구하는 12가지 희망사항(Wishes)을 정리하여 언론에 발표했다.

당시 회의는 유럽을 중심으로 한 주요국 경찰 간의 회합이라는 성격이었지만, 국제범죄와 관련하여 개최된 최초의 국제적인 경찰회의로서 인터폴이 탄생하는 계기가 되었다는 점에서 의미가 크다. 하지만 2년 후 루마니아 부쿠레슈티에서 개최하기로 계획했던 제2차 국제형사경찰회의는 같은 해 7월 23일 발생한 역사적 사건인 오스트리아-헝가리 제국 황태자 암살과 제1차 세계대전의 발발로 실현되지 못했다.

3. 현대사에서 인터폴이 걸어온 길

(1) 1923년, 인터폴의 재탄생[6]

제1차 세계대전 후 유럽 사회는 전쟁의 여파로 인해 강절도 등 일반 범죄가 급증하고, 무정부주의자들의 파업과 민족주의자들의 정치 암살, 공산주의 혁명과 폭동 등 정치적 극단주의가 폭력으로 이어져 극도의 혼란이 지속되었다. 또한 베르사유 조약에 따라 패전국인 오스트리아-헝가리 제국은 6개국으로 분리되었고, 오스트리아 영토도 종전 제국의 극히 일부로 축소되었다. 이러한 상황에서 전후 5년이 지난 1923년, 오스트리아의 노련한 정치인이자 경찰청장으로 비엔나 청장까지 겸임했던 요한 쇼버(Johan Shober) 박사[7]는 전후 위조 화폐와 같은 심각한 국제범죄 문제에 대처하고 국제사회에서 오스트리아의 위상과 자존심을 회복하기 위해, 비엔나에서 제2회 국제형사경찰회의를 개최하여 인터폴이 다시 탄생할 수 있는 결정적인 계기를 마련했다. 9월 3일부터 5일간 개최된 이 회의에는 유럽 지역 경찰을 중심으로 17개국[8] 138명이 참석했고, 마지막 날에는 상설 기구로 국제형사경찰위원회(ICPC: International Criminal Police Commission)를 설치하고 매년 총회를 개최하기로 결의했다. 또한 회의에서는 쇼버 박사를 총재로 선출하고, 위원회의 상설 국제사무소(International Bureau)를 비엔나 경찰청사 내에 두기로 결정했다.

현재 인터폴에서는 이 위원회가 설립된 1923년을 공식적인 조직의 시작 시점으로 기산하고 있고, 1956년 국제경찰형사기구(International Criminal Police Organization)로 명칭을 변경하기까지 위원회라는 명칭을 유지했다. 인터폴이라는 지금의 명칭은 1946년부터 전신 약호로 'International police'를 'Interpol'로 축약해 사용하면서 비롯된 것이다.

제2회 국제형사경찰회의 참석자들

참고로 초창기 인터폴 조직 운영을 위한 인력과 예산 등은 오스트리아 경찰에 전적으로 의존했으며, 이런 상황은 1928년 총회에서 회원국별로 분담금 납부(인구 1만 명당 1스위스 프랑)를 결정할 때까지 지속되었다. 또한 일부에서는 '위원회는 사실상 국제범죄 사건을 다루는 비엔나 경찰의 연방사무소'라거나 '유럽 국가 중심의 경찰 간 신사 모임' 정도에 불과하다는 지적[9]도 제기되었다. 어쨌든 이 회의를 계기로 인터폴이라는 존재는 사실상 공식 출범할 수 있게 되었고, 이후 100년에 걸친 기간 동안 명실상부한 세계 최대 규모의 국제경찰기구로 성장하게 되었다.

(2) 1923~1945년 : 전쟁의 여파

국제형사경찰위원회는 설립 이후 국가 간 경찰 협력을 위한 기반을 마련하기 시작했다. 위원회 국제사무소에 위조 화폐, 지문, 위조 여권, 마약 밀매, 범죄자 등 분야별 전담 부서가 설치되었고, 인터폴 자료(Interpol files)[10]가 정리되어 회원국 경찰 간의 공조 활동을 지원했다. 이와 더불어 1925년 벨기에를 시작으로 주요국에서 인터폴 업무를 전담하는 국가중

국제형사경찰위원회 활동 모습

앙사무국(NCB, National Central Bureau)이 설치되었으며, 1927년 총회에서는 회원국별로 사무국 운영을 의무화하는 결의안이 채택[11]되었다.

초기 인터폴에서 발전시킨 업무 중 하나는 국제 공개 수배로, 이는 1925년 1월부터 국제형사경찰위원회에서 최초로 격주 단위로 발간한 「국제 치안(International Public Safety)」이라는 잡지에 회원국에 의해 수배된 범죄자들 가운데 국제적인 성격과 중요도를 고려하여 목록을 수록한 데서 시작되었다. 당시 목록에 포함된 수배 내용들은 소매치기, 강간 살인, 횡령, 절도, 실종, 신원불상 사체 등으로 사건 성격을 보면 오늘날과 큰 차이가 없었다. 몇 가지 사건들[12]을 소개하면 다음과 같다.

호텔 절도
1924년 11월 17일 저녁 한 미국 사업가가 비엔나 소재 한 고급 호텔에서 다음과 같은 귀중품 도난 : 신탁회사 발행 650달러 및 800달러짜리 여행자 수표 2매, 500크로네 지폐 84,000장, 5,000프랑스 프랑, 50달러 지폐 1장, 5~6cm 길이와 1cm 넓

이의 백금 브로치 1개, 다이아몬드 9개, 금 걸쇠가 있는 진주 목걸이. 용의자는 칼 스프로가(Karl Sproga, Charles Sparage), 1889년 4월 3일 코소보생으로 리가에서도 거주. 1924년 11월 17일 절도 사건이 발생한 날 아침 일찍 갑자기 호텔에서 베를린에 있는 가족을 만나기 위해 떠난다고 했으나 현재까지 소재 불명. 제노아 경찰에서 제공한 정보에 의하면 평균 키, 창백한 안색, 금발로 이미 호텔 절도로 체포된 전과가 있음. 이 사건 관련된 모든 제보는 베를린 경찰에 연락 요망.

강간 살인
1924년 5월 19일 15세 소녀를 강간 살해한 크라우스 오토(Krause Otto)에 대해 독일 라이프치히 법원에서 수배. 한때 기계정비사로 일한 적이 있지만, 상습적인 강도로 수년간 복역한 경력 있음. 163cm의 키, 넓은 어깨, 짙은 금발, 계란형 얼굴, 신체 곳곳에 문신이 있음. 특히 왼쪽 팔뚝에는 문장과 O.K라는 글씨가 함께 있는 닻, 왼쪽 팔목에는 팔찌, 오른쪽 팔목에는 별모양 문신을 보유. 현재는 다른 나라로 도주했을 가능성이 큼. 발견 즉시 체포하여 라이프치히 법원과 경찰에 인계 요망.

횡령
카다마키스 미쿨라스(Kardamakis Mikulas)는 크레타섬 1898년 4월 23일생으로, 그리스의 영주권을 보유 중이며 아테네 소재 미국 회사(American Express Company)에서 거액의 수표를 횡령. 160cm의 키, 검은 머리와 턱수염, 적갈색의 눈, 두툼한 입술. 검거에 도움을 준 사람에게는 1,000달러 보상. 프라하 경찰에 연락 바람.

수배
독일 바덴주 경찰에서 조세프 프란츠(Josef Franz) 수배. 원래 수표 위조범으로 시계상 행세. 바덴바덴 1892년 6월 16일생, 이혼. 사기와 절도로 실형 선고. 뮌헨과 스위스, 브라질에서도 범행. 신용을 얻어 물건을 구매한 후 대금을 지급하지 않는 사기 수법. 1924년 11월 몇몇 시계 제조사로부터 3,000마르크 상당의 시계를 공급받아 처분 후에 스위스나 브라질로 도주한 것으로 추정. 체포 영장 발부. 스위스에서 체포하면 독일 바덴주 경찰에 인계 요망(실제 1925년 4월 스위스에서 체포되었지만 독일로 인계 과정에서 도주).

이후 1932년에 일반 행정 업무를 총괄하는 사무총장(Secretary General) 직위를 신설[13]하는 법적 근거를 마련했고, 1934년 총회에서는 비엔나 경찰청장이 자동으로 국제형사경찰위원회 총재직을 겸임하도록 결의했다. 또한 회원국 간의 의사소통과 일상 업무 공조를 지원하기 위해 1935년 처음으로 국제 무선 네트워크(International Radio Network)를 구축하여 위원회의 본부 사무소가 있는 비엔나를 중심으로 암스테르담, 베를린, 브뤼셀, 파리, 바르샤바, 취리히 등 회원국 국가중앙사무국과 상시 통신 네트워크를 갖게 되었다. 유럽 중심이라는 한계가 있었지만, 인터폴은 설립 이후 1938년 초까지 회원국이 34개국으로 확대되었으며, 추가로 미국도 인터폴에 가입함으로써 세계적인 명성을 얻게 되었다. 하지만 이후 나치 독일에 의해 오스트리아가 합병되고 유럽을 비롯한 전 세계가 2차 세계대전의 소용돌이에 빠지게 되면서, 인터폴에도 커다란 시련의 시기가 찾아오게 되었다.

나치 독일의 인터폴 점령과 악용

홈페이지를 비롯한 인터폴의 공식 자료에서는 2차 세계대전 기간 나치 독일이 오스트리아를 합병한 시기[14]부터 전후 위원회가 재건되기 전까지 8년간(1938~1946)은 인터폴 조직의 활동이 정지된 것으로 해석하고 있다. 이와 관련하여 1938년 6월 루

나치 독일 당시 베를린 교외 인터폴 본부 전경

마니아에서 개최된 총회에서 프랑스, 영국 등 서방 열강들은 나치 독일에서 임의로 총재를 교체한 것에 대해 불만을 제기하고 국제형사경찰기구 본부 사무소의 소재지를 당시 국제연맹이 소재한 스위스 제네바로 이전하는 것을 안건으로 제출했으나 치열한 논란 끝에 부결되었다. 이후 1939년 9월 1일 독일이 폴란드를 침공함으로써 2차 세계대전이 발발함에 따라 베를린에서 예정된 총회가 취소되었고, 연합국 측 회원국들은 나치 지배하에 들어간 인터폴과의 관계를 중단하게 되었다.

사실 전쟁 기간 인터폴은 기능이 정지되었다기보다는 나치 독일에 의해 악용되었다는 것이 더 정확한 표현이다. 당시 상황을 소개하는 인터폴 자료[15]에 의하면 사무총장인 오스카 드레슬러(Oskar Dressler)는 나치에 협조하여 1940년 6월 인터폴의 본부를 베를린으로 이전하는 제안을 서면으로 통과시킨 후, 1941년 4월 베를린 교외완시(Wannsee)에 있는 빌라 건물을 개조하여 활동을 지속했던 것이다.

인터폴은 독일 제3제국 게슈타포, 비밀경찰 등과 같은 경찰 조직 산하에 편제되어 사실상 나치 지배하에 들어갔으며, 전쟁 기간 중에도 위원회 명의로 정기적으로 국제범죄지(International Criminal Reviews)를 발간하고 수배서를 발부하는 등 1945년 초까지 독일 점령지 및 일부 중립국 사이에서 국제범죄 검거를 위한 국제 공조 요청 등 협력 활동을 이어간 것이 일부 자료에서 확인되고 있다. 하지만 1945년 나치 독일이 패망함에 따라 베를린으로 이전한 국제형사경찰위원회의 모든 조직과 활동도 사라지게 되었다.

(3) 1946~1989년 : 파리 시대

전후 폐허가 되다시피 한 유럽 전역에서는 새로운 갱단이 등장하고 극심한 인플레이션과 함께 나치 독일이 강제수용소를 통해 제조한 대규모 위조지폐가 유통되어 경제 혼란과 국제범죄가 급증하는 등, 극도의 치안 불안 상황이 지속되었다. 이러한 정세 속에서 당시 벨기에 정부의 제안으로 1946년 6월 3일 브뤼셀에서 제15회 국제형사경찰위원회 총회[16]가 개최되어 인터폴은 다시 재기할 수 있게 되었다. 이 회의를 통해 인터폴은 기존 헌장을 개정하여 총재 및 부총재 등 모든 임원을 선출직으로 전환하고, 영어와 프랑스어를 공식어로 채택했다. 또한 총회에서는 위원회의 새로운 본부를 파리에 두기로 결정[17]했고, 사무총장으로 당시 프랑스 사법경찰청장인 루이 뒤클로우(Louis Ducloux)를 선정했다.

같은 해 위원회 사무총국에서는 'International Police'의 축약형으로 'Interpol'이라는 단어를 전신 주소로 등록하고, 회원국들과의 공식 문서에 사용하기 시작하면서 '인터폴'이라는 이름이 본격적으로 사용되었다. 또한 「국제형사경찰리뷰(International Criminal Police Review)」라는 기관지를 만들어 배부하기 시작했고, 수배 내용에 따라 인터폴 수배서를 처음으로 적색, 녹색, 청색, 황색, 흑색으로 구별[18]했고, 1947년에는 경찰관을 살해

전후 제15회 국제형사경찰위원회 총회

한 러시아인을 대상으로 최초의 적색 수배서(Red Notice)를 발부했다.

인터폴은 1956년 비엔나 총회를 통해 헌장을 개정하고 조직의 공식 명칭을 종전의 국제형사경찰위원회(ICPC, International Criminal Police

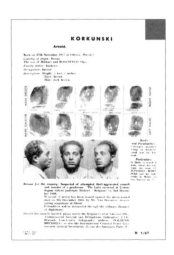

인터폴 1호 적색 수배서(1947년)

Commission)에서 국제형사경찰기구(ICPO, International Criminal Police Organization)로 변경하고, 예산도 프랑스 정부의 지원에 일부 의존하던 관행에서 벗어나 회원국 분담금과 특별기금으로 모두 충당함으로써 국제기구로서의 재정적인 자율성을 확보하게 되었다. 또한 1956년 개정된 헌장에서는 '인터폴이 정치적, 군사적, 종교적 또는 인종적 성격을 띤 어떠한 개입이나 활동을 수행하는 것은 엄격히 금지된다'는 규정을 신설하여 정치적 중립성 원칙을 명확히 정립했다. 당시 이 원칙의 필요성을 상징적으로 보여주는 사건이 있었다.

체코 민항기 납치 사건

1950년 3월 24일 프라하로 향하던 체코 항공사 소속 민항기 3대가 자국의 비행사들에 의해 납치되어 뮌헨 외곽에 있는 미국 공군기지에 긴급 착륙하는 사건이 발생했다. 탈출을 기획했던 2명의 기장은 이틀 뒤 기자회견에서 자신들은 2차 세계대전 기간 영국 공군에 복무한 경력과 기독교를 믿고 있어 이미 공산화된 체코 정부에 의해 처형될 것을 두려워하여 친구, 가족과 함께 미국으로 망명을 신청하기 위해 항공기를 탈취한 것이라고 밝혔다. 이와 관계없는 나머지 승객들은 다시 체코로 송환되었다. 이후 체코 정부는 미국 당국에 자국민 납치 혐의로 조종사들과 관련자 모두의 신병을 인도해줄 것을 요청했으나 거절되자 인터폴 사무총국에 이들에 대한 적색 수배서를 요청했다. 인터폴에서는 이 사건의 동기보다는 납치에 대한 일반 범죄 성격을 감안하여 '정치적이지 않다'고 보고 적색 수배서를 발부했다. 그러나 미국 FBI는 이후에도 신병 인도를 거부하는 한편 오히려 인터폴이 헌장 제1조 부칙에 기재된 정치적 사건 개입 금지 원칙[19]을 위배했다고 주장하며, 같은 해 12월 인터폴 회원국 탈퇴를 발표하게 되었다. 하지만 재무부나 마약 단속국 등 미국 내 다른 연방정부 기관들은 FBI의 이러한 조치에도 불구하고 이후 인터폴과의 협력 관계를 지속하여,[20] 미국

1969년 제3회 아프리카 지역회의(에티오피아 아디스아바바)

은 회원국으로서의 지위를 유지하게 되었다.

　1960년대 들어 인터폴은 마약 밀매, 조직범죄, 법과학 등 다양한 분야에서 UN 등과 같은 국제기구 및 전문가들을 초청하여 심포지엄을 개최함으로써 국제범죄 분야에서 협력을 주도하기 시작했다. 1963년에는 지역 내 경찰 정보와 전문성을 공유하기 위해 아프리카 라이베리아의 수도 몬로비아에서 최초로 인터폴 지역회의[21]를 개최하여 유럽에 편중되어 있던 활동에서 탈피하여 본격적으로 국제적인 면모를 갖추기 시작했다. 또한 1964년에는 총회의 결정을 통해 전 세계를 지리적 성격에 따라 아프리카, 미주, 아시아, 유럽의 4개 대륙으로 구별하고, 인터폴의 핵심 정책 결정 기구이자 감독 기구인 집행위원회도 총재와 더불어 대륙별 부총재와 집행위원 13명으로 재구성[22]함으로써 지역별 대표성을 확보하게 되었다.

프랑스 파리 소재 인터폴 본부 건물 전경(24 rue Armengaud, Saint-Cloud)

　　당시 여러 영화의 소재가 될 정도로 국제적인 명성을 가지고 있던 인터폴은 1967년에 이미 100개 회원국을 보유하게 되었으며, 재정적으로도 회원국의 분담금에 근거하여 같은 해 파리 외곽 생클루 지역에 현대적인 7층짜리 본부 건물을 신설하여 입주했다. 또한 1971년 UN으로부터 정부 간 국제기구(Inter-governmental International Organization)로서 완전한 법적 지위를 인정받게 되었으며, 다음해에는 프랑스 정부와 본부협정(Headquarters Agreement)을 체결하여, 국제기구로서 면세 및 면책특권 등을 확보하게 되었다. 1980년에는 인터폴의 이름, 이니셜, 엠블럼, 기(旗)와 같은 고유한 상징23들을 세계지적재산권기구(WIPO)에 등록함으로써 법적으로 무단 도용이나 오용을 방지하고 있다. 미국에서도 1983년에 국제기구 면책특권법(International Organization Immunities Act)에 따라 인터폴을 이에 해당하는 국제기구로 분류하고 관련 권리를 인정했다.

업무 면에서도 인터폴은 많은 변화를 맞이하게 되었다. 특히 1982년 총회의 결정으로 '국제 경찰협력 및 인터폴 문서 통제 규정'[24]을 제정하여 성명 정보 및 지문과 같은 개인정보의 합법적인 처리 근거를 마련했고, 1984년에는 국제 테러리즘에 대한 강력한 비난과 함께 회원국 간의 공동 대응을 강조하는 총회 결의문을 채택하여 자국과 관계없는 다른 나라 사람들의 생명, 재산 등에 심각한 위협이 되는 범죄에 대해서는 정치적 동기에 의한 것이라도 헌장 제3조 정치적 개입 금지 적용 범위에서 제외시켜 테러 범죄에 대한 인터폴의 개입 근거를 명문화했다. 1980년대 중반부터 '인터폴 현대화 계획'에 따라 본격적으로 컴퓨터 기반의 범죄정보시스템(Criminal Information System)을 구축하고 종전 문서로 기록하던 파일들을 전산화함으로써 새로운 업무 처리 기반을 마련했다.

인터폴 현대화 계획

공식적으로는 1987년 총회에서 승인을 받아 시행된 '인터폴 현대화 5개년 계획'으로, 완전히 전산화된 업무 처리를 위해 인터폴 사무총국과 회원국 간 국제적인 전용 네트워크를 구축하는 사업이라고 할 수 있다.

실제로 인터폴은 1980년대 초부터 컴퓨터를 도입하기 시작하여, 1986년에는 회원국 간에 사무총국을 거치지 않고 직접적인 정보 교환이 가능한 자동 전환 장치(Automatic Switch Equipment)를 구축했고 메시지 처리 전담 부서를 설치하는 등 업무 전반을 재설계해가는 상황이었다. 이후 1990년 제2차 5개년 계획을 시행하여 지역사무소 및 치안력이 상대적으로 약한 회원국 국가중앙사무국(NCB)을 본격적으로 지원하게 되었다.

이 시기 인터폴은 인원과 활동 범위가 늘어남에 따라 1983년 총회의 의결을 통해 새로운 본부 건물의 이전지로 프랑스 제2의 도시인 리옹을 선정[25]하여 본격적으로 추진했다. 이후 1986년 5월 16일 금요일 저녁에는 프랑스 과격단체인 'Action Directe'에 의해 테러 공격을 받아 건물을 지키던 경찰관 1명이 부상을 입고 파리 본부 건물이 부서지는 피해를 당하기도 했다.

(4) 1989년~현재 : 리옹 시대

1989년 11월 27일 인터폴은 신축된 프랑스 리옹 본부로 이전을 완료하고, 당시 미테랑 프랑스 대통령이 참석한 가운데 본격적으로 인터폴의 리옹 시대를 알리는 개소식을 개최했다. 이 해 인터폴의 회원국은 이미 150개국에 이르게 되었다.

기술 면에서도 인터폴은 1992년부터 인터폴 데이터베이스에 대한 자동화된 원격 조회시스템을 구축하고, 이듬해 범죄정보분석팀(Analytical Criminal Intelligence Unit)을 설치하여 용의자와 범죄의 지리적 관련성 등을 연구하고 범행 패턴을 분석하여 위험을 미연에 경고할 수 있는 기능을 추가했다. 인터폴의 강력한 수단인 데이터베이스들도 차츰 체계를 갖추게 되었다. 2000년에는 종전 카드로 관리되던 지문을 자동지문인식시스템(Automatic Fingerprint Identification System)으로 전환하고, 이후에 도난, 분실 여권 및 DNA 등 다른 감식 정보들도 데이터베이스로 확대 구축[26]해나감으로써 본격적인 컴퓨터 시대에 대비했다. 2002년에는 인터폴 전용 통신망인 I-24/7[27]을 개발하여 모든 회원국이 인터폴 데이터베이스의 관련 정보에 접속 · 공유할 수 있는 플랫폼을 제공하게 되었다.

활동 면에서도 국제사회 내에서 그 범위를 확장했다. 2002년부터 인터폴 국제행사 안전 지원 및 사건 대응팀(IMEST & IRT)을 직접 파견하여

프랑스 리옹 소재 인터폴 본부 전경

회원국 활동을 적극 지원하고 있다. 또한 사건 관련해서도 회원국의 긴급한 요청에 신속히 대응할 수 있도록 2003년에 최초로 사무총국에 지휘조정센터(Command and Coordination Center)를 설치하고, 이후 싱가포르와 부에노스아이레스에도 센터를 추가 설치하여 시간대에 따라 교대로 24시간 365일 4개 공용어를 통해 지원하고 있다.

리옹 시대에 접어들어 인터폴은 대륙별로 지역 내의 국제범죄 수요에 대응하고 경찰 간 협력을 구체화하기 위해 1992년 태국 방콕에 연락사무소를 개설한 이후, 미주와 아프리카에 7곳의 지역사무소를 개설하여 운영하고 있다. 또한 주요 국제기구와의 관계에서도 2004년 뉴욕 소재 국제연합(UN)에 인터폴 대표부를 설치한 이후, 현재는 유럽연합(EU) 및 아프리카연합(AU)까지 대표부를 확대한 상태다. 이외에도 테러와 마약, 이민과 항공 등 다양한 국제 이슈와 관련된 국제기구들과도 협력 약정

싱가포르 인터폴 국제혁신단지

을 확대하여 공동 대응 방안을 모색하고 있다. 또한 인터폴은 디지털 시대에 맞게 변화와 혁신의 중심축 역할을 담당할 수 있도록 2015년에 사실상 제2의 청사로서 싱가포르에 인터폴 국제혁신단지(INTERPOL Global Complex for Innovation)를 설치하고, 사이버범죄 대응, 연구 개발, 혁신 교육 등 첨단 분야를 지속적으로 발전시키고 있다.

이처럼 인터폴은 범죄자들보다 한발 더 앞서기 위해 부단히 변화해 왔다. 실제 이러한 노력이 현재 어떤 모습으로 구현되고 있는지는 이어지는 내용에서 상세히 설명하겠다.

2

인터폴의 조직

1. 비전과 미션

(1) 정책 우선순위

회원국 경찰 간 국제 협력을 위한 기구로서 인터폴이 존재하고 활동하는 목적은 헌장 제2조[28]에 따르면 각국의 현행 법률 범위 내에서, 그리고 세계인권선언의 정신에 입각하여 모든 형사 경찰 당국 간 최대한의 협조를 보장하고 증진하며, 일반법 범죄의 예방과 억제에 효과적으로 기여할 수 있는 모든 제도를 확립·발전시키는 것이다. 다만 인터폴 헌장 제3조[29]는 정치적, 종교적, 군사적 또는 인종적 성격을 띤 사항에 대한 개입이나 활동을 엄격히 금지하여 활동의 한계에 대해서도 언급하고 있다. 결국 인터폴에서 다루고 있는 범죄 영역은 헌장 제3조의 범주에 해당하지 않는 모든 국제범죄다.

인터폴이 다루는 범죄란?

사실 인터폴 헌장에서 규정한 일반법 범죄는 두 개 이상의 국가와 관련된 국제범죄를 말하며, 이와 관련하여 국제사회에서 통용되는 용어로는 'International Crime'과 'Transnational Crime'의 두 가지 영어 단어가 있다.

먼저 'International Crime'은 '국제법상의 국제범죄'를 지칭하는 법률 용어로 전범 재판을 통해 형성된 국제관습법에 그 어원을 두고 있다. 여기서 말하는 '국제범죄'란 흔히 전쟁 범죄와 반인도적 범죄를 포괄하는 개념으로, 1차 세계대전의 전승국 입장에서 전범에 대한 사후 조치적 성격으로 사용된 것이다. 국제법상 조약에 의한 용어가 아닌 만큼 죄형 법정주의의 문제를 내포하고 있다. 1998년 로마 협약(Rome Statute) 체결을 통해 국제형사재판소(ICC)가 설립되었고, 협약상 국제형사재판소의 관할을 성문화하는 과정에서 제노사이드, 반인도적 범죄, 전쟁 범죄 등 국제범죄의 개념도 구체화되었다. 하지만 이 역시 조약은 국제법의 4대 법원(法源) 중 한 가지에 불과하다는 점에서 국제범죄의 절대적 기준은 아니라고 할 것이다.

UN에서는 'Transnational Crime'이라는 용어를 쓰고 있는데 이 용어의 의미는 '국경을 초월하여 발생하는 범죄, 즉 피의자나 피해자 또는 범죄지 등이 여러 국가에 걸쳐 있는 범죄'를 의미한다. 학계에서는 이를 법률 용어가 아닌 범죄학 용어로 분류하는 경향[30]도 있다. 'Transnational Crime'이라는 용어는 위에서 말한 'International Crime'의 범죄 행위에 더하여 밀수, 밀입국, 테러, 불법 무기, 환경범죄, 사이버범죄 등을 포함하는 더 넓은 의미의 국제범죄로 오늘날 많은 영역에서 다루는 국제범죄의 의미에 더 가깝다고 볼 수 있다.

이러한 인터폴의 설립 목적은 '경찰을 연결하여 보다 더 안전한 세상 (Connecting Police for a Safer World)'을 만든다는 비전으로 제시되어 있다. 이는 전 세계 모든 경찰과 법집행기관들이 언제 어디서나 필요한 경찰 정보에 접근하고, 공유하며 서로 의사소통할 수 있도록 연결하여 모든 세계인이 안전하게 살 수 있는 세상을 지향한다는 의미다.

이와 관련하여 인터폴에서는 중장기 전략 우선순위 및 목표를 설정하여 비전을 구체화하고 있다. 이러한 노력은 1990년대 시작되어 1997년 제66차 인터폴 총회에서 인터폴 전략 계획(INTERPOL Strategic Plan)으로 처음 발표되었고, 2002년 제71차 인터폴 총회부터 향후 3년간 인터폴 활동에 대한 목표 및 우선순위로 제시되었으며, 2010년부터는 3년 단위의 전략 체계(Strategic Framework)로 변경되어 오늘에 이르고 있다.

당시의 전략적 우선순위로는 ① 보안화된 국제 통신 네트워크(Secure Global Communications Network) ② 경찰과 법집행 활동의 24시간 지원(24/7 Support to Policing and Law Enforcement) ③ 역량 강화(Capacity Building) ④ 범

Vision	**Connecting Police for a Safer World**			
Mission	**Preventing and Fighting Crime through Enhanced Cooperation on Police Matters**			
Strategic Priorities	Secure Global Communications Network	24/7 Support to Policing and Law Enforcement	Capacity Building	Assisting in the Identification of Crimes and Criminals
Strategic Objectives	• enhance the infrastructure quality to ensure 24/7 direct and instant access to global information and services • broaden the scope of the communication network through innovative solutions • streamline access to police data and information with I-Link system	• ensure 24/7 support - Command and Coordination Centre in 4 official languages • facilitate the mobilization of expertise, specialized knowledge, and resources as requested • effectively and efficiently deploy IRTs, ILTs, IMESTs, and DVIs teams as requested • provide urgent investigative support and assistance on international criminal investigations	• enhance capacity to deliver expert training/ technical assistance • leverage expertise and resources to strengthen capacities of law enforcement agencies • build partnerships with public and private sectors to deliver training and technical assistance • work to develop common standards recognized best practices in international policing, and provide legal and technical assistance for implementation	• maintain, develop, expand and ensure the quality of personal and non personal criminal information database services • enhance investigative, analytical capabilities and international coordination for emerging crimes trends • develop global approach for integrated border management • actively support countries in identifying, locating and apprehending fugitives and other transnational criminals
Corporate Priorities - Infrastructure	**Business Continuity and Sustainability** • strengthen infrastructure/delivery support mechanisms to ensure responsive, effective, efficient delivery of core services • further human resource policies to recruit and retain workforce excellence and diversity • implement an integrated, effective and transparent financial management system • develop innovative communications strategies to raise public profile • build governmental/institutional and financial support for strategic priorities			**Legal Foundation** • register INTERPOL's constitution • extend INTERPOL's privileges and immunities • ensure compliance with INTERPOL rules and regulations

2011~2013 인터폴 전략체계

죄와 범죄자들에 대한 신원 확인 조력(Assisting in the Identification of Crimes and Criminals) 등 네 가지가 선정되었고, 우선순위별로 서너 가지의 전략목표(Strategic Objective)를 정하여 구체화했다. 이와 더불어 조직 내부의 우선순위(Corporate Priorities Infrastructure)로 ⑤ 사업 연속성 및 지속가능성 (Business Continuity and Sustainability) ⑥ 법적 기반(Legal Foundation)을 마련하여 전략적 우선순위를 뒷받침하고자 했다.

현재 시행 중인 '2017~2020 전략 체계'에서는 종전과 동일한 비전과 미션을 바탕으로 인터폴이 지향하는 다섯 가지의 가치로서 '존중 (Respect)', '진실성(Integrity)', '우수성(Excellence)' '협동(Teamwork)', '혁신 (Innovation)'을 제시하고 있다. 또한 종전의 전략적 우선순위를 참고하여 ① 경찰 협력을 위한 국제적인 정보 허브로 기능 ② 최첨단 치안 역량 제공으로 회원국의 국제범죄 대응 및 예방 지원 ③ 세계 치안 혁신 선도 ④ 세계 안보 구조 내에서의 인터폴의 역할 극대화 ⑤ 운영성과 향상을 위한 자원

INTERPOL

STRATEGIC FRAMEWORK
2017-2020

VISION

CONNECTING POLICE
FOR A SAFER WORLD

MISSION

PREVENTING AND FIGHTING CRIME
THROUGH ENHANCED
COOPERATION AND INNOVATION ON
POLICE AND SECURITY MATTERS

STRATEGIC GOALS

1
SERVE AS THE WORLDWIDE INFORMATION HUB FOR LAW ENFORCEMENT COOPERATION

2
DELIVER STATE-OF-THE-ART POLICING CAPABILITIES THAT SUPPORT MEMBER COUNTRIES TO FIGHT AND PREVENT TRANSNATIONAL CRIMES

3
LEAD GLOBALLY INNOVATIVE APPROACHES TO POLICING

4
MAXIMISE INTERPOL'S ROLE WITHIN THE GLOBAL SECURITY ARCHITECTURE

5
CONSOLIDATE RESOURCES AND GOVERNANCE STRUCTURES FOR ENHANCED OPERATIONAL PERFORMANCE

STRATEGIC OBJECTIVES:

1.1 Provide a secure infrastructure that is neutral, scalable and resilient to facilitate law enforcement information exchange worldwide;

1.2 Continuously adapt INTERPOL's portfolio of products and services to meet evolving needs;

1.3 Improve connectivity and access to INTERPOL's systems, and optimize interoperability with other relevant information systems;

1.4 Promote and ensure high quality of data and information exchanged;

1.5 Assist law enforcement globally with criminal intelligence exchange and analysis.

STRATEGIC OBJECTIVES:

2.1 Promote the highest standards of operations for INTERPOL National Central Bureaus;

2.2 Associate with specialized units and specialist networks for operational support and coordination;

2.3 Build international police capabilities through the facilitation of expert knowledge, training and exchange of best practices;

2.4 Provide an operational framework for multidisciplinary cooperation between law enforcement, academia and public and private partners, building bridges on security-related issues.

STRATEGIC OBJECTIVES:

3.1 Provide a cooperation framework for exchanges on future trends;

3.2 Become an incubator for research and development on police methods and tools to prevent and fight crime;

3.3 Facilitate a dialogue platform to exchange best practices, share new policing initiatives and develop a culture of innovation;

3.4 Improve the effectiveness and efficiency of policing through standard setting and harmonization of existing practices.

STRATEGIC OBJECTIVES:

4.1 Expand ground-level support and optimize regional presence for delivery of programmes;

4.2 Build interaction within the Global Security Architecture to achieve common goals (Global Policing Initiative);

4.3 Ensure sustained advocacy at the highest levels of national governments and international forums.

STRATEGIC OBJECTIVES:

5.1 Implement a sustainable funding model for the Organization;

5.2 Enhance risk management and regulatory compliance, enforce the due diligence framework and strengthen a data protection culture

5.3 Strengthen internal delivery through change management;

5.4 Ensure a diverse, respectful and safe working environment that attracts, develops and retains talent;

5.5 Revitalize INTERPOL's governing bodies to best represent member countries.

EXPECTED OUTCOMES:

- Law enforcement worldwide having access to the right information at the right time to be able to make a strategic, tactical or operational decision;
- INTERPOL's technology making it possible to share police information on a global scale;
- Ensuring the best possible exchange of information to support cooperation and operations through the flexibility of INTERPOL's support (as a data host or a gateway for exchanging data) ;
- Lead in developing and promoting international solutions and standards for improved interoperability;
- Continuous improvement of INTERPOL's Police Information System to provide the best quality and availability of services for the largest number of beneficiaries in the most cost-effective manner.

EXPECTED OUTCOMES:

- Enhanced national policing capabilities for better operational delivery;
- Better coordination of initiatives and international/regional cooperation in the fight against transnational crime;
- Increase in the identification, detection, deterrence and disrupting of terrorist, organized crime and cyber networks at the national, regional and international levels.

EXPECTED OUTCOMES:

- Instilling a culture of innovation and best practice sharing at all levels of the Organization;
- Law enforcement worldwide benefiting from internationally agreed police standards;
- Member countries, public/private partners and academia having a platform to exchange research, trends and policing developments;
- INTERPOL serving as an incubator for ground-breaking policing initiatives and dialogue between police leaders.

EXPECTED OUTCOMES:

- Providing relevant operational programmes that address global security threats;
- Further engagement with the Organization by the highest levels of national governments and international forums;
- INTERPOL's confirmation as a legitimate and valuable contributor to the Global Security Architecture;
- Enhanced coordination between regional police bodies, international organizations and INTERPOL, minimizing duplication and maximizing information exchange.

EXPECTED OUTCOMES:

- Resources effectively managed and allocated according to operational needs;
- Acting with the highest standards of ethics and checks and balances to perform its work;
- A talented, dedicated workforce providing a high-quality service;
- INTERPOL's governing bodies having a strengthened mandate and enhanced representation.

VALUES

RESPECT | INTEGRITY | EXCELLENCE | TEAMWORK | INNOVATION

2017–2020 인터폴 전략체계

및 지휘체계 재조정 등 다섯 가지 전략목표(Strategic Goals)를 설정하고 이를 실행하기 위해 정책 과제를 제시하고 있다. 한편 개별 과제와 연계한 성과지표(KPI)를 도입하여 정기적으로 달성도를 측정하고, 이를 예산 편성, 부서 평가 등에 활용하고 있다.

(2) 상징물

인터폴의 상징물 중 엠블럼과 기는 1949년 제18차 스위스 베른 인터폴 총회에서 처음 채택되어, 1950년부터 사용되기 시작했다. 이때의 공식 기구 명칭은 '국제형사경찰위원회(ICPC)'였지만 인터폴이라는 이름이 엠블럼에 포함되었다. 공식적으로 엠블럼과 기가 도입된 것은 1955년 이스탄불 총회였으며, 1973년 비엔나 총회에서 최종 수정된 엠블럼이 오늘날까지 이르고 있다.

인터폴의 엠블럼은 지구를 올리브잎이 떠받치는 바탕에 지구 뒤에 수직으로 배치된 검과 아래의 저울을 조합하여 구성되었다. 지구는 인터폴의 활동 범위가 전 세계임을, 검은 인터폴의 경찰활동을, 올리브잎은 평화를, 저울은 정의를 각각 상징한다.

인터폴 기는 밝은 청색을 바탕으로 중앙의 엠블럼 주위에 4개의 번개

인터폴 엠블럼

인터폴 기

인터폴 로고

가 있는 모양으로, 번개는 의사소통과 경찰 활동이 신속하게 이루어짐을 의미한다.

인터폴에서는 엠블럼 이외에 시인성이 좋고 인터넷 환경에서도 사용하기 편리하도록 2013년부터 엠블럼을 기본으로 인터폴 영문 알파벳을 조합한 새로운 로고를 제작하여 언론 및 미디어를 중심으로 사용하고 있다. 인터폴이라는 글자를 제외한 로고 사용, 글자체의 변경, 정당한 권한 없이 범위를 벗어난 사용 등은 엄격히 제한하고 있다.

인터폴가(歌)도 인터폴의 상징으로 사용되고 있다. 전 세계 순직 경찰의 숭고한 희생을 기리기 위해 작곡된 노래로, 총회 개회식 등 인터폴의 회의나 행사가 있을 때마다 연주하고 있다.

인터폴 상징물의 보호

국제기구인 인터폴의 엠블럼은 1883년 체결된 산업재산권 보호에 관한 파리 협약에 의해 보호되고 있다. 인터폴 회원국 대다수가 비준한 이 협약 제6조에 따라 서명국들은 자국 내에서 '인터폴'이라는 상표 등록을 거부하고 휘장, 기, 엠블럼, 이니셜, 국가 또는 정부 간 기구의 명칭 사용을 금지하기로 합의했다. 엠블럼과 인터폴이라는 이름은 유럽연합과 미국에 상표로도 등록되어 보호받고 있다. 1999년 서울 총회에서 채택된 결의문은 각 회원국도 해당 국가 내에서 '인터폴'이라는 명칭과 상징물을 보호하기 위해 국가중앙사무국에서 적절한 입법 등 국내적으로 필요한 조치를 취할 것을 권고하고 있다.[31]

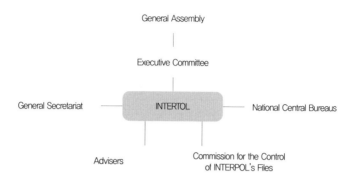

인터폴 기구별 조직도

2. 조직 · 인력 및 지배 구조

인터폴 헌장 제5조[32]는 인터폴은 정책결정 기구인 총회, 집행위원회와 더불어 집행기관인 사무총국, 각 회원국이 구성하는 국가중앙사무국, 자문단, 그리고 파일통제위원회(Commission for the Control of Files)로 구성된다고 규정하고 있다. 이외에도 다른 위원회와 지역회의 등이 인터폴을 구성하고 있다.

(1) 총회(General Assembly)

총회는 인터폴의 최고 의결기관으로 총재가 주관하고 회원국들의 치안 관련 장관, 청장, 국장 등 고위급 대표[33]들이 참석하며 연 1회 개최된다. 단 집행위원회 또는 회원국 과반수의 요청에 의해 임시 총회가 개최될 수 있다. 회원국은 여러 명의 대표를 파견할 수 있지만 수석 대표 1명은 자국 정부가 발행한 신임장(Credential)을 받아야 하며, 이를 증명하기 위해 이 신임장을 제출해야만 총회 의결과 선거에서 투표권을 갖는 다. 모든 회원국은 1국 1표의 투표권을 행사한다. 회원국이 아닌 국가, 지역별 경찰 기구나 다른 국제기구도 집행위원회와 초청국(총회 개최국)의 승인을 얻어 총회에 참관인으로 참석이 가능하지만, 이 경우에는 투표권이 없다.

총재는 총회를 주재하고 토의를 진행하는 것 이외에 총회와 관련하여 폭넓은 권한을 행사한다. 총회 유치를 위한 신청을 받고,[34] 개최 일자를 정하며,[35] 긴급한 경우 총회 장소를 변경할 수 있다. 또한 발언권을 주거나 제한, 또는 퇴장시킬 수 있고,[36] 자문단과 기자단의 총회 출입을 결정할 수 있으며,[37] 투표를 진행하고 그 결과를 발표한다.[38] 또한 신임장과 관련하여 논쟁이나 어려움이 있을 경우 투표권 부여 여부를 결정하는 것도 총재의 권한이다.[39]

총회 대표단의 좌석 배치는 총재가 첫 자리(1열 왼쪽)에 앉을 국가를 제비뽑기로 결정하고, 다른 대표단의 좌석은 이를 기준으로 프랑스어 국가명 알파벳 순서대로 배치된다.[40] 상임이사회 등 일부 회원국 대표들이 모여 주요 의사결정을 내리는 다른 국제기구[41]와 달리 인터폴은 모든 회원국이 모이는 총회에서 조직의 주요 결정을 내린다. 총회는 일반 규정 제17조에 따라 전체 회원국이 참여하는 회의에서 결의안을 채택함으로써 결정을 내리게 된다. 다만 총회가 헌장, 일반 규정 또는 부록 그리고 총회 절차 규칙의 적용에 관한 사안에 대해서는 결의안 없이 결정할 수 있는데, 특정 직위에 대한 투표나 회원국 가입 투표 등이 이에 해당한다.[42]

통상적인 결정은 출석하여 투표한 회원국 과반수에 의하나 신규 회원국 가입 신청의 승인, 총재 선거, 다른 법령의 제정 및 개정은 출석 회원국의 3분의 2 이상 찬성이 필요하며, 헌장 개정은 재적 회원국의 3분의 2 이상 찬성이 필요하다.[43] 표결의 방식은 거수투표, 호명투표, 비밀투표가 있다. 총재는 어떤 방식으로 투표를 할지 결정할 수 있는데, 집행위원회 선거는 반드시 비밀투표로 해야 한다. 또한 회원국 대표가 비밀투표를 제안하면 거수투표로 이 제안에 대해 결정해야 한다.[44] 투표 방식은 전자투표를 원칙으로 하고 있다.[45]

인터폴 총회의 투표권은 정당한 신임장을 제출한 참석국에 한해 부여되며, 분담금 미납으로 인해 투표권의 제한을 받지 않는 한 투표권을 행사할 수 있다. 총회 안건은 개회 30일 전까지 전체 회원국에 통보되어야 하고, 회원국 입장에서도 총회 안건으로 다루고자 하는 사항이 있으면 30일 전까지는 사무총국에 통보해야 한다. 최종 총회 안건은 총회 직전에 개최되는 집행위원회에서 승인되며, 회원국에서 안건으로 요청한 사안에 대한 승인도 이때 이루어진다. 하지만 총회는 긴급하고 중요한

2012년 제81차 총회(이탈리아 로마)

2018년 제87차 총회(UAE 두바이)

안건에 대해서는 회기 중에도 의제에 추가할 수 있다.

총회는 비공개를 원칙으로 하고, 일반에게는 결정한 부분에 대해서만 공개할 수 있는데[46] 개·폐회식과 회의 자료를 정리한 보도자료가 이에 해당한다. 총회에서 사용하는 언어는 아랍어, 영어, 스페인어, 프랑스어 등 인터폴의 네 가지 공용어이며, 이에 대해서는 동시 통역이 제공된다. 그러나 이 외의 다른 언어로 연설하거나 발언할 수 있으며, 이때에는 총회 4개월 전 해당 언어에서 네 가지 공용어 중 하나의 언어로 동시통역이 가능하도록 사무총국에 요청해야 한다.[47]

총회 개최지는 보통 2년 전 총회에서 투표로 결정하나, 경우에 따라 그 이전에 결정하기도 한다.[48] 따라서 총회 개최 희망국은 최소한 2년 전에 개최 의사를 통보해야 한다. 개최 희망국이 다수인 경우 사전 조율을 통해 총회에 단수 후보지를 추천하는 것이 관례이나 불가피할 경우 복수 후보지를 대상으로 총회에서 투표로 최종 결정한다. 총회 개최 신청국이 없을 때는 사무총국이 위치한 프랑스 리옹에서 개최한다. 총회 개최국은 별도 협약을 통해 총회 참석자들에 대해 행사 기간 중 신분 보장, 물품에 대한 면세 등 정부 차원의 면책특권을 보장해야 한다.

헌장 제8조에 따라 총회는 다음의 기능을 갖는다.

- 헌장에 규정된 임무의 수행
- 헌장 제2조에 규정된 인터폴의 목적을 달성하기 위한 원칙과 일반적인 조치사항의 결정
- 사무총장이 작성한 다음 연도 업무 계획의 검토와 승인
- 필요한 다른 규칙 제정
- 헌장에 규정된 직무를 수행할 사람의 선출
- 인터폴이 취급하는 사항과 관련한 결의안 채택 및 회원국에 대한 권고안 마련
- 인터폴의 재정에 관한 정책 결정
- 다른 국제기구와 체결하는 협정의 검토 및 승인

인터폴 총회 유치

1970년대까지 주로 유럽에서 개최되던 총회는 1980년대 이후에는 관행적으로 순서를 정해 개최해왔다. 최근 총회를 개최하려는 국가가 많아짐에 따라 이러한 관행도 변화하고 있다. 특히 2019년 총회에서는 이례적으로 2021년부터 2024년까지 총회 개최지(2021년 터키, 2022년 인도, 2023년 오스트리아, 2024년 영국)를 한꺼번에 결정했다. 인터폴 총회 개최를 희망하는 나라가 많다는 것은 그만큼 인터폴 총회 개최가 개최국의 위상을 높이거나 홍보에 큰 효과가 있다는 의미다.

총회는 그 나라에서 교통과 관광 인프라가 뛰어난 곳을 선정하는 것이 일반적이며, 보통 170여 나라에서 2,000명 이상이 참여한다. 우리나라의 경우 1999년 서울 힐

튼호텔에서 총회를 개최한 적이 있다.

(2) 집행위원회(Executive Committee)

집행위원회는 사무총국 업무에 대한 심의 의결, 재정 감독 등 인터폴의 업무 방향을 결정하고 관리 감독하는 기구로, 총회와 마찬가지로 총재가 주재하며 통상 연 3회 개최한다.[49] 집행위원회는 임기 4년의 총재, 임기 3년의 부총재 3명 및 집행위원 9명 등 총 13명으로 구성된다. 집행위원회는 지역적 대표성을 고려하여 총재와 부총재들은 각기 다른 대륙 출신이어야 하며, 모든 구성원은 출신 국가가 달라야 한다. 또한 9명의 위원들은 유럽 3명, 아시아, 아프리카, 미주 대륙에 각 2명씩 배정되어 있다. 집행위원회 구성원은 모두 총회에서 선출되는데, 1국 1표 원칙에 따라 국제기구 지휘부를 직접 선거로 선출하는 아주 드문 예다. 집행위원은 임기 만료 직후에 동일 직위에 재출마할 수 없고, 총재와 부총재는 위원으로 출마할 수 없다.[50] 사임 또는 사망으로 결원이 발생한 경우 새로 선출된 위원의 임기는 전임자의 잔여 기간으로 하며, 인터폴에 대한 회원국 대표로서 자격을 상실한 집행위원은 자동적으로 그 직을 상실한다.

집행위원회의 하부 조직으로 전략재정 소위원회(Strategy and Finance Sub-Committee)와 감독자문 소위원회(Consulting and Supervisory Sub-Committee) 등 2개의 소위원회가 있고, 총재를 제외한 위원은 두 소위원회 중 하나에 소속되며, 의장은 부총재 중 1명이 맡는다. 집행위원회는 소위원회를 하루 전에 개최하여 각 분야별로 논의할 안건을 미리 심도 있게 검토하며, 그 결과를 집행위원회 전체 회의에 보고한다.

헌장 제22조에 따라 집행위원회는 다음의 기능을 갖는다.

- 총회 결정사항의 집행 감독

2019-2020
INTERPOL | EXECUTIVE COMMITTEE

PRESIDENT

KIM Jong Yang

Republic of Korea
2018-2020

VICE-PRESIDENTS

Benyamina ABBAD **AFRICA**	Šárka HAVRÁNKOVÁ EUROPE	Néstor R. RONCAGLIA **AMERICAS**
Algeria 2017-2020	Czech Republic 2019-2022	Argentina 2018-2021

DELEGATES

Khaled Jameel AL MATERYEEN **ASIA**	Ahmed Nasser AL-RAISI **ASIA**	Jean-Jacques COLOMBI **EUROPE**	Héctor ESPINOSA VALENZUELA **AMERICAS**
2019-2021	United Arab Emirates 2018-2021	2017-2020	2019-2021

Rogerio GALLORO **AMERICAS**	Robert GUIRAO BAILÉN **EUROPE**	Destino PEDRO **AFRICA**	Olushola Kamar SUBAIR **AFRICA**	Jannine VAN DEN BERG **EUROPE**
Brazil 2017-2020	2019-2020	Angola 2018-2021	2017-2020	2018-2021

2019~2020년 집행위원회 구성

- 총회 의제 준비
- 총회에 업무 또는 사업계획서 제출
- 사무총장의 행정과 업무 감독
- 총회가 위임한 일체의 권한 행사

집행위원회는 이외에도 사무총장 후보자 검증을 통한 적격자 총회 추천은 물론, 인터폴 사무총국 업무에 대한 심의 의결, 재정 감독 등 조직의 방향을 결정하고 관리 감독하는 기구로 중요한 역할을 담당한다. 집행위원회 구성원들은 각 대륙을 대표하며, 그 임무 수행에 있어서 출신 국가가 아닌 인터폴의 대표로 활동해야 한다. 집행위원회는 대면회의 외에도 이메일, 화상회의 등을 통해 수시로 주요 현안을 논의하고 의사결정을 하고 있다. 특히 2016년 총회에서 집행위원회 절차 규칙의 개정이 이루어져서 회기 외에도 서면 절차를 통해서 의사결정이 가능하게 되었다.[51]

집행위원회의 의결 정족수는 재적 위원의 3분의 2가 필요하며, 특별한 규정이 없는 한 결정은 출석하여 투표한 위원 과반수로 이루어진다. 일반적으로 결정방식은 거수 투표에 의하나 주요 직위의 임명 등 인사와 관련된 사안은 무기명 비밀투표에 의한다.[52]

집행위원회의 운영을 지원하기 위해 사무총국에 별도의 집행위원회 사무국이 설치되어 있으며, 회의 개최 및 안건 작성, 자료제공, 위원간 연락 등을 처리하고 있다.

인터폴 지배 구조(Governance) 워킹그룹 회의

인터폴은 2015년 이후 조직을 개혁하기 위한 자체 과제 'INTERPOL 2020'을 추진해왔으며, 2016년 발리에서 열린 제85차 총회에서 권고안을 발표하고, 이를 근거로 2018년 열린 두바이에서 열린 제87차 총회에서 결의안을 통해 인터폴의 지배 구

조 개선을 위한 법령 검토 실무단을 구성했다. 38개 회원국에서 참여한 실무단은 ①
헌장 개정을 통한 관련 법령 정비 ② 이해당사자의 조직 운영 개선 ③ 집행위원회, 사
무총국 등 법정기구 구성원의 국적 다원화라는 3대 권고에 따라 아래와 같은 네 가지
목표를 설정하고, 2022년까지 논의를 진행하여 총회에 보고할 예정이다.

- 집행위원회 : 다른 국제기구의 집행위원회 및 이사회 등과의 비교를 통해 집행위원
  의 자격, 지위, 근무 조건, 선출 절차 등의 개선 방안 연구
- 직무 윤리 : 인터폴에서 근무하는 직원에 대한 직무상 윤리 기준 및 행동강령을 정
  립하고, 이에 대한 준수를 유도하는 방안 논의
- 의사결정 : 총회, 집행위원회, 사무총국 등 인터폴 주요 기구의 역할을 명확하게 함
  으로써 의사결정 절차의 효율성을 높이고, 이에 따른 관련 법규 개정 추진
- 투명성 : 국제 경찰협력에서 요구되는 보안성과 공공 신뢰의 전제가 되는 투명성
  간의 균형 유지를 위한 대외 소통방안 마련

(3) 사무총국(General Secretariat)

사무총국은 총회 및 집행위원회의 결정사항을 집행하는 상설 행정
기구다. 사무총국은 국제범죄 예방과 대응을 위해 전체 회원국 및 다른
국제기구 등과 긴밀한 협조 관계를 유지하면서 각종 국제범죄에 관한 정
보를 교환한다.

헌장 제26조에 규정된 사무총국의 주요 임무는 다음과 같다.

- 총회 및 집행위원회의 결정사항 집행
- 일반 범죄의 진압에 있어 국제 센터 역할
- 기술 및 정보 센터 역할
- 인터폴의 효율적인 행정 보장
- 국제기구 및 회원국 관계기간과 접촉 유지, 다만 범인 수배에 관한

문제는 회원국 국가중앙사무국을 통해 처리

‐ 유용한 출판물 발간

‐ 총회, 집행위원회 및 인터폴 다른 인터폴 기구의 사무국 업무 수행

‐ 총회 및 집행위원회의 심의와 승인을 위한 다음 연도 업무 계획 작성

사무총장은 사무총국의 행정 업무를 총괄하며 총회 및 집행위원회의 위임을 받은 사항을 책임진다. 사무총장은 집행위원회가 단수 추천한 후보자를 총회에서 승인하여 선출되며, 임기는 5년이고 1회에 한해 연임할 수 있다.[53]

총재와 사무총장의 관계

총재는 총회와 집행위원회를 주재하고, 전체 회원국이 참여하는 최고 의사결정 기구인 총회에서 직접 선출된다. 부총재나 집행위원과 달리 조직을 대표하는 총재는 참석하여 투표한 회원국 3분의 2 이상의 찬성을 얻어야 선출될 수 있다(2차 투표에서도 3분의 2를 얻지 못할 경우 과반수로 선출). 이에 반해 사무총장은 집행 기구인 사무총국을 대표하는 직위로, 집행위원회의 적격심사 후 단수 후보자를 추천하고 총회에서 임명을 승인함으로써 결정된다.

총재는 사무총장과 가능한 한 직접적이고 지속적인 접촉을 유지하며 조직의 주요 의사결정을 내리게 되어 있다. 반면, 사무총장은 총회와 집행위원회에서 결정한 사안 등을 중심으로 이의 집행을 위한 실무적인 권한과 책임을 지고 있다.

참고로 헌장 제41조[54]에 따르면, 원칙적으로 다른 국제기구와의 협약은 총회의 승인을 받아 총재가 의장인 집행위원회가 수행하도록 하고 있으며, 예외적으로 긴급한 경우에 한해서만 사무총장도 가능하도록 되어 있다. 실제로 UN과의 업무협약 등에서 총재가 서명권자로 서명한 전례[55]로 볼 때 인터폴 조직을 대외적으로 대표하는 존재는 최고 의사결정 기구인 총회에서 직접 선출된 총재라고 보아야 한다.

사무총국은 프랑스 리옹에 소재하며, 총회 및 집행위원회의 결정사항을 집행하고 국제범죄 진압을 위한 기술을 교류하는 정보 센터의 역할도 맡는다. 분야별 4명의 사무차장, 10여 개 국(局)으로 구성되어 있으며, 싱가포르에 있는 국제혁신단지(INTERPOL Global Complex for Innovation, IGCI)와 아프리카와 중남미에 6개 지역사무소(Regional Bureau) 외에도 태국 방콕에 연락사무소(Liaison Office)가 있다. 또한 국제연합, 유럽연합, 아프리카연합에 인터폴 특별 대표부(Special Representative of INTERPOL)를 두고 있다.

지역사무소는 지역 내 거점으로서 국제 경찰협력을 증진시키기 위해 ① 지역의 현안이 되는 범죄에 대한 대응 지원 ② 지역 내 회원국, 국제기구 등과의 협력 ③ 범죄 정보 제공 ④ 사건 대응팀(IRT, Incident Response Team), 국제행사 안전 지원팀(IMEST, INTERPOL Major Events Support Team) 활동 지원 ⑤ 지역 내 기관이나 단체와의 공조 등을 수행한다. 현재 6개 지역사무소 외에 사우디아라비아에 중동 지역사무소와 바베이도스에 카리브해 지역사무소 설치를 추진 중이다.

국제연합, 유럽연합, 아프리카연합에 설치된 인터폴 특별 대표부는 해당 국제기구와 상시 연락체계를 유지하고, 해당 기구 및 그 산하 기관과 긴밀한 협조를 통해 선언, 결의안, 보고서, 정책 결정 등에 기여하여 인터폴과의 협력을 확대하고 있다. 현재 국제연합과 유럽연합은 다양한 인터폴 프로젝트에 펀딩을 제공하여 인터폴 활동을 지원하고 있다.

인터폴은 주요한 국제기구로서 1982년 프랑스 정부와 '인터폴 사무총국에 관한 본부 협정'을 체결하여, 다음과 같은 폭넓은 특권을 인정받고 있다.

본부 및 지역사무소 위치

법인격 및 불가침

프랑스 국내법상 인터폴의 법인격을 인정하여 인터폴이 프랑스에서 계약을 체결하고, 동산·부동산을 취득할 수 있으며, 소송 당사자 능력이 있음(제2조). 사무총장 허락 없이 사법·행정적 공권력 투입 불가, 재산에 대한 불가침, 서류 및 통신 불가침 보장(제3,4조)

금융 및 면세

프랑스의 금융 규제를 받지 않고 다른 나라와 자금을 유통하고, 부가세를 제외한 소유 재산 및 수입에 대한 세금, 직무 수행을 위해 매입·전세한 건물에 대한 세금, 직무상 체결한 보험 계약에 대한 세금, 인터폴 직무에 필요한 물자에 대한 세금, 그리고 모든 간접세를 면제(제9,10,11,12,13조)

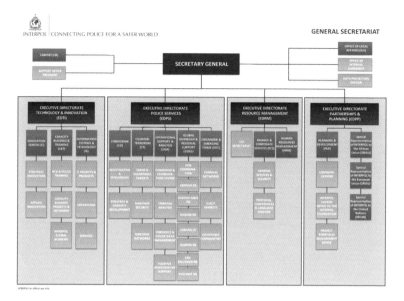

인터폴 사무총국 구성

불체포 특권

인터폴 방문자에 비자 무료 발급 및 불체포 특권과 불가침권 부여, 직원 및 가족에 대한
재판권 면제, 외환에 대한 특혜, 특별거주권 및 본국 송환에 대한 권리(제14, 15, 17조)

　　사무총장 직속 부서로 비서실(Cabinet)과 법무실(Office of Legal Affairs,
OLA), 내부감사관실(Office of Internal Oversight), 정보보호담당관(Data
Protection Office)을 두고 있다. 이 가운데 비서실은 사무총장의 정책 보좌,
의전 및 행정과 행사 지원뿐만 아니라 집행위원회 사무국 업무, 대변인
업무까지 폭넓게 관장하고 있다.
　　사무차장별 소관 업무는 다음과 같다. 먼저 기술혁신차장(Executive

Director Technology & Innovation)은 싱가포르 IGCI에 소재하며 혁신센터(Innovation Center)와 역량강화교육국(Capacity Building & Training), 정보시스템기술국(Information System & Technology) 등 첨단 기술과 미래 분야를 담당한다. 회원국 대상 교육훈련을 통해 미래 치안 역량을 강화하는 동시에 인터폴이 혁신을 통한 첨단기술 변화에 적응할 수 있도록 지원한다.

경찰서비스차장(Executive Director Police Services)은 실질적인 사무총국의 2인자로 인터폴의 주요 프로젝트, 작전 등 활동을 주도한다. 경찰서비스차장은 인터폴이 3개 주요 범죄 프로그램으로 선정한 사이버범죄(Cybercrime), 대테러(Counter-Terrorism), 조직 · 신종 범죄(Organized & Emerging Crime)를 담당하는 3개국(局)과, 이를 지원하는 작전지원분석국(Operational Support & Analysis), 국제활동 및 지역지원국(Global Outreach & Regional Support)을 관장하고 있다. 3개 주요 범죄 프로그램을 담당하는 국에서는 해당 분야에 대한 회원국의 수사와 합동 검거 활동 등을 지원하고 관련 데이터베이스를 운영한다. 작전지원분석국은 국제범죄에 대응하는 전 세계 법집행기관을 실시간으로 지원하기 위해 상황실(CCC, Command and Coordination Center),[56] 도피사범수사지원과, 경찰정보관리과, 과학수사과 등을 두고 있다. 상황실은 24시간 영어, 프랑스어, 스페인어, 아랍어 등 네 가지 인터폴 공용어로 운영되며 모든 회원국의 접점으로 정보 교환, 자료 조회, 작전 지원, 위기 상황 대응과 같은 다양한 임무를 수행한다.

국제활동 및 지역지원국에는 아프리카, 미주, 아시아 · 태평양, 유럽, 중동 등 5개의 지역별 데스크가 있고, 각 지역별 국가중앙사무국이 국제범죄의 수사나 검거 작전을 수행할 수 있는 역량 강화, 국제기구나 지역별 기구와의 협약 등을 추진한다. 국제활동 및 지역지원국에는 지역사무소와 연락사무소도 있다. 현재 케냐 나이로비(동아프리카), 카메룬 야운데 (중앙아프리카), 코트디부아르 아비장(서아프리카), 짐바브웨 하라레(남아프리카), 아르헨티나 부에노스아이레스(남미), 엘살바도르 산살바도르(중미) 등 총 6개의 지역사무소와 태국 방콕의 연락사무소(아시아·태평양)가 있다.[57]

자원관리차장(Executive Director Resource Management)은 인사와 재정 등 조직의 운영과 행정관리를 담당하며, 인터폴의 독립기구인 파일통제위원회(CCF, Commission for the Control of INTERPOL Files)[58] 사무국 역할을 수행한다.

협력기획차장(Executive Director Partnership & Planning)은 전략적 목표를 설정하고, 국제연합, 유럽연합 등 다른 국제기구와의 협력 업무를 담당한다. 외부 펀딩에 의해 운영되는 인터폴 사업을 총괄하는 프로젝트 관리실 (Project Portfolio Management Office), 인터폴 홈페이지 및 소셜미디어를 관리하고 출판물을 간행하는 홍보실(Communications), 그리고 국제연합, 유럽연합, 아프리카연합에 파견된 특별 대표부가 협력기획차장 소속이다.

사무총국 내 주요 직책 중 기술혁신차장, 혁신센터장, 역량강화교육국장, 사이버범죄국장, 국제활동 및 지역지원국 아시아 데스크가 싱가포르 국제혁신단지에 사무실을 두고 있다. 이렇게 인터폴은 세계 각국에 사무소를 두고 있어 화상회의와 다양한 정보통신 수단을 활용하여 의사소통을 촉진하고 있다.

인터폴의 인적 구성

사무총국은 개별 회원국에서 파견된 경찰관(Seconded officers)[59]과 현지에서 채용된 계약직 행정요원(Contracted officers)으로 구성되며, 2019년 말 현재 파견직은 276명, 계약직은 777명 등 전체 직원은 1,053명이다. 그동안 꾸준히 추진해온 인사

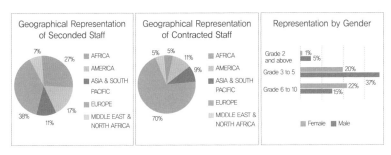

인터폴 사무총국 인적 구성(2019년)

다원화 정책에 따라 근무자들의 국적은 114개국에 이르며, 한국인도 파견직 경찰관 6 명, 계약직 5명이 있다.

인터폴의 직원 구성은 아직도 유럽 출신이 다수를 차지하고 있으며 상대적으로 남성의 비율이 다소 높은 편이다. 인터폴은 이러한 유럽, 남성 중심의 조직을 개혁하고자 국적과 성별 등 다양한 배경의 인재 선발을 핵심 인사 정책으로 추진해오고 있다. 이를 위해 2017년 베이징 총회에서 인사 전략 4대 목표를 발표했고, 2018년부터 세부 계획을 시행하고 있다.

인터폴 인사 전략의 4대 목표는 아래와 같다.

1. 비주류 지역 및 회원국 중 인터폴 파견 이력이 없는 국가와 지역 참여 확대

2. 계약직 및 파견직의 지역별 출신 다원화

3. 여성 직원의 비율 확대(특히 고위 간부층에서의 여성 비율 확대)

4. 인터폴 브랜드 이미지 제고를 통해 다양한 배경의 유능한 인재 유치

이 외에도 다양성, 평등성, 포용성 정책(DEI : Diversity, Equality and Inclusion Policy) 을 시행하여 다양한 국적, 지역 출신의 인재를 채용하고 여성의 인터폴 진출을 확대하고 있다.[60]

또한 파견직의 경우에도 파견 형태, 기간, 특별 조건 등 비주류 회원국의 상황에 따라

다양한 파견 조건을 제공하고 참여를 독려하고 있다.

(4) 국가중앙사무국(National Central Bureau)

국가중앙사무국은 모든 인터폴 회원국에 설치된 상설 기구로, 회원국 경찰기관을 대표하여 사무총국 또는 다른 회원국과의 신속한 협력을 도모하고 인터폴 국제 공조의 중심 역할을 수행한다. 다른 회원국과의 범죄 정보 교환이나 수사 협조 등 인터폴 채널을 활용한 경찰 협력은 국가중앙사무국을 경유함이 원칙이다. 국가중앙사무국은 통상 '1국가 1사무국'만 허용되나 예외적으로 지리적 이유 등으로 공조 수사 등을 별도로 진행할 필요가 있을 경우, 해당 회원국은 사무총국과 협의를 거쳐 분국(Sub-Bureau)을 둘 수 있다. 현재 영국 해외 영토 7곳(지브롤터, 케이만제도, 몬트세랫, 버뮤다, 터크스케이커스제도, 앵귈라, 영국령버진아일랜드), 중국 2곳(홍콩, 마카오) 등 총 9곳에 분국이 있으며, 카리브 네덜란드에도 분국 설치가 추진 중이다.

회원국들은 자국법의 범위 내에서 국가경찰기관에 중앙사무국을 구성하며 조직, 규모 및 인원은 각 회원국마다 상이하다. 우리나라는 1965년 5월 2일 내무부 예규 제43호로 경찰청 외사국에 인터폴 대한민국 국가중앙사무국[61]을 설치해 운영하고 있으며, 경찰청 외사국장이 국가중앙사무국장(Head of NCB)을 맡고 있고 사무국의 역할은 외사수사과 인터폴계에서 수행하고 있다. 국가중앙사무국의 임무 및 활동은 다음과 같다.

- 총회 결의 사항에 대한 회원국 내 시행 및 필요 조치 강구
- 사무총국 및 다른 국가중앙사무국과의 연락 유지
- 자국 내 모든 법집행기관 및 정부, 민간기관과 국제 공조 수사 관련 협력

- 자국 내 국제범죄에 관한 자료 및 정보 수집, 다른 국가중앙사무국 과 사무총국에 전파
- 사무총국 및 다른 국가중앙사무국이 요청하는 공조 사항의 처리
- 자국 정부를 대표하여 총회 참석 및 표결

전 세계 194개 인터폴 회원국[62]은 국가별로 경제력, 경찰의 권한과 지위, 정치 상황 등에 따라 치안 여건이 상이하고, 치안 역량의 편차도 큰 것이 사실이다. 원활한 협력과 공조 수사를 위해서는 각 국가중앙사무국의 업무 능력과 인프라가 보장되어야 할 필요가 있다. 이를 위해 인터폴에서는 회원국으로서 수행해야 하는 업무와 역할에 대한 국가중앙사무국 품질 기준(NCB Quality Standard)을 제시하고 이를 따르도록 지원하고 있다.

2004년 총회에서 국가중앙사무국 서비스 기준(NCB Service Standards)으로 최초 도입된 이 개념은 당시 24개 항목이었으나, 2016년 총회에서 19개 항목의 품질 기준으로 변경되었다. 중앙사무국의 업무 능력 향상을 도모하기 위한 것으로서 현황, 핵심 기능, 역량, 활동, 운영 규정 등 5개 분야에 따라 세부 항목이 구성되어 있다. 또한 보안 및 데이터 보호, 통신 능력, 국가 내 데이터베이스에 대한 접근권, 다른 정부기관과의 연락 및 협업 등의 항목을 두고 있다.

각 국가중앙사무국에서는 인터폴이 작성한 품질 기준에 대한 자가 진단을 실시하고 이를 충족하기 위해 지속적으로 노력하고 있다. 사무총국의 국제활동 및 지역지원국(GORS)에서는 회원국의 요청 및 자체 판단에 따라 도움이 필요한 회원국에 전문인력을 파견하여 사무국 운영 최적화, 효율성 증대, 개선안 마련 등을 지원하고 있다. 이를 '품질 기준 방문(Quality Standard Visit)'이라고 하며, 주로 개발도상국이 대상이 된다.

대한민국 국가중앙사무국

인터폴 회원국 신청 절차 및 조건

인터폴 회원국 가입 신청 절차는 먼저 희망국에서 사무총국으로 신청서를 제출(총회 개최 연도 1월 31일까지)하고, 사무총국에서 헌장 등 규정 부합 여부를 검토한 후, 집행 위원회에서 논의 및 표결을 통해 총회 의제에 포함하여 전체 회원국에 통보하고, 총 회에 참석하여 투표한 국가의 3분의 2 찬성 시 가입이 완료된다.

2017년 베이징 총회에서 채택된 회원국 가입의 가이드라인 관련 결의안을 보면, 신 청국의 '국가성(Statehood)' 조건으로 영토, 인구, 정부, 외교 교섭 능력을 포함하고 있 다. 특히 신청국이 UN 회원국이거나 참관국인지 여부를 살피는 등 다른 국제기구의 회원국인지 여부도 중요한 요소다. 이외에 인터폴 규정에 대한 이해, 적합한 정부기 관을 통한 신청, 공식 경찰 기관 존재에 대한 설명, 국가중앙사무국의 역할과 기능을 수행하겠다는 약속이 필요하다. 사무총국은 자격 검토 중 이와 같은 요건에 부족한 요소가 있다고 판단될 경우 신청국 측에 추가 자료 제출을 요구할 수 있다.

참고로 대만은 1961년 인터폴 회원국으로 가입했으나 1984년 중국의 가입과 동시에 탈퇴되었다. 이후 대만 측에서는 인터폴 회원 가입 및 옵서버 지위 획득을 위해 지속적으로 노력하고 있으나 중국의 반대와 대만은 중국을 통해 인터폴에 참여해야 한다는 1984년 총회 결의로 인해 답보 상태다. 이와 관련, 중남미와 일부 아프리카 국가를 중심으로 대만의 인터폴 가입을 허용해야 한다는 목소리가 있으며, 미국에서도 2019년 5월 하원에서 대만에 대한 무기 판매 정례화 및 외교 지원을 주요 내용으로 하는 대만보증법(Taiwan Assurance Act of 2019)을 만장일치로 가결, 상원에 회부하여 대만의 국제기구 참여를 옹호하고 있다.

인터폴은 매년 4월경 프랑스 리옹에서 전 세계 국가중앙사무국장이 모이는 회의(Heads of National Central Bureau Conference, 이하 NCB국장 회의)[63]를 개최한다. NCB국장 회의는 인터폴 헌장이나 규정에 명시되어 있지는 않지만, 2013년 제82차 총회 결의로 NCB국장 회의의 위임 규정(Terms of Reference)을 채택, 그 권한과 형식을 정했다. 이에 따르면 NCB국장 회의에서는 ① NCB 간 협력 강화 ② 국제경찰 공조 ③ NCB와 법집행기관을 위한 수단과 도구 ④ 정보 교환과 국가별 우수 사례에 대한 소개 및 정책 발굴 ⑤ NCB 및 다른 국가기관의 평가 ⑥ NCB와 사무총국 간의 관계 ⑦ 총회에서 검토를 요청한 안건 등을 논의한다. 참석 인원과 규모가 총회보다는 다소 작지만 실무적인 주제가 다루어지며, 특히 회의 둘째 날 원탁회의(Round-Table)를 개최하여 지역별 현안을 따로 논의하는 자리를 갖는 것이 특색이다.

NCB국장 회의 외에 각 대륙별로 개최되는 지역회의(Regional Conference)도 있다. 대륙별 지역회의와 관련한 사항도 총회 결정으로 위임 규정이 채택되어 자세한 사항을 법적으로 규정하고 있다. 지역회의의

NCB국장 회의 전경

구성원은 해당 지역의 국가중앙사무국이지만 다른 지역의 국가중앙사무국, 국제기구, 지역 내 법집행기관 등도 참관인 자격으로 참석할 수 있다. 지역회의는 ① 한 국가의 조치를 통해 해결할 수 없는 지역 내 범죄의 실질적이고 구체적인 문제에 대한 논의 ② 이러한 문제에 대한 맞춤형 대응 방안 강구 ③ 사무총국의 정책에 대한 보완으로써 지역 내에서 시행되는 사업 계획 및 이에 따른 실행 계획 마련 ④ 인터폴의 법적, 제도적틀 내에서 제공되는 주요 서비스에 대한 인식 공유 등의 목적을 갖고 있다. 유럽은 매년, 다른 대륙은 2년마다 개최한다. 지역회의는 집행위원회부총재 또는 지역 내 집행위원이 주재하여 진행한다.

　　인터폴 지역회의와 NCB국장 회의도 결의안을 채택할 수 있다. 우선지역별 회의의 결정을 살펴보면, 참석 회원국의 과반수 투표로 결의안을채택하는 것이 원칙이나 특정 회원국이나 사무총국, 집행위원회, 총회에전달하기 위한 건의안 채택, 지역 내 사업 계획의 채택의 경우에는 3분의2 찬성을 요한다. NCB국장 회의의 참석자들은 총회 일반 회의와 동일한

2019년 유럽 지역회의(폴란드 카토비체)   2017년 아시아 지역회의(네팔 카트만두)

조건에서 투표권을 갖는다고 규정되어 있으며, 보통은 총회 위임 사항에
대해 논의하거나 총회에 제출하기 위한 건의안에 대한 의견을 개진하고
있다.

인터폴 법정회의

인터폴에서 연중 개최하는 법정회의(Statutory meeting)는 총회, 집행위원회, 대륙별
지역회의, NCB국장 회의다. 업무의 연속성과 예측 가능성을 고려하여 연간 일정은
총재가 사무총국과 논의하여 결정하는데, 보통은 3월 집행위원회에서 당해 연도 예
산안 수정안 및 활동 계획을 확정하고, 4월 NCB국장 회의에서 집행위원회 논의사항
공유 및 새로운 안건을 발굴하며, 6월 집행위원회에서 다시 NCB국장 회의 논의 사
항에 대한 검토, 총회 제출 안건을 구체화하게 된다. 보통 대륙별 지역회의는 5~7월
에 개최하여 지역별 현안을 추가 논의하고, 집행위원회와 NCB국장 회의 결과도 공
유한다. 총회는 보통 10~11월에 개최되며, 현안에 대한 결의안을 채택하거나 주요
인사 선거를 실시하여 1년 일정을 마무리한다.

인터폴 파일통제위원회(Commission for the Control of INTERPOL's Files) 역시 헌장에 규정된 인터폴을 구성하는 조직이다. 파일통제위원회는 사무총국의 개인정보 처리가 규정에 부합하도록 보장하기 위한 별도의 독립 기구로 전문가 7명이 두 개의 소위원회(Chambers)를 구성한다. 감독자문 소위원회(Supervisory and Advisory Chamber)는 위원장, 정보 보호 및 전자 정보 처리 전문가 등 3명으로 구성되며, 사무총국에서 인터폴 규정에 맞게 개인정보를 처리하는지와 개인정보와 관련된 인터폴의 활동, 관련 규정에 대한 조언을 하고 있다. 요청 소위원회(Request Chamber)는 각기 다른 분야(정보 보호, 국제 경찰협력, 국제형사법, 인권, 사법 및 검찰)의 전문성을 갖춘 5명의 변호사로 구성되며, 사무총국에서 취급한 개인정보에 대한 수정, 삭제, 접근 요청을 처리하는 것이 주요 역할이다.

파일통제위원회의 구성원은 회원국들의 추천에 따라 집행위원회에서 적격성 여부를 검토하여 총회에서 비밀투표로 선출한다. 임기는 5년으로 3년에 한해 연장이 가능하다. 의장은 요청 소위원회 구성원 중에서 전체 파일통제위원회 위원들의 투표로 결정된다. 현재까지 우리나라에서는 인터폴 파일통제위원회 위원을 배출한 적은 없다.

적색 수배에 대한 민원 증가

인터폴 파일통제위원회의는 일반인이나 민관기관, 법률 회사로부터 인터폴 적색 수배와 관련된 개인정보의 공개나 수정, 삭제에 대한 요청 등을 주로 다루고 있다. 2018년에는 671건의 인터폴 파일 정보 제공 요청과 486건의 수정, 삭제 요청 등 총 1,217건을 접수받아 그 수요가 매년 증가하고 있으며, 이들 중 일부는 소송으로 이어지기도 한다.

인터폴은 정치 · 군사 · 종교 목적의 활동을 엄격히 금지하고 있지만, 인터폴 적색 수배서가 이러한 목적으로 악용될 수 있다는 점도 꾸준히 지적되고 있다. 일부 국가에서 정치적 변화의 요구를 억압하는 도구로 인터폴 적색 수배를 악용하고, 이에 따라 인터폴 파일 통제위원회에 접수되는 민원 건수가 증가한다는 것이다. 실제로 정치적 변혁을 겪고 있는 일부 국가의 민원이 증가하는 경향이 나타나고 있다. 적색 수배 요청은 개별 회원국이 하지만 이를 검토하고 발부하는 주체는 결국 인터폴이므로, 최악의 경우 인터폴을 대상으로 한 소송으로 이어지는 사례도 있다. 이에 대한 대책으로 인터폴에서는 적색수배 심사 기준을 엄격히 적용하고 소송에 대한 회원국과의 책임 분담 방안 등도 검토 중이다.

헌장에 규정된 또 하나의 기관은 자문단(Advisers)이다. 자문단은 집행위원회에서 임명하며, 총회 통보 후에 그 임무가 시작된다. 자문단은 과학적이고 전문적인 문제에 대해 인터폴에 자문할 수 있으나 권고적 역할에 한정된다. 현재 운영 중인 대표적인 사례는 '재정 자문단(Advisory Group on Financial Matters)'이다. 재정 자문단은 별도의 내부 규정[64]에 따라 운영되는데, 구성원은 각기 다른 국적이어야 하고, 20명 이내로 구성된다. 집행위원회의 전략재정 소위원회 역할을 보완하기 위해 논의하며 그 결과를 서면으로 소위원회에 제출한다. 집행위원회는 이를 반영하여 재정 문제를 심의한다.

3. 운영법규

전 세계의 경찰과 법 집행기관 간 협력을 도모하는 인터폴에게 법에 의한 지배(Rule by Law)는 국제기구로서 신뢰를 담보하기 위한 가장 근본적인 원리다. 이를 위해 인터폴은 헌장을 비롯하여 각종 세부 사항을 규정한 법령을 가지고 있고, 이러한 근거는 국제 경찰협력에 있어 인터폴과 회원국이 따라야 할 준거가 되고 있다. 특히 인터폴은 특정 국가나 세력의 간섭과 개입을 차단하기 위해 헌장을 비롯한 관련 법령을 스스로 정하고 관련 절차에 따라 모든 업무를 처리하고 있다.

(1) 구조

인터폴이 정기적으로 발간하는 인터폴의 '기본 법령집(Basic Texts of the Organization)'에 따르면, 인터폴 구성(Constituent text), 조직의 기능(Texts relating to the functioning of the Bodies), 임무 수행(Texts relating to the Fulfillment of the Organization's Mandates) 관련 법령, 그리고 총회 및 집행위원회의 제도적인 결의안(Institutional Resolutions)으로 구성되어 있다.

인터폴 법령

I. **인터폴 구성**(CONSTITUENT TEXTS OF THE ICPO-INTERPOL)

  1. 인터폴 헌장(Constitution of the ICPO-INTERPOL)

  2. 일반 규정(General Regulations)

  3. 회원국 목록(List of member countries)

II. **조직의 기능 관련 법령**(TEXTS RELATING TO THE FUNCTIONING)

  A. 총회(The General Assembly)

  4. 인터폴 총회 절차 규칙(Rules of Procedure of the ICPO-INTERPOL General Assembly)

  5. 총회 회의의 조직에 관한 규칙(Rules concerning the organization of General

Assembly sessions)

19. 실사 지침(Due Diligence Guidelines)

D. 국가중앙사무국(The National Central Bureaus)

20. 국가중앙사무국장 회의 위임 규정(Terms of Reference of the Heads of National Central Bureau Conference)

21. 국가중앙사무국 품질 기준(NCB Quality Standards)

E. 인터폴 파일통제위원회(The Commission for the Control of INTERPOL's Files)

22. 인터폴 파일통제위원회 법령(Statute of the Commission for the Control of INTERPOL's Files)

23. 인터폴 파일통제위원회 운영 규칙(Operating Rules of the Commission for the Control of INTERPOL's Files)

III. 임무 수행 관련 법령(TEXTS RELATING TO THE FULFILLMENT OF THE ORGANIZATION'S MANDATE)

24. 인터폴 데이터 처리 규칙(INTERPOL's Rules on the Processing of Data)

25. 인터폴 e-범죄인 인도 규칙(INTERPOL e-Extradition Rules)

26. 정부 간 기구 대상 범죄 대응에 대한 일반 조건(General Conditions on combating offences against intergovernmental organizations)

27. 국제기구의 오렌지 수배서 접근 권한에 관한 일반 조건(General conditions governing access to Orange Notices by international organizations)

IV. 제도적 결의안(INSTITUTIONAL RESOLUTIONS)

(2) 제 · 개정 절차

인터폴 법령의 제 · 개정 절차는 해당 법령의 중요도에 따라 차이가 있으며, 이는 ① 헌장 ② 일반 규정 ③ 총회 절차 규칙 등 일반 규정의 부록(Appendices)에 해당하는 법령[65] ④ 기타 법령으로 나눌 수 있다. 만약 두 개 이상의 법령 내용이 충돌하는 경우 상위 법령이 우선한다. ①, ②, ③ 법령들은 최고 의사결정 기구인 총회가 제·개정하며, 다만 의결 정족수에 차이가 있다. ① 헌장은 전체 회원국의 3분의 2 ② 일반 규정과 ③ 그 부록에 해당하는 법령은 총회에 참석하여 투표한 회원국의 3분의 2, 그리고 ④ 기타 법령은 제정 주체에 따라 총회나 집행위원회의 투표에서 과반수를 요한다. 특히 헌장의 개정은 전체 회원국의 3분의 2(194개 전체 회원국 중 130개국)를 요하여 대다수 회원국의 참석과 동의가 전제되어야 하며, 일반 규정 제 52조에 따라 분담금을 납부하지 않아 투표권이 제한된 국가도 헌장 개정 투표에는 참여할 수 있다.[66] 다른 법령들은 일반적인 총회 안건과 동일하게 취급되어 총회 개회 30일 전까지 전체 회원국에 통보하면 되지만, 헌장 또는 일반 규정 수정안은 최소 총회 개회 90일 이전까지 통보해야 한다.[67]

4. 재정 및 예산

인터폴의 2019년 기준 예산안 총액은 1억 5,310만 유로(2,000억 원)로, UN 54억 달러(6조 원), 인터폴과 비슷한 규모의 UN 마약범죄사무소 3억 3,260만 달러(4,000억 원) 등 다른 국제기구에 비하면 적은 수준이다. 인터폴의 예산에 대해서는 재정 규정(Financial Regulation)에서 그 종류와 수입·지출, 집행과 관련한 사항을 세세히 정하고 있다.

인터폴의 예산은 수입원 및 그 목적에 따라 크게 일반 예산(Regular Budget)과 신탁자금 및 특별회계(Trust Funds and Special Accounts)로 구성된다. 일반 예산은 전체 예산의 약 70%로 현금과 현물 형태로 관리되고 있고, 회원국의 분담금, 인터폴 재단의 기부 등 여덟 가지 수입원[68]으로 구성되며, 주로 인건비, 임무 수행 및 회의비용, 공과금 등 일반적인 조직 운영을 위해 지출된다. 신탁자금 및 특별회계 예산은 전체 예산의 30%를 차지하며, 일반적인 업무 외에 특정 목적을 달성하기 위해 총회에서 별도로 조성하거나 정부나 국제기구 및 다른 공공기관들이 조성하여, 반부패, 대테러, 사이버범죄, 국경 관리 등 다양한 목적을 위해 운용된다.

인터폴 회원국의 분담금은 인터폴 일반 예산의 가장 큰 수입원으로 2019년 기준 전체 예산의 39.3%, 일반 예산의 53.6%를 차지한다. 회원국별 분담금 비율은 회원국의 국민소득, UN 분담금, 경제성장률 등을 종합적으로 고려하여 별도의 전문가 회의에서 결정하고 있다. 2011년 이전에는 해마다 다음 해 분담금 비율을 총회에서 결정했지만 2012년부터는 3, 4년 주기로 새로운 분담금 계산식을 정하여 비율을 확정하고 있으며, 최근에는 2018년 제87차 두바이 총회에서 2019년부터 2022년까지의 분담금 비율을 확정했다. 2019년 기준 분담금 비율 상위 10개국은 미국, 일본, 독일, 프랑스, 영국, 이탈리아, 중국, 캐나다, 스페인, 호주이다. 우리나라는 1.924%(110만 유로, 약 14억 원)로 13번째로 많은 분담금을 납부하고 있고 2022년에는 1.963%로 증가할 예정이다. UN의 경우 일부 국가는 분담금을 내지 않거나 아주 적은 분담금만 내는 경우도 있지만, 인터폴은 모든 회원국이 최소 0.03%(1만 7,000유로, 약 2,200만 원)의 분담금을 납부하도록 하고 있고 2022년에는 최소 0.033%를 부담하도록 정했다.

인터폴 주요 회원국 분담금 비율

국가명	2019년	2020년	2021년	2022년
미국	19.440	19.627	19.813	20.000
일본	12.070	11.114	10.158	9.202
중국	3.737	5.003	6.270	7.536
독일	7.738	7.186	6.636	6.084
프랑스	5.875	5.461	5.049	4.635
영국	5.782	5.274	4.768	4.260
브라질	2.036	2.575	3.114	3.653
이탈리아	4.892	4.455	4.019	3.582
러시아	1.763	2.161	2.559	2.957
캐나다	3.013	2.941	2.871	2.799
스페인	2.805	2.652	2.499	2.346
호주	2.043	2.111	2.178	2.246
대한민국	1.924	1.937	1.950	1.963
네덜란드	1.954	1.781	1.609	1.436
멕시코	1.686	1.588	1.489	1.391
사우디아라비아	0.803	0.908	1.012	1.117
스위스	1.478	1.356	1.234	1.112
터키	0.926	0.949	0.973	0.996
스웨덴	1.401	1.246	1.092	0.937
아르헨티나	0.525	0.642	0.760	0.877
벨기에	1.305	1.160	1.015	0.870

2019년 인터폴 예산 구조(수입)

구 분 (1,000유로)	총 예산			일반 예산			신탁자금 · 특별회계 예산		
	현 금	현 물	총 액	현 금	현 물	총 액	현 금	현 물	총 액
회원국 분담금	57,286		57,286	57,286		57,286			
지역사무소 조달 자금	1,335		1,335	1,335		1,335			
회원국 자발적 기부	550		550	550		550			
인터폴 재단 기부	3,000		3,000	3,000		3,000			
현물 기부		38,500	38,500		38,500	38,000		500	500
보상금 및 손실회복	43,709		43,709	3,209		3,209	45,000		45,000
금융소득	499		499	499		499			
기타 수입	534		534	534		534			
합 계	106,913	38,500	145,413	66,413	38,500	104,413	45,000	500	45,500

　　신탁자금 및 특별회계 예산은 특정 목적을 위한 프로젝트 등 사업을 위해 별도로 운영되는 자금으로, 총회 또는 다른 정부, 정부 간 기구 등 조성의 주체에 따라 구분된다. 신탁자금은 관련 지침과 총회 및 집행위원회에서 정하는 조건에 따라 관리되고, 특별회계 예산은 인터폴과 기부자 간의 협의 사항에 따라 운용되고 있다. 2019년 현재 운용 중인 신탁자금 및 특별회계 예산 항목은 총 50개이며 이중 대테러 · 화생방 프로그램이 14개, 사이버 · 데이터베이스 관련이 7개로 다수를 차지하고 있다. 자금 제공의 주체를 살펴보면 유럽연합 및 유럽 지역 회원국에서 조성한 기금이 19개로 가장 많고, 이어서 미국 11개, 캐나다 4개 등 서방 선진국과 더불어 아시아에서도 일본이 3개, 중국이 1개 기금을 제공하고 있다. 금액을 살펴보면, 유럽연합 1,300만 유로(28%), 미국 774만 유로(17%), 캐나다 257만 유로(5%)이고, 자세한 내용은 표와 같다.

지원기관	프로그램 구분	개 요	2019년 예산 (1,000유로)	총 예산 (1,000유로)
정부기관				
독일 연방식품농업부	반부패 프로그램	아태지역 회원국의 산림범죄 관련 금융수사 역량 강화 및 해당 분야에 특화된 수사 지원 을 위한 교육훈련 프로그램 제공	83	1,000
캐나다 외교부	대테러 프로그램	항만 보안기관을 포함한 남아시아 해양치안 기관의 해적 · 테러 · 해상 강도 역량 강화	204	1,699
	대테러 프로그램	아세안 지역에서 발생하는 테러 및 조직범죄 대응 역량 강화	802	2,406
	대테러 프로그램	아세안 국가 간 대테러 정보 공유를 위한 장 비 및 서비스 제공을 통한 외국인 전투원을 포함한 극단주의 세력 조직원 식별 역량 강화	688	2,065
	사이버범죄 프로그램	남미 · 카리브해 지역의 사이버범죄 대응 역 량 강화	884	2,478
유럽평의회	사이버범죄 프로그램	경찰기관의 사이버범죄 수사 역량 강화 및 유럽과 타 지역 경찰기관 간의 사이버수사 협력 강화	469	1,446
유럽연합 집행위원회	해적대응 프로그램	동부 · 남부 아프리카 공동시장(COMESA) 회 원국의 인도양 해적 관련 금융수사 역량 강화	159	1,300
	마약 · 조직 범죄 프로그램	코카인 유통 경로 추적수사 및 수사 공조 강 화	748	3,845
	iARMS 불법무기 유통방지 프로그램	불법 무기 데이터베이스 프로젝트로 인터폴 불법무기 신고 및 추적 서비스 개선	565	2,500
	아프리카 지역 프로그램	아프리카 국가의 국제 조직범죄 대응 역량 강화	1,612	4,512
	대테러 프로그램	유럽 지역 인근 국가 (중앙아시아 · 아프리카) 대테러 역량 강화	1,000	3,000
	연구개발 프로그램	가상화폐 및 지하경제를 통해 발생하는 테 러 · 기타 범죄 수사를 위한 데이터 기반 치 안 솔루션의 연구 · 개발 · 배치	149	447
영국 농식품환경부	환경 · 불법 수렵범죄 프로그램	야생동물의 불법 거래 대응을 위한 역량 강 화 및 관련 수사를 지원하고, 첨단 수사기법 의 활용 및 범죄정보 교환	113	453
미국 개발협력청	환경 · 불법 수렵범죄 프로그램	환경범죄 프로그램 지원	1,111	4,443
미국 국무부	밀수 및 위조범죄 프로그램	금제품의 밀수 및 위조범죄 방지를 위한 범 죄 정보 수집, 분석, 배포 등 치안 역량 강화	21	318
	인신매매 프로그램	신속한 수사 지원 및 기술 지원을 제공, 피해 자 중심의 교육훈련 제공, 관련 분야 국제경 찰 전문가 및 교보재 확대	144	577
	반부패 프로그램	전문가 실무단 회의 지원, 반부패 및 금융수 사 개선 및 수사 공조 강화	135	360
	환경 · 불법 수렵범죄 프로그램	기존 미 국무부 수렵범죄 및 불법 조업 범죄 대응 자금 증액	683	1,821
	해적대응 프로그램	수사기관과 소추기관 간의 협력 및 국제 협 력의 증진을 통한 기니만 지역 해상 치안 역 량 강화 및 실적 개선	276	827

지원기관	프로그램 구분	개 요	2019년 예산 (1,000유로)	총 예산 (1,000유로)
미국 국무부	범죄분석 프로그램	인터폴의 분석 역량을 강화할 분석 플랫폼을 개발하여 회원국에 대해 실시간 범죄 정보 및 분석을 제공함으로써 테러 및 국제범죄 대응	3,018	5,985
	I-24/7 프로그램	4개소의 NCB에 대한 장비 현대화를 통한 해당국 경찰기관 및 국경 당국의 치안 역량과 인터폴 데이터베이스에 대한 접근성 강화	963	2,889
	화생방 프로그램	서아프리카 지역 경찰기관의 생화학 위협 분석 및 대응 역량 강화와 국가기관 간의 업무 조정	356	711
미국 에너지부	화생방 프로그램	주요 회원국 대상 핵안보 대응 능력 강화 및 관련 범죄 수사 기법 전수	388	1,941
미국 국방위협 감소청	화생방 프로그램	중동·북아프리카 지역 테러 공격 감행 수법에 대해 회원국 대상으로 이론·실무 교육 제공	654	2,615
인터폴 재단	조직 지원	인터폴 재단이 후원하는 프로젝트에 대한 운영·감독	20	15,000
	기타	사이버범죄, 대테러, 조직범죄에 대한 각종 지원 사업	6,649	50,000
기타	–	기존 사업 추진 및 지원기관에서 검토 중인 사업안 등	11,262	11,262
NGO 등 민간기관				
인간존엄재단	아동착취 프로그램	다각적 피해자 식별 접근법 및 아동 성착취 대응 프로그램	1,045	5,421
Centro Zaragoza (스페인 연구기관)	도난차량 프로그램	각종 도난 차량 프로그램에 대한 인력 지원	80	165
Underwriter's Laboratory Inc. (미국 안전규격 개발 기관)	금제품 밀수 및 위조방지 프로그램	금제품 밀수 및 위조 방지 프로그램 지속을 위한 인건비 지원	253	1,360
World Anti-Doping Agency (세계반도핑기구)	반도핑 사업	최신 범죄 분석 및 동향을 제공함으로써 운동 역량 강화 약품 밀수에 대응	43	193
SICPA (보안잉크업체)	인터폴 여권사업	인터폴 여권 사업을 위한 인건비 및 사업비	200	800
IOC	스포츠 공정성 프로그램	스포츠 공정성 훼손 방지를 위한 각국 역량 강화	423	377
알리바바	금제품 밀수 및 위조방지 프로그램	온라인 밀수 방지를 위한 금제품 밀수 및 위조 방지 프로그램 지원	128	512
HIVOS (네덜란드 개발 협력NGO)	환경·불법 수렵범죄 프로그램	아마존 유역에서 수집된 관련 정보 분석을 통한 연구	137	450
합 계			45,000	183,126

인터폴 예산의 지출을 살펴보면, 가장 큰 비중을 차지하는 항목은 인건비로, 총 9,000만 유로가 소요되어 지출 총액의 60%에 해당한다. 인건비는 일반 예산(7,100만 유로)에서 신탁자금 및 특별회계 예산(1,900만 유로)보다 많은 금액이 지출되고, 이러한 일반 예산의 부담을 줄이기 위해 신탁자금 및 특별회계 예산의 운용을 통한 인력 충원을 확대하고 있는 추세다. 또한 임무 수행과 회의 비용도 인터폴 주관 행사와 작전 등의 증가로 늘어나고 있다.

2019년 인터폴 예산 구조(지출)

지 출 (1,000유로)	총 예산			일반 예산			신탁자금 · 특별회계 예산		
	현 금	현 물	총 액	현 금	현 물	총 액	현 금	현 물	총 액
인건비	64,065	26,500	90,565	45,365	26,000	71,365	18,700	500	19,200
기타 직원 비용	4,161		4,161	1,961		1,961	2,200		2,200
부지 유지비	3,544	12,000	15,544	3,544	12,000	15,544	200		200
공과금	4,470		4,470	4,170		4,170	300		300
임무수행 · 회의	16,736		16,736	5,236		5,236	11,500		11,500
사무실 운영비	3,963		3,963	1,463		1,463	2,500		2,500
통신비	1,207		1,207	1,107		1,107	100		100
기타 비용	7,390		2,190	2,190		2,190	9,500		9,500
부채 상환	5,161		5,161	5,161		5,161			
합 계	110,697	38,500	143,997	70,197	38,000	108,197	45,000	500	45,500

더 안전한 세상을 위한 인터폴 재단

　인터폴 집행위원회는 1998년 민간으로부터 선물, 유증 및 기타 수입원을 제공받아 인터폴의 목적 달성을 위한 활동을 지원할 수 있는 재단의 설립을 결정하고, 2013년 총회에서 '더 안전한 세상을 위한 인터폴 재단(INTERPOL Foundation for a Safer

World)' 설립을 승인했다. 재단의 사무실은 스위스 제네바에 소재하고 있으며, 이에 따라 재단도 스위스 민법의 적용을 받는다.

재단의 목표는 ① 활기차고 지속가능한 사회(Vibrant and Sustainable Societies) ② 깨끗하고 번창하는 사업(Clean and Prosperous Businesses) ③ 강하고 연계된 법집행(Strong and Connected Law Enforcement) ④ 안전하고 편리한 이동(Safe and Accessible Travel) ⑤ 개방적이고 안전한 사이버 공간(Open and Secure Cyberspace) 등 다섯 가지다. 재단의 첫 번째 이사회는 2014년 모나코에서 열렸으며, 2016년 5월에 인터폴의 주요 7개 활동 분야에 지출할 수 있도록 아랍에미리트에서 5년간 5,000만 유로를 기부하는 협약을 체결했다.

펀딩이나 기부 등의 형태로 지속적으로 외부 자금이 확대되고 있다는 점도 최근의 특징이라고 할 수 있다. 이러한 자금은 신탁자금 및 특별 회계 예산으로 편성되고 재정 규정에 따라 전체 예산의 50%를 초과할 수 없다.[69] 외부 자금은 기부자의 여건이나 결정에 따라 언제든지 중단될 우려가 있어 안정적인 재정을 확보하기 위해서는 회원국의 분담금 비율을 높여야 한다는 필요성이 인터폴 내에서 대두되고 있다.

FIFA 관련 인터폴 프로그램 중단

인터폴은 FIFA(국제축구연맹)와 스포츠 청렴성(Integrity in Sport) 협약을 맺고 FIFA로부터 2011년부터 10년간 2,000만 유로의 자금을 지원받아 스포츠 도박 및 승부 조작 범죄 예방과 교육을 위한 사업을 추진한 사례가 있었다.

그러나 2015년 4월 미국 연방검찰에서 FIFA 뇌물수수 사건을 수사하며 14명의 고위 관계자들을 기소했고, 이중 유죄가 인정된 8명은 합계 4,000만 달러의 벌금형을 선고받는 등 FIFA의 윤리성에 대한 문제가 대두되었다. FIFA 부패에 대한 비난 여론이 확산되자 FIFA 총재 블라터가 책임을 지고 총재직을 사임했다.

이와 관련하여 인터폴은 'FIFA의 비리 사건은 인터폴 및 국제경찰 공동체의 기본 정신과 양립할 수 없다'며 규탄 성명을 발표하고 진행하고 있던 위 사업을 2015년 6월 전면 중단했다.[70] FIFA에서는 뇌물수수 사건은 인터폴과 진행 중인 사업과 아무 관련이 없으며, 인터폴의 실망스런 결정이 이러한 범죄 대응에 악영향을 미칠 것이라고 발표한 바 있다. 이 사건을 계기로 인터폴은 민간 또는 다른 국제기구로부터 인터폴 활동에 대한 자금을 지원받을 경우 실사(Due Diligence)를 통해 해당 기관의 윤리적 성격과 사업목적 등에 대해 보다 면밀히 검토하고 있다.

인터폴은 재정과 관련하여 내·외부 재무 감사를 실시하고 있다. 내부 감사는 사무총장 직속으로 설치되어 있는 내부감사실(Office of Internal Oversight)에서 담당하며, 외부 감사는 인터폴이 계약을 맺은 외부 전문 감사 기관에 의해 이루어진다. 내부 감사는 인터폴의 활동과 관련한 전반적인 사안에 대해 다양한 변수로 인한 재정적 리스크 분석 등을 수행하는 반면, 외부 감사는 특정 기간 동안 주로 재무제표를 검토하고 연간 재정에 대한 결산을 실시한다. 내·외부 감사는 인터폴 재정 및 조직 운영의 투명성을 확보하기 위해 사실상 독립적으로 이루어지며 감사 결과는 집행위원회와 총회에 보고하고 있다.

5. 국제기구로서의 지위

(1) 국제기구의 요건

수많은 국제기구가 존재하지만 그 탄생과 발전 과정이 제각각 다르고, 운영 방식과 구조도 차이가 있다. 국제기구에 대한 여러 가지 설명이 있지만 그 정의가 명확히 정립되어 있지는 않다. 그 중 국제법위원회 (International Law Commission)[71]에서는 국제기구를 '국제법에 따른 조약이나 기타 문서에 의해 설립되고, 그 자신만의 국제법인격을 가지는 기구'라고 하고, '그 회원으로 국가 이외에 다른 실체를 포함할 수 있다'라고 정의하고 있다.[72] 결국 설립된 근거가 되는 문서와 국제법인격 여부가 판단의 기준이 되는데, 인터폴은 헌장, 일반 조항 등 자체적인 규정 및 회원국의 국내법에 의거하여 국제 경찰협력을 위해 활동하는 정부 간 기구이나 성립과 활동이 국제조약, 협약 또는 이와 유사한 기속력 있는 법적 근거에 의한 것이 아니므로 헌장 역시 각 회원국에 따라 외교적 서명이나 정부의 비준 등 필요한 절차가 상이하다. 참고로 인터폴은 자체적으로 체포, 압수, 수색 등 범죄수사권을 직접 행사할 수는 없으며, 공조 수사 의뢰를 받은 회원국이 자국 법령이 인정하는 한도 내에서 이러한 권한을 행사하고 있다.

그러나 인터폴은 정부 간 기구로 국제법인격을 가지며 국제법상 그 자신의 고유한 권한과 특권을 보유한다. 인터폴은 창설 초기 각국 경찰기관의 정례적 협의체에 불과한 비정부 간 국제기구로 인식되었다. 이후 국제범죄에 대한 다자간 대응의 중요성이 커짐에 따라 인터폴은 국제 경찰협력의 주체인 정부 간 기구로서 그 지위를 인정받기 시작했다. 1971년 5월 20일 UN 경제사회이사회는 결의안 제1579L호로 인터폴과 '상호 협력을 위한 특별 약정'을 체결함으로써 인터폴을 공식 정부 간 국제기구로 인정한 데 이어, 1996년 10월 22일 UN은 인터폴에 옵서버 자격으로 UN 총회의 회기와 업무에 참여할 수 있는 권한을 부여했다. 또한 1999년 10월 UN 교육과학문화기구(UNESCO)와 인터폴 간 체결된 양해각서에서도 인터폴을 정부 간 국제기구로 공식 인정했다.

인터폴 사무소가 소재한 프랑스와 싱가포르, 지역사무소가 소재한 국가 모두가 본부 협정을 체결하고 인터폴 직원 및 시설물에 대해 일정한 면책특권을 부여하고 있고, 총회와 대륙별 지역회의를 개최하는 나라 또한 회의에 참여하는 인터폴 직원 및 시설물에 대한 면책특권을 부여하고 있어 인터폴이 국제기구라는 사실을 뒷받침하고 있다.

국제 조약에서도 인터폴의 법인격은 인정되는데, 1990년 12월 14일 UN 총회에서 채택한 '범죄인 인도에 관한 UN 모델 조약'은 효과적인 범죄 진압을 위해 긴급한 경우 범죄인 인도 청구서 송부 전에 범죄인에 대한 긴급 인도 구속을 인터폴의 통신수단에 의해 요청할 수 있다고 함으로써 범죄인 인도에 관한 인터폴의 법적 지위를 인정했고, 범죄인 인도에 대한 대표적인 다자 간 조약인 '범죄인 인도 유럽협약'도 인터폴을 통해 긴급 인도 구속을 청구할 수 있도록 규정하고 있다. 또한 1998년 7월 17일 로마에서 채택된 국제형사재판소(International Criminal Court) 규정도 재판소가 인터폴을 통해 당사국에 대한 협력 요청을 전달할 수 있다고 명시하는 등 여러 국제 조약에서 인터폴의 법적 주체성을 인정하고 있다.

(2) 다른 국제기구와의 협력

국제기구로서의 지위와 관련하여 일부 살펴본 것처럼 인터폴은 그간 대표적인 국제기구라 할 수 있는 UN 및 관련 기구와 테러 등 국제범죄에 함께 대응하기 위해 다음과 같이 협력하여 왔다.

- 1971. 5. 20. UN경제사회이사회는 결의안 제1579L호를 통해 인터폴을 정부 간 국제기구로 공식 인정 및 인터폴과 '상호협력 위한 특별약정' 체결
- 1996. 10. 22. UN은 인터폴에 옵저버 자격으로 UN 총회의 회기와

업무에 참여할 수 있는 권한 부여

- 1997. 7. 8. UN-인터폴 간 국제범죄 대응 및 안전 확보를 위한 업무 협력, 서류 및 정보 교환, 상호 자문, 기술 협력, 인적 교류 등 총 10개항에 대한 업무 협약 체결
- 1999. 10. UN교육과학문화기구(UNESCO)는 인터폴과 체결한 양해각서를 통해 인터폴을 정부 간 기구로 인정
- 2004. 11. UN 내 인터폴 특별 대표부 사무실 개소, 협력 상시화
- 2005. 7. 29. UN 안전보장이사회에서 테러 방지를 위한 인터폴 역할 강조, UN-인터폴 특별 수배서 발부 등을 내용으로 하는 'Resolution 1617' 채택
- 2016. 11. UN 총회에서 테러 · 조직범죄 등 국제범죄 대응을 위해 회원국의 인터폴 전산망, 수배서의 적극 활용을 장려하는 결의안 채택
- 2017. 7. UN 안전보장이사회 대테러위원회(CTED)와 테러 예방 · 대응에 관한 협력 약정 체결

특히 2019년 말 현재 UN 및 하부 기관, UN 특별 기구와 체결하여 시행하고 있는 협력 약정은 다음의 표와 같다.

인터폴과 UN 및 하부 기관, UN 특별 기구와의 협력 약정

구분	약정명	날짜
UN 및 하부 기관	국제연합과의 협력 약정	1997. 7. 8.
	내부감사사무실 수사과(OIOS)와의 협력 양해각서	1998. 9. 23.
	국제연합 코소보 임시 행정부(UNMIK)와의 범죄 예방 및 형사정의 분야 협력 양해각서	2002. 12. 20.
	평화 유지 활동과 특별 정치 사무소와 관련한 1997년 인터폴―국제연합 간 협력 약정에 대한 추가 협력 약정	2009. 10. 11.
	국제연합 안전보장이사회 제재위원회와 관련한 1997년 인터폴―국제연합 간 협력 약정에 대한 추가 협력 약정	2009. 10. 11.
	국제연합 안전보안국(UNDSS)의 인터폴 정보 시스템 직접 접속과 관련한 1997년 인터폴―국제연합 간 협력 약정에 대한 추가 협력 약정	2014. 3. 11.
	국제연합 마약범죄사무소(UNODC)와의 합동 활동과 관련한 1997년 인터폴―국제연합 간 협력 약정에 대한 추가 협력 약정	2016. 5. 23.
	국제연합 대테러 사무소(UNOCT)의 활동과 관련한 1997년 인터폴―국제연합 간 협력 약정에 대한 추가 협력 약정	2018. 6. 27.
UN 특별 기구	만국우편연합(UPU)과의 협력 양해각서	1997. 4. 29.
	국제연합 교육과학문화기구(UNESCO)와의 협력 약정	1999. 10. 5.
	바젤협약의 사무국 자격인 국제연합 환경 프로그램(UNEP)과의 양해각서	1999. 11. 4.
	국제연합 교육과학문화기구(UNESCO)와의 협력 약정	2003. 7. 28.
	국제원자력기구(IAEA)와의 협력 약정	2006. 2. 10.
	세계은행그룹 완결성 부회장과의 양해각서	2010. 10. 1.
	국제연합 발전 프로그램(UNDP)의 감사 및 수사 사무소와의 양해각서	2011. 8. 8.
	국제연합 환경프로그램(UNEP)과의 합동 활동과 관련한 1997년 인터폴―국제연합 간 협력 약정에 대한 추가 협력 약정	2016. 9. 23.

참고로 대표적인 국제 치안 협력의 대상이 되는 인터폴 데이터를 기준으로 살펴보면 UN을 비롯하여 총 63개 기구가 인터폴 데이터베이스에 대한 접근 권한을 가지고 있다. 이중 29개의 국제기구가 일부 또는 전체 데이터에 대한 직접 접근 권한을 갖고 있고, 나머지 34개 국제기구는 인터폴 사무총국을 통해 간접적으로 접근할 수 있다. 직접 접근권을 갖

는 대표적인 국제기구는 마약류 대응을 위한 중앙아시아 지역정보조정
센터(CARICC), 유럽 국경관리기구(FRONTEX), 국제형사재판소(ICC),
세계관세기구(WCO) 등이 있다.

3

인터폴의 수단

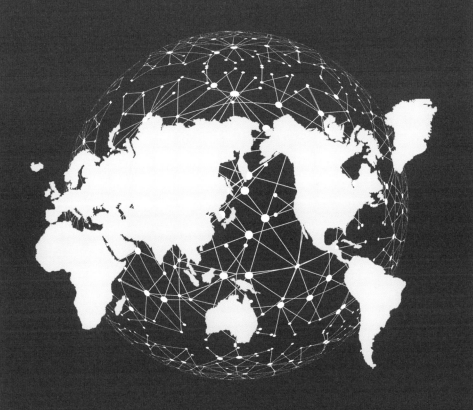

나라마다 경찰이 처한 치안 여건과 이에 대응한 법집행 활동은 다르다. 이러한 차이점은 국경을 넘나드는 국제범죄에 대한 대응을 더욱 어렵게 하고 있다. 그러므로 인터폴에서는 회원국들이 이러한 차이를 극복하고 상호 협력을 도모할 수 있도록 다양한 수단과 서비스(Tools & Services)를 제공하고 있다. 특히 각국 경찰이 치안 활동 과정에서 보유하고 있는 자료를 표준화된 데이터베이스로 구축하여 이를 실시간으로 제공하고, 현장 법집행관들이 도피사범 검거, 테러 · 해적 등 국제범죄와 관련된 유의미한 자료에 접근, 조회하여 처리 결과를 서로 공유하도록 지원하고 있다.

이와 관련, 인터폴에서는 현재 보안이 확보된 전용 통신망(I-24/7)을 통해 수배서, 도난분실여권, 지문, DNA 등 18가지 데이터베이스를 구축하고 있다. 인터폴 적색수배서를 비롯한 수배 · 통지서 제도와 4개 공용어로 24시간 운영되는 지휘조정센터(CCC)도 대표적인 사례다. 또한 대규모 국제행사나 사건사고 발생시에도 전담팀을 직접 현장에 파견하고 있으며, 다양한 교육훈련 프로그램과 더불어 새로이 설립된 인터폴 글로벌 혁신단지(IGCI)를 통해 글로벌 아카데미 사업을 추진하는 등 회원국 치안 역량 강화에도 집중하고 있다.

이러한 수단과 서비스는 인터폴의 역사와 더불어 계승 · 발전되어온 결과물로서, 전 세계적인 국제경찰 기구로서 인터폴이 갖추고 있는 가장 큰 경쟁력이자 회원국의 요구에 부응하는 협력의 플랫폼이다.

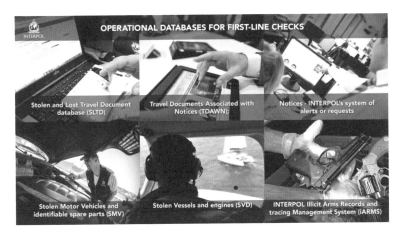

일선 현장에서 활용 중인 인터폴 데이터베이스

1. 전용 통신망 I-24/7

I-24/7은 주 7일 24시간 언제든지 접속이 가능하다는 뜻에서 붙여진 이름으로 회원국에 제공되는 보안화된 인터폴 전용 통신망이다. 기술적으로는 I-24/7 설비를 회원국 국가중앙사무국에 설치하여 전용 가상사설망(VPN)으로 연결한 네트워크다. 이를 통해 회원국에서는 인터폴이 구축한 다양한 포털에 접속하여 각종 수배정보 및 데이터베이스에 접근할 수 있고, 전용 이메일을 이용하여 다른 회원국 경찰과 수사 상황 등을 공유할 수 있다. 결국 I-24/7은 전 세계의 모든 회원국 경찰을 촘촘히 연결하여 의사소통을 지원해주는 인터폴의 신경망이다.

인터폴 전용 통신망인 I-24/7을 통한 데이터의 유통은 MIND 방식과 FIND 방식을 따른다. MIND란 'Mobile INTERPOL Network Database'의 약자로, 회원국 모바일 단말기가 정기적으로 인터폴 데이터

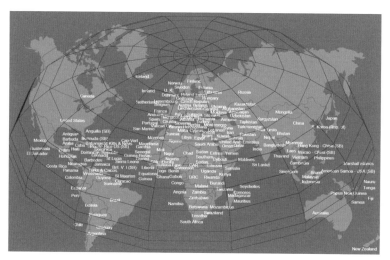

인터폴 I-24/7 네트워크

베이스와 동기화하여 최신 자료를 내려받아 다음 동기화까지 사용하는
방식이다. 반면 FIND란 'Fixed INTERPOL Network Database'의 약자
로, 회원국에서 인터폴 네트워크에 직접 접속하여 실시간으로 해당 데이
터베이스에 조회하는 방식이다. 양호한 통신기반과 처리 속도를 바탕으
로 유지 가능하며 데이터의 모든 변화를 실시간으로 확인할 수 있는 장
점이 있다. 우리나라도 FIND 방식으로 전환하고 있다.

2. 데이터베이스 및 자료 관리

(1) 인터폴 데이터베이스

2019년 현재 인터폴에서 운용하고 있는 데이터베이스는 18가지로,
회원국 간 국제 공조를 위한 약 1억 건의 경찰 관련 자료가 데이터로 축

적되어 있다. 194개 회원국에서 하루 2,000만 회, 연간 54억 회 조회될 만큼 세계 곳곳의 치안 현장에서 광범위하게 활용되고 있으며, 데이터 처리 속도도 1건당 약 0.5초에 불과하여 사실상 실시간이다.

인터폴 보유 · 관리 데이터베이스

– 수배서(Notices)

– 공조 대상자에 대한 인적 정보(Nominal)

– 아동 착취자 및 피해자(Child Abusers and Victims)

– 지문(Fingerprints)

– DNA 프로파일(DNA Profiles)

– 안면 인식 정보(Facial Recognition)

– 도난 · 분실 여권(Stolen and Lost Travel Documents)

– 도난 공문서(Stolen Administrative Documents)

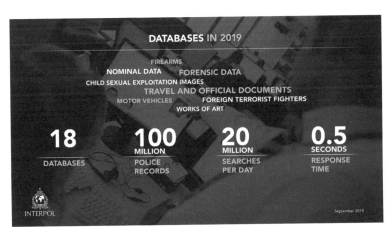

인터폴의 18개 데이터베이스 : 1억여 건 보유, 하루 2,000만 건 조회, 조회당 0.5초 소요

- 위 · 변조 문서(Counterfeit Documents)

- 문서 진위 여부(Comparison of Genuine and Fake Documents)

- 도난 차량(Stolen Motor Vehicles)

- 도난 선박(Stolen Vessels)

- 도난 문화재(Works of Art)

- 총기 식별 참조표(INTERPOL Firearms Reference Table)

- 불법 총기 기록 · 추적 관리(INTERPOL Illicit Arms Records and Tracing Management System)

- 탄도 비교(Comparison of Ballistics Data)

- 조직범죄(Organized Crime)

- 해적(Piracy)

먼저 인터폴이 보유한 데이터 중에서 가장 두드러지게 활용되는 것이 바로 도난 · 분실 여권(SLTD, Stolen and Lost Travel Document) 데이터베이스다. 각국에서 도난 · 분실 신고된 여권 정보를 데이터베이스에 등록 · 관리하여 이러한 여권이 조회되면 해당국에서 입국을 제한하고, 관련 데이터를 입력한 국가에 통보하고 있다.

2019년 현재 약 8,900만여 건의 도난 · 분실 여권 데이터가 수록되어 있으며, 연간 37억 건의 조회가 실시되어 28만 9,000여 건의 조회 일치(hit)가 발생하고 있다. 여권을 발행한 회원국 NCB에서 도난 · 분실 여권 데이터를 입력하면 다른 회원국 공항과 항만에서 탑승객의 여권을 스캔하여 실시간으로 I-24/7 통신망을 통해 조회하는 것이다. 사실상 모든 국가의 출입국 심사에서 인터폴 도난 · 분실 여권 데이터베이스가 활용되고 있어 인터폴 자료는 우리 일상과도 관련이 있다.

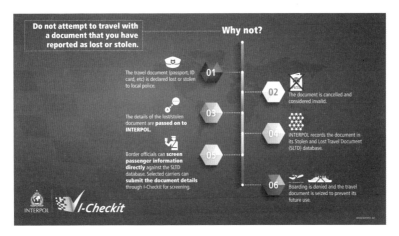

I-Checkit 절차도

또한 인터폴에서는 도난·분실 여권 데이터와 연결하여 2015년부터 'I-Checkit' 프로그램[73]을 운영하고 있다. 이는 국제범죄자들이 도난·분실 여권을 사용하여 신원을 위장하고 비행기나 선박을 탑승하는 것을 방지하기 위한 프로그램으로 데이터의 공유 범위를 각국 법집행기관뿐만 아니라 항공·해운 등 민간 분야까지 확장했다는 점이 특징이다. 특히 인터폴 도난·분실 여권 데이터를 항공사에서 제출한 탑승객 여권정보와 대조하여 일치할 경우 회원국 정부는 출입국 제한 내지 여권 행정제재 조치를 취하고 항공사에서는 탑승을 거부하고 있다. 인터폴은 I-Checkit의 협력 범위를 카드사 등 금융권 및 호텔 등 숙박업계로 확대하는 방안도 검토하고 있다.

현재 인터폴에서는 도난·분실 여권 외에도 지문, 안면정보, DNA 프로파일과 같은 생체정보를 이용한 데이터베이스를 운영하고 있다. 지문과 DNA의 경우 회원국 간 핵심적인 수사공조 자료로써 재해재난 발

도난 차량 데이터베이스의 활용

생시 피해자 신원 확인(DVI, Disaster Victim Identification)에도 활용되고 있다.

이외에도 범죄에 사용되거나 불법으로 거래되는 차량을 식별하기 위한 도난 차량 데이터베이스(SMV, Stolen Motor Vehicle)가 운영되고 있다. 2018년 현재 이 데이터베이스에는 약 730만 건의 도난 차량, 이륜차, 중장비 등의 데이터가 저장되어 있으며, 현재 130개 회원국에서 운영되어 누적 조회 수 2억 5,600만 건을 기록하고 있다. 이를 통해 전 세계 14만 3,000여 대의 도난 차량을 식별하는 성과를 거두었다.

(2) 데이터 처리 절차 및 개인정보 보호

인터폴 데이터 처리규칙(INTERPOL's Rules on the Processing of Data)에서는 인터폴과 회원국이 경찰 데이터를 처리하는 데 있어 준수해야 할 업무 처리 기준 및 절차와 개인정보 보호 등에 관한 원칙을 규정하고 있다.

이 규칙은 세계인권선언을 계승하는 헌장 제2조와 정치, 군사, 인종,

종교 사안에 대한 개입을 금지하는 제3조를 대원칙으로 한다. 아울러 데이터에 관한 책임은 데이터 출처, 예를 들어 수배서를 발부한 국가에 귀속되며, 데이터 오류를 수정할 의무도 있다. 그러므로 수배서 등 데이터를 입력하고자 하는 회원국에서는 데이터의 적법성, 품질, 투명성, 보안성을 보장해야 한다.

인터폴 데이터베이스에 등록된 데이터의 대상이 되는 개인은 자신과 관련된 데이터 접근, 수정, 삭제를 요청할 권리가 있다. 요청은 필요한 서류를 갖추어 인터폴 파일통제위원회에 우편으로 접수해야 한다.

개인의 데이터 접근, 수정, 삭제 신청 절차

민원인이 개인일 경우 본인 또는 대리인을 통해 신청할 수 있고, 단체일 경우 대표자가 절차의 당사자가 된다. 필요한 서류에는 ① 신청서 ② 신분증 ③ 대리인[74] 위임장 ④ 법인등록증 등이 있으며, 신청서 또는 별도 서신에 신청 목적을 기술하여 우편으로 접수해야 한다. 신청 서류는 인터폴 공용어 중 1개 언어로 작성해야 하고, 미성년자를 대신하여 민원을 신청하는 경우 대리인은 출생신고서 등 본인과의 관계를 증빙하는 서류 및 미성년자 본인의 신분증을 첨부해야 한다. 민원의 내용에 따라 추가로 증빙해야 할 사항이 있다. 데이터의 열람을 위해서는 자신의 데이터가 인터폴 정보통신망에 처리되고 있다고 믿는 이유에 대한 자료를 첨부해야 하고, 데이터의 정정·삭제를 위해서는 ① 사실관계 및 규정위반 소지에 대한 설명 ② 관련 증거 ③ 기타 정보를 첨부해야 한다. 모든 서류는 번역·공증되어야 한다.

인터폴이 정보통신망에서 처리하는 데이터는 법적 분쟁의 대상이 되기도 하는데, 원칙적으로 데이터 처리 규칙에서는 당사자 간의 협의를 통해 해결하고, 협의에 실패할 경우 집행위원회나 필요시 총회에 해당 사안을 제출하여 해결하도록 규정하고 있다.

통상 집행위원회는 연 3회, 총회는 연간 1회 개최되어 이를 통해 신속한 분쟁 해결을 기대하기는 어려운 것이 사실이다. 일부에서는 인터폴 데이터 처리 관련 분쟁을 상설중재재판소(Permanent Court of Arbitration)에 제소하는 사례도 있다. 이는 프랑스 정부와 체결한 본부 협정(Host Country Agreement)[75]에서 제반 업무 처리에서 비롯되는 인터폴과 사인 간의 분쟁은 상설중재재판소에 의뢰하도록 되어 있는 규정에 근거한 것이다. 참고로 위 본부 협정에 따르면 인터폴은 국제기구로서 프랑스 국내 법원의 재판권에서 면제된다.

데이터 처리 관련 분쟁이 증가하고, 국제 경찰협력 환경의 변화에 대응하여 2002년 인터폴 총회는 정보처리실무단(Working Group on the Processing of Information)을 설립하여 정기적으로 인터폴의 데이터 처리 정책에 대한 자문을 받고 있다. 특히 2019년 총회에서는 정보처리실무단을 총회 산하 상설 위원회로 승격시키는 안을 의결하여 인터폴의 데이터 처리 및 개인정보 보호 정책에 관한 제도적 기반을 강화한 바 있다.

3. 인터폴 수배서 & 통지

(1) 수배서와 통지의 의미

인터폴에서 회원국 간 협력이나 국제 경보(Warning)를 위해 전용 통신망(I-24/7)을 통해 회원국에 전파, 공유하는 표준화된 형태의 문서로는 수배서(Notice)와 통지(Diffusion)가 있다. 수배서와 통지는 그 발송 명의자가 인터폴 사무총국인지 회원국의 국가중앙사무국인지 여부에 따라 구분된다. 인터폴 통지 제도는 회원국의 국가중앙사무국 명의로 하나 이상의 회원국에 대해 협력을 요청하거나 국제적인 경보 또는 관련 정보가 포함된 문서를 직접 발송하는 것을 말한다. 그러므로 통지는 '교점 대 교점(node-to-node)'의 방식으로 운영된다. 이에 반해 수배서는 회원국의 요청에 따라 사무총국에서 그 적절성에 대해 심의한 후 인터폴 명의로 발송하는 공식 요청으로, 모든 회원국에게 일괄 전파되는 효과를 가지고 있다.

이런 면에서 통지는 수배서처럼 인터폴 사무총국의 전문적인 심의 없이 특정 회원국이 단수 또는 복수의 회원국을 대상으로 인적 정보를 전파하는 방식으로, 수배서보다 신뢰도는 비교적 낮으나 신속성이 장점이다. 반면 수배서는 회원국의 요청이 있으면 사무총국 내 전문 부서인 수배 통지 실무단(NDTF, Notices and Diffusion Task Force)의 심의를 거쳐 발부하는 것으로, 신뢰도가 높으나 신청 후 발부까지 상당한 시간이 소요된다는 점을 고려해야 한다.

(2) 수배서의 종류

인터폴 관련 검색어로 자주 언급되는 것이 수배서다. 그중에서도 적색 수배서(Red Notice)가 가장 대표적이다. 인터폴에서 발부하는 수배서는 총 여덟 가지가 있다. 이들 수배서는 사안의 경중이 아니라 수배 목적별로 구분하여 수배서 우측 상단 표식의 색상을 다르게 적용하고 있다. 이러한 인터폴 수배서의 종류 및 발부 요건은 다음의 표와 같다.

인터폴 수배서의 종류 및 요건

연번	종 류		목 적	요건(인터폴 규정)
1		적색 수배서	수배자 체포 및 범죄인 인도	● 장기 2년 이상 징역, 금고에 해당하는 죄를 범한 체포 · 구속영장이 발부된 수배자일 것
2		청색 수배서	범죄 관련인 소재 확인	● 유죄판결을 받은 자, 수배자, 피의자, 참고인 피해자 등 범죄 관련자일 것 ● 소재 확인을 위한 범죄 사실 특정 등 충분한 자료가 제공될 것
3		녹색 수배서	우범자 정보 제공	● 법집행기관에 의해 공공 안전에 위협이 되는 인물로 평가될 것 ● 우범자 판단에 전과 등 충분한 자료가 뒷받침 될 것
4		황색 수배서	실종자 소재 확인	● 경찰에 신고되었을 것 ● 성인의 경우 사생활 보호 관련 법률 위반이 없을 것 ● 충분한 정보가 제공될 것
5		흑색 수배서	변사자 신원 확인	● 경찰에 의해 변사체 발견이 확인될 것 ● 충분한 정보가 제공될 것
6		오렌지 수배서	위험물질 경고	● 법집행기관에 의해 공공안전에 급박한 위험이라고 평가 될 것
7		보라색 수배서	범죄수법 정보 제공	● 수법 · 대상 · 장치 등이 회원국의 관심을 끌 수 있는 범죄일 것 ● 충분한 정보를 포함할 것
8		UN 특별수배	UN안보리 제재대상 정보 제공	● 인터폴과 UN 안보리의 협의 사항에 따라 발부

각종 수배서 유형

수배서별 발부 추이

구분	적색	청색	황색	녹색	흑색	오렌지	보라색	UN특별	합계
2003년	1,378	159	167	266	133	0	0	0	2,103
2008년	3,126	304	385	664	91	7	0	26	4,603
2013년	8,857	1,691	1,889	1,004	117	43	102	79	13,782
2018년	13,516	4,126	2,397	827	134	51	103	25	21,179

　　연도별 인터폴 수배서 발부 건수는 급격한 증가 추세에 있다. 2018년 발부된 수배서 총 2만 1,179건의 수배서를 살펴보면 적색 수배서가 1만 3,516건으로 약 63.8%를 차지하고 있고, 청색 수배서가 4,126건(19.5%), 황색 수배서는 2,397건(11.3%)이 발부되었다. 또한 UN안전보장이사회와의 협의에 따라 발부되는 특별 수배서도 25건이 발부되었다.

가장 대표적인 수배서인 적색 수배는 회원국 국가중앙사무국의 요청에 의해 도주 중인 범죄자에 대해 범죄인 인도를 위한 체포, 구속, 이동의 제한 또는 이와 유사한 성격의 법적 조치를 요구하거나 그 범죄자의 소재지를 확인하기 위한 목적으로 인터폴 사무총국이 발부한다. 단 인터폴 헌장 제3조에서 금지하는 정치, 종교, 군사, 인종적 사안과 관련한 범죄에 대해서는 적색 수배서 발부가 제한된다. 인터폴 적색 수배서 발부의 세부 기준은 우선 형식적인 요건으로 법원 등 권위 있는 기관에서 발부한 체포영장, 구속영장, 형집행장을 제출해야 하고, 내용적인 요건으로 다음에 해당하지 않는 중범죄(serious ordinary-law crime)여야 한다.

① 여러 나라에서 처벌 필요성에 대한 논란이 있는 범죄 (예: 명예 훼손)

② 가정 관련 범죄로 처벌 필요성에 대해 논란이 범죄 (예: 간통, 이중 결혼, 일부다처, 동성애, 가출, 처녀성 박탈, 낙태, 혼인 지참금, 안락사)

③ 행정 법규나 행정 목적 달성을 위해 규정된 범죄(예: 부정수표 발행, 교통법규 위반, 건축법 위반, 근로기준법 위반)

이와 더불어, 장기 2년 이상 징역이나 금고에 해당하는 범죄를 범한 자 또한 6월 이상 징역이나 금고형을 선고받고 미집행 6월 이상이 남은 자도 요건으로 하고 있다.

우리나라의 적색 수배서 발부 요건

우리나라 인터폴 국가중앙사무국에서도 국내 법집행기관을 대상으로 적색 수배 신청의 기준을 별도로 마련하여 무분별한 수배서 신청을 막고 효과적인 국제 공조 수사를 도모하고 있다. 그 요건은 다음과 같다.

장기 2년 이상 징역이나 금고에 해당하는 죄를 범하여 체포영장, 구속영장이 발부된 자이거나 6월 이상 징역이나 금고형을 선고받고 미집행 6월 이상이 남은 자 중

① 살인, 강도, 강간 등 강력범죄 사범

② 조직 폭력, 전화 금융사기 등 조직범죄 관련 사범

③ 다액(5억 원 이상) 경제 사범

④ 사회적 파장 및 사안의 중대성을 고려하여 수사관서에서 특별히 적색 수배를 요청한 기타 중요 사범

1) 발부 절차 및 효력

적색 수배 발부 절차를 살펴보면, 직접 수사를 담당하거나 책임 있는 회원국의 법집행기관이 자기 나라의 국가중앙사무국으로 요청하여 그 국가중앙사무국 자체 심사를 거친 후 정해진 양식에 따라 사무총국에 신청하게 된다. 사무총국에서는 접수된 신청 내용과 요건을 빠른 시일 내에 심사한 뒤 문제가 없음이 확인되면 수배서를 발부하고, 이를 전체 회원국에 통지한다.

인터폴 적색 수배서로 전 세계 어디서든 범인을 체포할 수 있다는 오해도 있다. 인터폴은 국제적인 사법권을 보유하거나 강제력 있는 수사 활동을 할 수 있는 권한을 가진 기관이 아니며, 적색 수배서 역시 국제 체포영장과 같은 효력이 있는 것은 아니다. 적색 수배는 대상자가 다른 국가에서 정치, 군사, 종교, 인종적 사안이 아닌 성격의 범죄로 인해 체포영장이 발부된 자임을 회원국에게 알림과 동시에 소재지를 파악해 알려 달라고 협조를 요청하는 통지서에 가깝다. 다만 일부 회원국에서는 인터폴 적색 수배서에 국내법상 강제력을 부여하기도 하나, 대다수 회원국에서는 형사법상의 강제력을 부여하기보다는 출입국 심사에 참고하여 강

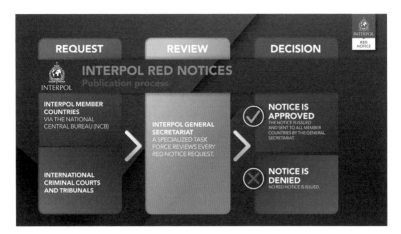

적색 수배 발부 절차

제 퇴거 등 행정처분을 위한 근거 자료로 활용하고 있다. 하지만 적색 수배서가 발부된 경우에는 인터폴 데이터베이스에 등록되고 전 세계 공항과 항만에 실시간으로 연결되어 검색되며, 회원국 경찰 간 상호 긴밀한 공조로 정식 사법 절차 전에 추방 등을 통해 범인을 검거할 수 있는 강력한 수단이 되고 있다.[76] 또한 수배서에는 인적사항 및 범죄 관련 정보뿐만 아니라 지문, DNA 등 생체 정보도 함께 등록되어 있어 회원국 간에 범인 특정을 위한 핵심 자료를 신속하게 공유할 수 있다.

실무적으로는 적색 수배를 통해서 도피사범의 소재가 파악될 경우 피의자 소재국과 수배국이 신병 처리에 대해 협의를 한다. 협의 단계에서는 피의자 소재국에서 강제 출국과 같은 법령상 행정처분이 가능한지, 아니면 정식으로 범죄인 인도 절차를 거쳐야 하는지 결정해야 하는 것이 우선이다. 강제 출국의 경우 불법 주차에 대한 과태료 부과와 같은 성격의 행정처분이므로 별도의 재판이나 사법부의 심사 없이 신속한 대응이 가능하다. 반면 범죄인 인도[77]의 경우 국가별로 관련 법령과 제도가 상이하고 별도로 정해진 절차, 즉 재판을 거쳐야 하므로 오랜 시간이 걸린다. 인권 수준이 높은 선진국일수록 여러 단계에서 범죄인 인도 결정에 대해 불복할 수 있으므로 범죄인 인도는 매우 어려운 절차라고 할 수 있겠다.

미국의 범죄인 인도 절차

미국의 경우에는 미국과 범죄인 인도 조약을 체결한 국가에 한해 범죄인을 인도하는 것을 원칙으로 하고, 예외적으로 미국 국적인을 상대로 외국에서 발생한 폭력 범죄에 대해서는 조약 체결 여부를 불문하고 미국 범죄인 인도법을 근거로 외국에 인도가 가능하다.

① 인도 요청 수신	② 법무부 검토 및 검사 지정	③ 법원의 심리
외국 정부가 외교채널을 통해 범죄인 인도 요청을 할 경우 이를 수신한 미 국무부는 검토 후 이를 법무부로 송부	법무부 국제협력실은 조약 및 국내법을 기준으로 법률 검토 실시, 타당한 요청일 경우 범죄인 인도 소재지 관할 검찰청 검사 지정	검사는 법원에 대해 범죄인 인도 심리를 열고, 법원은 심리한 결과 증거가 충분한 경우 인도를 승인함

《 불복 제도 》	⑤ 미인도 석방 신청	④ 국무장관 통보 및 신병 인도
미국 범죄인 인도법은 이 절차만을 위한 별도의 불복 절차를 마련하고 있지는 않으나 적부심(habeas corpus) 절차 준용	법원의 인도 결정부터 2개월이 경과했음에도 국무장관이 신병을 인도하지 않은 경우 대상자는 법원에 석방 신청할 수 있음	법원은 인도를 승인할 경우 관련 기록을 국무장관에게 송부하고, 국무장관은 이에 따라 외국에 신병을 인도함

미국에 대해 외국의 인도 요청이 있을 경우 신병이 소재하는 주(state) 법원 판사 및 기타 관할이 있는 판사는 증거를 심리하여 인도 구속영장을 발부하고, 심리 결과 조약상 인도 대상 범죄 또는 미국법상 범죄에 대한 증거가 충분한 경우 이 사실을 국무장관에게 통보하여 대상자를 구금하고 인도 요청국에 신병을 인도한다. 단 인도 결정

부터 2월이 경과했음에도 불구하고 인도되지 않은 경우, 상당한 이유가 없는 한 인도 대상자의 신청이 있으면 그를 석방해야 한다.

캐나다의 범죄인 인도 절차

캐나다의 경우에도 인터폴 적색 수배만으로는 인신 구속의 효력을 인정하지 않으므로 도피사범의 송환을 위해서는 범죄인 인도 절차를 거쳐야 한다. 캐나다 범죄인 인도 절차는 크게 3단계 과정으로 법무부 장관이 절차 개시 결정을 하면 법원의 청문 절차를 거쳐 법무부 장관이 최종 결정을 하는 방식이다.

① 법무부 장관의 절차 개시 결정	▶	② 법원의 범죄인 인도 청문 절차	▶	③ 법무부 장관의 인도 결정

외국에서 범죄인 인도 요청을 받은 법무부 장관은 인도 절차 개시를 결정할 경우 요청 대상자에 대해 판사의 영장을 받아 구인하고, 절차 개시 결정을 내리기에 앞서 쌍방가벌성(인도 대상 범죄가 요청국과 피요청국 법령 구성요건에 동시에 해당하는지 여부), 인도 요청 대상 범죄의 범죄지가 캐나다인지 여부, 장기 2년 이상의 자유형에 해당하는지 여부를 검토한다. 법무부 장관이 절차 개시 결정을 할 경우 인도 대상자를 각 도(province) 상급 법원의 청문 절차에 회부한다.

법원은 청문 절차를 열어 인도 대상 범죄에 대한 증거가 캐나다 법으로 처벌할 수 있을 정도로 증거가 충분한지를 심사하여 증거가 충분하다고 판단할 경우 인도 결정을 승인하고, 그렇지 않을 경우에는 기각하여 대상자를 석방한다. 하지만 캐나다 법원의 범죄인 인도 청문 절차는 대상자의 유·무죄에 대한 심증을 형성하는 실체적 공판 절차[78]는 아니다.

법원의 인도 승인을 득한 법무부 장관은 범죄인 인도법 및 캐나다 자유권리헌장 등을 검토하여 대상자의 인도 여부를 최종 결정한다. 만약 범죄인의 인도가 정의에 현저히 반하거나 인권 침해 소지가 있을 경우 또는 캐나다 자유권리헌장 제7조[79]에 위배되는 경우에는 인도할 수 없다.

인터폴에서는 적색 수배의 형식적 요건과 적정성을 심사하기 위해 수배 통지 실무단[80]을 운영하고 있다. 이 팀은 30여 명의 각국 경찰 전문가와 변호사들로 구성되어 세계인권선언의 내용을 계승하는 헌장 제2조와 정치, 군사, 종교, 인종적 사안에 대한 인터폴의 개입을 금지하는 제3조를 바탕으로 적색 수배의 적정성을 심사하고, 인터폴 데이터 처리 규칙 제반 사항의 준수 여부를 중점적으로 검토한다. 이는 인터폴 적색 수배가 특정 집단의 정치적 목적에 이용되는 것을 방지함으로써 오로지 사법 정의 구현을 위해 활용되도록 보장하기 위한 안전장치다. 또한 긴급한 사안에 대해서는 24시간 이내, 사건의 성격을 고려하여 더욱 심도 있는 검토가 필요한 경우에는 48시간 이내에 적색 수배의 적정성을 판단하고 있다.

2) 인터폴 적색 수배에 대한 논란

적색 수배는 인터폴이 보유한 가장 강력한 국제 경찰협력 수단이다. 그러나 한편으로는 인터폴 조직 운영에 있어서 가장 비난의 소지가 큰 부분 역시 적색 수배라고 할 수 있다. 특히 최근에는 인터폴이 독재 국가의 정치적 무기로 악용되고 있다는 주장이 서방 언론과 학계를 통해 제기된 적도 있다. 권력 다툼, 쿠데타, 종교적 박해를 피해 국외로 피난하거나 망명한 자들을 추적하여 국내로 송환하기 위해 비정치적 범죄를 적용하여 적색 수배 요청을 요청함으로써 헌장 제3조를 교묘하게 피하고 있다는 것이다.

2014년부터 2019년까지 인터폴에 신청된 적색 수배와 통지 중 부적격 판정을 받은 것은 2~3% 정도에 불과하지만, 이러한 일부의 사례는 법적 소송까지 이어지고 있다. 인터폴에 대한 소송은 원고가 소재한 국가의 국내 법원에 제소하거나 인터폴이 프랑스 정부와 체결한 본부 협정에서 정한 소송 관할에 따라 상설중재재판소에 제소하는 두 가지가 있다. 유럽의 경우 유럽인권재판소에 제소하는 사례도 있다.

적색 수배에 대한 논란

인터폴 적색 수배에 관한 논란들은 언론을 통해서도 쉽게 접할 수 있다. 서방 보수 언론에서 적색 수배를 소재로 여러 번 보도를 낸 적이 있는데 대표적인 사례는 러시아에서 수배한 빌 브라우더라는 인물과 관련이 있다. 브라우더는 영국 국적 사업가로 그의 회사는 한때 러시아에서 가장 큰 규모의 간접 투자사였다. 그는 러시아 정부의 기업 유착 비리를 폭로했다는 이유로 2005년부터 러시아에 입국이 금지되었다. 2009년에는 그의 변호인인 세르게이 마그니츠키가 옥중 사망하자 그는 미 의회에 러시아 인권침해범을 처벌하는 법안 통과를 위한 로비 활동을 벌였고, 러시아는 2013년 브라우더를 15억 달러 상당의 조세 회피 혐의로 기소하여 궐석 재판으로 징역 9년형을 선고했다. 러시아 당국은 브라우더의 형집행을 위해 일곱 차례 이상 인터폴에 적색 수배서 발부 요청을 했으나 인터폴은 발부를 거부했고, 2017년에는 인터폴 사무총국에 의한 별도 심의를 요하지 않는 통지 방식을 이용하여 브라우더를 수배했다. 이로 인해 브라우더는 마드리드 공항에 일시적으로 구금되었다가 석방된 사실이 있었다. 월스트리트저널, 포브스, 로이터 등 서방 주요 언론은 인터폴이 러시아 등 독재 국가의 정적 탄압 도구로 전락했다며 비난의 수위를 높였고, 로이터에서는 인터폴 파일통제위원회에 러시아 검사 출신 변호사가 위원으로 재직 중에 있다는 점까지 들며 공정성 논란을 제기한 바 있다.

터키나 UAE, 바레인 등 아랍권 국가들도 비난의 대상이 된 바 있다. 터키의 경우 2016년 에르도안 대통령 정권에 대한 쿠데타가 진압된 후 쿠데타 세력 숙청의 일환으로 인터폴 적색 수배를 악용했다는 의혹을 받고 있다. 터키에서 활동하는 한 영문 매체에 의하면 2012년 터키에서 요청한 적색 수배서가 5건이었던 것에 비해 쿠데타 이후인 2017년에는 46건으로 늘어난 점을 들며 인터폴의 정보력은 "막강 (powerful)하고 위험(dangerous)하다"고 표현했다.

UAE에서는 미국 국적 전문 경영인이 자신이 적색 수배를 받고 있다는 사실을 알게 된 후 워싱턴 포스트에 투고한 사례도 있다. 투고자는 1997년부터 UAE 자유경제지구개발청장으로 재임했으나, 2010년 국왕 서거 후 일어난 왕자의 난에서 자유경제지구 개발을 추진하던 왕자가 실권하자 임금이 체불된 상태에서 이유 없이 해고되었다. 이후 2016년 외국에서 미국으로 돌아오는 길에 국경에서 우연히 자신에 대한 적색 수배가 발부되었음을 알게 된 것이다. 기고문에서 그는 전 세계를 누비며 경영 활동에 전념해야 할 사업가가 적색 수배에 발이 묶였다며 인터폴에게 적색 수배 악용 방지 대책을 주문했다.

이외에도 호주에서 활동하는 바레인 난민 출신 축구 선수가 바레인 왕가를 비판했다는 이유로 적색 수배되어 제3국에서 일시적으로 구금되었다가 바레인에서 적색 수배를 취소한 사례도 있다.

결국 인터폴의 대표적인 수단인 적색 수배는 회원국 경찰을 연결하여 범죄자들로부터 전 세계인의 안전을 지키기 위해 도입한 불가피한 선택으로써, 이러한 면에서 공공재의 위험과 한계[81]를 내포하고 있다. 언론에 보도된 비난성 기사들을 접하다 보면 자연스레 인터폴에 대한 회의론도 제기될 수 있다. 하지만 적색 수배를 포함한 인터폴의 서비스는 국제

범죄에 대응하는 회원국 경찰에게 필수불가결한 존재로 자리매김했다. 특히 국경을 넘나드는 국제범죄와 다국적 범죄 네크워크를 감안할 때 오늘날 세계 각지 경찰기관들이 보유한 정보를 공유하고 협력 활동을 조정하는 인터폴의 역할은 그 어느 때보다 중요하다.

물론 적색 수배와 같은 인터폴의 서비스가 악용될 위험이 있는 것도 사실이다. 인터폴의 가장 큰 자산은 인터폴에 대한 국제사회의 신뢰라고 할 수 있는데, 최근 적색 수배를 둘러싼 논란은 이에도 악영향을 미칠 수 있다. 심지어 미국 보수진영의 한 학계 인사는 인터폴 집행위원이나 파일통제위원 등 주요 직위자를 민주주의 국가 출신으로 제한해야 한다거나, 민주주의 국가에 한해 인터폴 회원국으로 받아들여야 한다고 주장한 바 있다.

위에서 살펴본 것처럼 인터폴이 정한 인권 기준에 위반하는 일부 회원국의 적색 수배 남용 사례는 우려스러운 부분이다. 이에 대해서는 인터폴의 내부 절차와 독립된 기구로서 파일통제위원회의 역할을 더욱 강화하는 한편, 국제기구로서 세계 모든 국가를 포용하고자 하는 인터폴의 원칙도 유지되어야 한다. 보편성을 잃은 국제기구는 자칫 존립의 위기를 맞을 수 있기 때문이다. UN의 전신인 국제연맹(League of Nations)이 이탈리아, 일본과 같은 회원국들의 잇따른 퇴출과 탈퇴로 결국 실패하게 된 사례도 참고할 필요가 있다.

3) 파일통제위원회의 구제

수배서에 대한 사후적 구제수단으로서 인터폴에서는 독립적인 기구로 파일통제위원회(Commission on the Control of Files)를 설치하여 운영하고 있다. 누구든지 자신이 적색 수배되어 있다고 믿을 사유가 있다면 인터폴

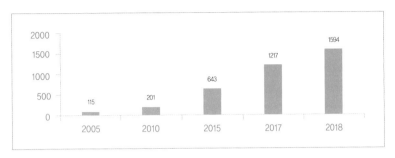

연도별 민원 건수 및 처리 결과

파일통제위원회를 대상으로 인터폴 정보통신망에서 처리된 자신과 관련한 데이터를 열람할 수 있으며, 이에 대해 정정 또는 삭제를 요구[82]할 수 있다. 이 절차의 주체는 개인으로서 회원국의 경찰기관이나 사법당국에서 대행해주는 절차가 아니므로 필요한 서류를 갖추어 인터폴에 직접 신청해야 한다. 회원국 경찰기관은 인터폴 데이터 처리 규칙 제14조에 따라 인터폴 정보통신망에서 처리되는 정보에 대해 보안 유지 의무가 있으므로 적색 수배 관련 정보를 공개할 수 없다는 점도 참고해야 할 부분이다.

　제2장에서 이미 살펴본 파일통제위원회는 별도의 사무국을 두고 있으며 인권 등 관련 분야의 전문 국제 변호사들로 구성된 감독자문 소위원회(Supervisory and Advisory Chamber)와 요청 소위원회(Requests Chamber)를 두고 있다. 감독자문 소위원회는 인터폴의 직무 수행상 행해지는 개인정보의 처리가 규칙을 준수하는지를 심의하고, 인터폴에서 추진하는 각종 프로젝트, 법제 업무 등에 대해 자문한다. 요청 소위원회는 인터폴의 정보통신망을 통해 처리되는 개인정보의 열람·수정·삭제 등을 요구하는 민원을 심의하여 처리한다. 위원회는 연 3회 회의를 개최하며, 심의 결과는 외부에 비공개를 원칙으로 하나 예외적인 경우 인터넷에 공개할 수

있다.

위원회의 구성, 역할, 업무 범위 등을 규정하고 있는 파일통제위원회 법령(Statute of the Commission for the Control of INTERPOL's Files)과 데이터 처리 규칙(INTERPOL's Rules on the Processing of Data)에서는 인터폴의 정보 처리로 인해 피해를 입은 개인이나 단체가 이를 사후적으로 회복할 수 있는 구제 절차가 마련되어 있다. 피해를 입은 개인이나 단체는 관련 정보에 대한 접근, 수정, 삭제를 인터폴의 4개 공용어 중 하나로 파일통제위원회에 직접 요청할 수 있다. 요청이 접수되면 위원회는 신청인에게 통지해야 한다. 특히 요청 소위원회에서는 신청인과 해당 정보의 출처(주로 국가중앙사무국)에 이러한 요청이 접수된 사실과 심사 일자, 추가 정보가 있으면 제출할 것을 통지해야 한다. 요청 소위원회는 해당 요청이 수용 가능한지(admissible) 먼저 검토하고, 수용 가능하다고 판단한 경우에만 절차를 진행한다. 수용 가능하지 않다(inadmissible)고 판단하면 신청인에게 그 이유를 설명하고 절차는 종료된다.[83]

파일통제위원회는 1차 검토하여 수용 가능한 경우에는 정보의 접근 요청은 4개월, 정보 수정이나 삭제 요청은 9개월 이내에 심사하여 그 결과를 도출하고, 신청인 및 정보의 출처를 사무총국에게 통보해야 한다. 심사는 서면으로 진행하는 것이 원칙이며, 필요한 경우에만 당사자들에게 진술할 기회가 부여된다. 사무총국은 파일통제위원회에서 요청을 승인하기로 결정한 경우 1개월 이내에 이에 따른 조치를 취해야 한다.

국내에서도 자신의 인터폴 수배 여부를 경찰청(대한민국 국가중앙사무국)에 문의하는 경우가 있는데, 이때 대상자가 외국 수사기관 적색 수배자일 경우에는 인터폴 데이터 처리 규칙에 따라 정보의 출처(the source of data) 외에는 정보를 공개할 권한이 없으므로 사무총국이나 해당국 인터폴 중앙사무국에 문의하도록 안내하고 있다. 만약 우리나라 수사기관의 신청에 의한 적색 수배자일 경우에는 대상자가 체포영장, 구속영장이 발부되었거나 자유형 미집행자이므로 해당 수사기관에 직접 출석하여 본인의 수배 사실을 확인해야 한다.

(4) 통지

인터폴 데이터 처리 규칙에서 정의하고 있는 통지(Diffusion)는 국제협력과 경보를 목적으로 해당 국가중앙사무국이나 국제기구[84]가 다른 국가중앙사무국이나 국제기구에 직접 메시지를 발송하여 인터폴 데이터베이스에 기록되는 요청을 말한다. 통지는 ① 피의자·기소된 자에 대한 체포, 구류, 이동의 제한 ② 소재 확인 및 추적 ③ 추가적인 정보의 획득 ④ 신원 확인 등 식별 ⑤ 특정인의 범죄 활동에 대한 경보 ⑥ 정보 제공 등의 목적으로 발송하는 표준화된 요청 시스템이다.

기본적으로 통지는 수배서 발부의 요건이 충족되지 않을 경우에 활용하는 대안적 성격을 띠고 있다. 사무총국에서는 ① 전체 회원국을 대상으로 한 것이 아닌 경우 ② 수배서 발부에 필요한 충분한 정보가 제공되지 않은 경우에는 통지 발송을 권고한다.

수배서는 사무총국에서 적법성 등을 검토하는 반면, 통지는 요청한 국가중앙사무국이나 국제기구가 직접 검토 후 발송하는 것이 원칙이다. 데이터 처리 규칙에서 반드시 검토를 요구하는 사항은 ① 통지를 통해 제공하려고 하는 정보의 완전성과 적법성 ② 인터폴 데이터베이스 정보 기록을 위한 일반 규정의 준수 여부 ③ 국제 경찰협력 목적에 대한 부합 여부 ④ 인터폴 헌장 제2조, 제3조 등 관련 규정 및 국제법 준수 여부 등이다.

또한 반드시 수배서가 아닌 통지를 발송해야 하는 경우는 ① 특정 회원국 및 국제기구로 그 수신자를 지정할 때 ② 요청을 수신하는 회원국 및 국제기구의 수를 제한할 때 ③ 해당 요청이 수배서 발부 요건에 부합하지 않는 때 등으로, 이러한 요건 제한 역시 통지가 수배서의 대안으로 활용될 수 있다는 것을 전제로 하고 있다.

회원국의 국가중앙사무국은 인터폴 수배서, 통지, 메시지 등 어떠한 형태로 접수된 협력 요청이라도 국제 경보에 대해 국가 차원에서 조정할 책임을 지며, 이에 대해 재량으로 가장 적합한 국제 협력 수단을 결정할 수 있다. 통지 역시 임의적 공조 요청 성격을 갖기 때문에 이를 접

통지 요청 양식

수한 회원국에서 재량으로 협력의 수준, 방법, 절차 등을 결정하여 조치하고 있다.

통지에 대한 회의적 시각

회원국이나 국제기구가 직접 검토하여 발송하고 책임을 지는 특성으로 인해 통지에 대한 회의론이 일부에서 제기되고 있다. 인터폴 데이터 처리 규칙이 통지와 관련한 일종의 지침을 규정하고 있지만, 이를 준수하고 있는지, 그리고 미준수로 인해 발생하는 모든 문제에 대한 책임은 전적으로 회원국에 위임되어 있다. 통지가 발송된 이상 이를 되돌리는 보완 절차는 없는 상황이다.

이에 대해 파일통제위원회와 같이 사무총국 내에 또는 별도의 중앙 관리체제를 구축하여 통제가 가능하도록 해야 한다는 주장도 있으나, 이는 수배서와 통지가 처음부터 요건과 발송 주체 및 책임 소재에 분명한 차이가 있고, 모든 회원국이 수배서와 통지의 차이에 대해 인지하고 있음을 감안할 때 논리적 근거가 부족한 상황이다. 또한 별도의 조직이나 시스템을 구축하기 위해서는 총회의 의결이 필요한데, 현재의 통지 시스템을 활용하고 있는 다수 회원국들로부터 공감대를 확보하기 어려운 면도 있다.

4. 인터폴 지휘조정센터와 대응팀 파견

인터폴에서는 글로벌 치안상황실이라고 할 수 있는 지휘조정센터(CCC, Command and Coordination Center)를 설립하여 회원국들의 긴급한 요청과 협력 업무를 지원하고 있다. 이는 '태양을 따라(follow the sun)'라는 슬로건 아래 인터폴에서 24시간 365일 회원국들의 긴급한 협조 요청을 실시간 처리하는 센터로서, 우리나라의 112신고에 대응하는 경찰 서비스와 유사한 개념이라고 할 수 있다. 이러한 원리는 하루를 시간대로 나누어 권역의 중심이 되는 위치에 소재한 인터폴 사무소에 센터를 설치하고 순차적으로 교대근무를 실시하여 구현되고 있다. 현재 싱가포르(인터폴 글로벌 혁신단지), 아르헨티나 부에노스아이레스(남미 지역사무소), 프랑스 리옹(사무총국) 세 군데에 인터폴 지휘조정센터가 설치되어 있다.

시간대별 운영 현황

	부에노스아이레스	싱가포르	리옹
그리니치 표준시	15:00~23:00	23:00~07:00	07:00~15:00
한국 시간	00:00~08:00	08:00~16:00	16:00~24:00

각 지휘조정센터에는 인터폴 공용어인 영어, 프랑스어, 스페인어, 아랍어를 구사할 수 있는 인력이 상시 배치되어 '위험성(Danger), 긴급성(Urgency), 즉시성(Immediacy)'을 기준으로 공조 요청에 대응하고 있다. 주요 업무는 크게 네 가지가 있다.

인터폴 주요 거점 현황도

첫째, 회원국 국가중앙사무국 정부기관 또는 국제기구로부터 공조 요청이 접수되면 다른 국가중앙사무국이나 국제기구에 관련 내용을 즉시 통보하고 필요한 공조 사항을 조정 및 지원하고 있다. 특히 인터폴 데이터베이스를 조회하여 사건을 추가로 분석하고, 긴급하거나 필요한 경우 수배서 발부 또는 경보를 발령할 수 있다.

둘째, 국제적으로 대규모 행사나 긴급한 치안 상황이 발생하여 현장 진출이 필요할 경우 국제행사 안전 지원팀(IMEST, INTERPOL Major Event Support Team)이나 사건 대응팀(IRT, Incident Response Team)을 파견하고 있다.

셋째, 공개 정보(open source)의 실시간 모니터링과 이에 관한 보고서 생산이다. 지휘조정센터에서는 뉴스, 인터넷 등 각종 공개 정보를 실시간으로 모니터링하여 전 세계 테러 등 사건사고 상황 등을 파악하고 있다. 특히 최근에는 조직이나 배후 없이 개인이 테러를 감행하고 이를 사회관계망을 통해 실시간으로 중계하는 사례도 있는 만큼 여러 채널에 대한 모니터링이 중요해지고 있다. 이러한 정보는 정례적으로 분석되어 인터폴 회원국과 사무총국 관련 부서에 배포된다.

넷째, 각국 법집행기관 및 민간 운송기업과 협력하여 실시간으로 승

인터폴 지휘조정센터의 활동 모습

객 정보를 조회하여 국경 관리를 하는 I-Checkit[85] 프로젝트를 지원한다. 앞서 설명했지만 I-Checkit은 범죄자들이 도난·분실된 여권을 사용하여 신원을 숨기고 이동하는 것을 방지하기 위한 프로젝트로, 각국 경찰 등 정부기관뿐만 아니라 항공사, 해상운송사 등 민간과도 여객 정보를 공유하고 있다.

지휘조정센터를 통한 주요 검거 사례

지휘조정센터는 국제 공조 수사의 구심점 역할을 수행하며 주요 도피사범의 동선을 추적하여 검거하는 데 핵심적인 역할을 하고 있다.

2018년에는 마약·자금 세탁 혐의로 브라질에서 적색 수배한 스페인 국적의 피의자가 베네수엘라에서 다른 범죄로 인한 형기를 마치고 추방될 예정이라는 공개 정보를 입수하여, 대상자의 항공 예약 정보를 확인 후 검거에 성공한 사례가 있다. 센터에서는 항공 예약 정보에 의해 그가 인도네시아로 출국할 예정이라는 정보를 브라질, 스페인, 인도네시아 국가중앙사무국에 공유하며 결국, 인도네시아 자카르타에서 입국하는 대상자를 검거할 수 있었다. 범죄의 세계에서는 자카르타가 '완전 범죄'를 의미하는 속어로도 알려져 있는데 인터폴로 인해 범죄자의 도피가 실패한 재미있는 일화라고 할 것이다.

최근 우리나라에서 발생한 사건을 해결하는 데 있어서도 결정적인 역할을 했다. 2020년 2월 정선에 있는 강원랜드 카지노에서 외국인 3명이 카지노 슬롯머신에서 현금 상자를 통째로 들고 달아나는 사건이 있었는데, 당시 피의자들은 태국을 경유하여 스페인으로 도주할 계획이었다. 한국 경찰에서는 신속히 피의자들의 인적 사항을 파악하여 인터폴 적색 수배를 요청했고, 이는 지휘조정센터를 통해 태국과 스페인 국가중앙사무국에 실시간으로 공유되었다. 결국 피의자들은 태국에서 카타르를 경유하여 스페인으로 이동했는데 센터를 구심점으로 한 관련 회원국들의 신속한 공조로 스페인에서 검거되었다.

인터폴 지휘조정센터는 원격으로 지휘 조정만 하는 것이 아니라 국제 경찰협력의 현장에서 직접 활약하기도 한다. 그 대표적인 사례가 앞에서 언급한 '국제행사 안전 지원팀(IMEST)'과 '사건 대응팀(IRT)'이다.

IMEST의 경우 대규모 국제행사에 직접 파견되어 현지 경찰 및 관계기관과 협조하여 보안대책 마련과 행사장 안전 관리 등을 지원하고 있다. 특히 올림픽 같은 국제 스포츠 행사의 안전과 직결되는 중요한 치안 정보로서 인터폴이 보유한 도난·분실 여권, 도난 차량, 수배자, 생체 정보 등을 실시간으로 공유하고 있다. 행사 중 대규모 사건사고가 발생하는 경우 IRT 체제로 바뀌어 테러 수사 및 피해자 신원 확인 지원 등의 임무를 수행하게 된다. IMEST는 2002년 미국 솔트레이크시티 동계 올림픽을 계기로 도입된 이후 2019년까지 137건의 국제행사 안전 활동에 참여했다. 또한 인터폴은 2018년 평창 동계 올림픽에도 관련 팀을 파견했는데, 당시 우리나라 경찰이 설치한 평창 올림픽 국제 경찰협력센터(IPCC, International Police Cooperation Center)와 연계하여 미국, 독일, 프랑스, 중국 등 16개 주요국 경찰과 함께 안전 활동을 전개한 바 있다.

IRT는 테러·지진 등 대형 사건사고 발생 시 회원국의 요청이나 동의가 있으면 24시간 이내에 인터폴 관련 전문가를 중심으로 구성되는 현장 대응팀으로, 필요한 장비와 함께 세계 각지로 파견되고 있다. 2002년 인도네시아 발리 폭탄 테러 사건[86]을 계기로 최초 도입되어 2019년까지 124번 운영되었다. 사건사고의 성격과 해당국의 특수한 치안 상황을 고려하여 인터폴 및 회원국 전문가로 팀이 구성되며, 각종 수배서 발부 및 생체 정보 분석 등 임무[87]를 현장에서 수행한다. 또한 다른 회원국과의 공조가 필요할 경우 인터폴 지휘조정센터를 통해 지원받고 있다. 최

13 SPECIALIZED TEAMS WERE DEPLOYED IN 2018

10 INTERPOL MAJOR EVENTS SUPPORT

1. Republic of Korea
Winter Olympics

2. Peru
Pope's visit to Peru, Lima

3. Ukraine
UEFA Champions League Final

4. China
18th Shanghai Cooperation
Organization Summit

5. Finland
Summit between US and Russian Presidents

6. Italy
Venice International Film Festival

7. Singapore
Formula One race

8. Italy
International Conference on Libya

9. Argentina
G20 Buenos Aires

10. Poland
United Nations Climate Change Conference

3 INCIDENT RESPONSE TEAMS

France
Support to cybercrime, human
trafficking and other criminal
operations

2018년 IMEST 및 IRT 파견 현황

근에는 2019년 1월 나이로비 폭탄 테러 발생 36시간 만에 급파되어 케냐 당국과 함께 현장에서 피해자의 생체 정보와 범행에 이용된 전자기기 등 각종 증거 자료를 수거하고 인터폴이 보유하고 있는 데이터베이스에 조회하여 수사업무를 지원했다. 또한 2019년 4월 스리랑카 부활절 폭탄 테러에도 파견되어 외국인 피해자 신원 확인 및 용의자 추적을 위한 도난·분실 여권 조회, 폭발물 조사 등을 도와준 사례가 있다.

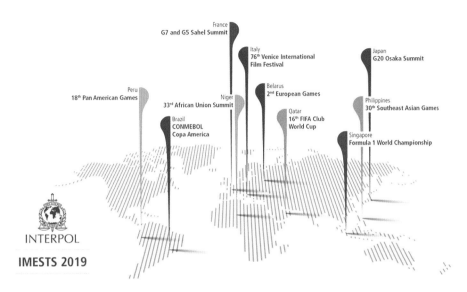

2019년 IMEST 파견 현황

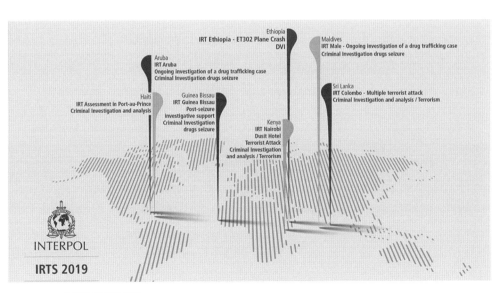

2019년 IRT 파견 현황

5. 교육훈련

(1) 인터폴의 교육훈련 전략

인터폴은 전 세계에서 가장 많은 회원국이 가입해 있는 국제경찰 기구인 만큼 회원국들의 법집행 환경과 치안 여건은 매우 다양하다. 이로 인해 회원국 간의 치안 역량도 큰 편차를 보이고 있으며, 이를 줄이는 데 가장 핵심적인 요소가 바로 교육훈련이다. 대표적으로는 인터폴에서 중장기로 시행하고 있는 2017~2020 역량 강화 및 교육훈련 전략(2017~2020 Capacity Building & Training Strategy)이 있다. 이 전략에서 추구하는 방향은 ① 교육 과정 및 활동의 효과 최적화 ② 인터폴 치안 역량과 활동 제고 ③ 교육에 대한 조직적 역량 강화 등 세 가지다.

먼저 '교육 과정 및 활동의 효과 최적화'는 인터폴이 제공하는 교육훈련의 성과 관리와 관련이 있다. 정해진 예산 내에서 인터폴 회원국과 교육 대상자들의 훈련 요구를 최대한 충족시키기 위해 교육훈련의 질을 높이려는 것이다. 세부 목표로는 ① 과정 혁신 모델 구현(Implement a Process Innovation model) ② 요구 평가를 위한 주기 설정(Establish a cycle for needs assessment) ③ 교육훈련 방법론 혁신(Innovate Training methodologies) ④ 인증 프로그램 도입(Initiate an Accreditation programme)을 제시하고 있다. 이 가운데 과정 혁신 모델이란 구체적으로 역량 강화 교육국에서 중앙집중식 교육 체계를 유지하여 교육의 품질과 일관성을 보장하는 한편, 분권형 접근 방식으로 각각의 전문 부서에서 교육 과정을 제공하는 것을 의미한다. 같은 맥락에서 추진 중인 인터폴 글로벌 아카데미(INTERPOL Global Academy) 또한 대륙별로 법집행 교육훈련에 특화된 거점 교육기관을 지정하여 인터폴 교육훈련의 일부를 실시하고 있다. 인터폴은 세계 최대

인터폴 교육 역량 전략 체계

규모의 경찰 기구라는 법집행 영역에서의 확고한 지위를 갖고 있고, 이에 따라 법집행과 관련된 교육훈련 프로그램과 시스템에 대한 지역별, 국가별 조정 역할도 담당하고 있다. 이와 더불어 인터폴 교육 실무자 회의(INTERPOL Training Working Group)와 외부 전문가로 구성된 교육자문위원회(INTERPOL Training Advisory Board)라는 두 단체로부터 교육 활동과 관련된 제언을 받아 반영하고 있다.

두 번째, '인터폴 치안 활동 역량의 영향과 활동 제고'에는 ① 국가중앙사무국에 대한 지원 지속(Continue to support NCBs) ② 인터폴 교육 대상자 확대(Expand INTERPOL's training audience)라는 두 가지 세부 목표가 있다. 이는 인터폴의 데이터베이스, 직접 개발한 소프트웨어, 전용 통신망 및 플랫폼의 효과적인 활용을 위해 각 국가중앙사무국에 대한 교육훈련을 최우선으로 하고 있다. 또한 국가중앙사무국 소속이 아닌 다른 법집행기관도 인터폴 교육의 수혜를 받을 수 있도록 하고, 이를 통해 전 세계 법집행기관들이 인터폴 채널을 활용한 국제 협력의 개념에 대해 이해하도록 노력하고 있다.

마지막으로 '교육에 대한 조직적 역량의 강화'에서는 ① 원격 학습 역량의 향상(Enhance Distance learning capabilities) ② 교육 데이터의 중앙 집중화(Centralize training data) ③ 파트너십 활용(Leverage partnerships)의 세 가지 세부 목표를 설정하여 교육 환경 변화에 대응하고 있다.

(2) 역량 개발 사업

인터폴의 교육훈련 사업은 상당수가 회원국의 자발적인 재정 지원에 기반한 프로젝트 형태로 추진되고 있다. 프로젝트에 출원되는 재원은 각 회원국에서 의무적으로 부담하는 법정 분담금과는 별도로 신탁자금이나 특별회계 예산의 형식으로 제공된다. 유럽 지역 국가, 미국, 캐나다, 일본 등 주요 선진국에서 많은 자금을 제공하고 있다.

통상 역량 개발 사업은 지원국이 사업 대상과 분야를 선정하고, 세부적인 사업 내용은 인터폴에서 기획하여 시행한다. 인터폴은 훈련 품질보장기준(Training Quality Assurance)[88]을 제정하여 회원국에게 제공하는 교육훈련을 점검하고 있다. 아래는 인터폴에서 진행 중인 대표적인 역량 개발 프로그램들이다.

인터폴 주요 역량 개발 프로그램

EU-ASEAN MBMP: 유럽연합-아세안 국경관리 강화

Project Adwenpa : 서아프리카 국경관리 역량 강화 프로그램

Project Cyber Americas : 미주 지역 사이버범죄 대응 역량 강화

Project Mast : 인도네시아, 말레이시아, 필리핀, 베트남 해상 대테러 역량 강화

Project Relay : 동남아 · 남아시아 밀입국 대응 강화

Project Scorpius : 동남아 · 남아시아 대테러 및 관련 국제범죄 대응 역량 강화

Project Sunbird : 동남아 대테러 및 조직범죄 대응

Project Trace : 동남아 대테러 전문 인력 양성

인터폴 역량 강화 프로그램의 가장 대표적인 사례로는 Project Sunbird를 들 수 있다. 캐나다 정부의 후원으로 2017년부터 2020년까지 ASEAN 회원국 대상으로 테러와 조직범죄를 차단하기 위한 공동 작전과 더불어 과학수사 등 경찰 역량 강화를 목표로 하는 사업이다.

Project Sunbird 사례

공동 작전(Joint Operations)

2017년 4월부터 프로젝트의 일환으로 실시된 'Operation Sunbird'의 경우 참여한 회원국 경찰과 인터폴이 공동으로 국경 현장에 진출하여 인터폴 데이터베이스 조회, 검문검색 및 검거 활동을 실시한 바 있다. 그 결과 아세안 10개국, 35개 국경 지대에서 도난 · 분실여권 데이터베이스(SLTD)에 등재된 여권 110건이 발견되었고, 이와 관련하여 17명이 검거되었다. 검거된 자 중에는 터키에서 추방된 말레이시아 국적 테러 전투원, 이탈리아 위조 여권을 이용해 인도네시아에 입국하려 한 스리랑카인도 있었다.

경찰 역량(Policing Capabilities)

2017년 11월 필리핀에서 회원국 참가자를 대상으로 범죄자 데이터베이스, 데이터 처리, 대테러 수사 기법에 대한 훈련을 실시했다. 아울러 2018년 6월에는 미얀마와

라오스에서 도난·분실여권 데이터베이스(SLTD) 운용에 대한 교육 프로그램을 제공했으며, 같은 해 8월에는 인터폴의 데이터 관련 법령에 대한 교육 과정도 운영한 바 있다. 또한 11월에는 브루나이에서 인터폴의 수배서, 통지 전송 시스템인 'I-Link'[89]에 대한 교육을 실시한 바 있다.

과학 수사(Forensics)

2017년 9월 태국에서 아세안 국가 경찰을 대상으로 재난 피해자 신원 확인(DVI, Disaster Victim Identification) 및 태국 경찰을 대상으로 심화훈련 과정을 실시했다. 이 과정에서는 신원확인 정보의 수집, 사후 피해자 식별, 검시소 실습 등 재난현장에서 실질적으로 활용할 수 있는 과학수사 기법을 전수하는 데 중점을 두었다.

뿐만 아니라 2017년 12월에는 생체 정보를 이용한 테러 용의자 및 주요 도피사범 신원 확인 기법을 전수하기 위해 '지문 및 안면 정보 인식 심포지엄'을 개최한 바 있다. 2018년 12월에는 인도네시아에서 테러 현장 증거 수집 교육을 실시하여 야외 사건 현장에서의 증거 확보 및 검증 방법을 전수했다.

여성 경찰 양성(Women in Policing)

2018년 2월과 3월에는 아세안 회원국 경찰의 양성 평등을 증진하고, 차세대 여성

SLTD의 활용 모습

인터폴 교육 프로그램 현장

증거 수집 교육 현장   법집행 종사 여성 리더십 세미나

경찰지도자의 리더십 역량을 배양하기 위해 '법집행 종사 여성 리더십 세미나'를 개
최하고 성 고정관념, 가정과 업무 간의 균형, 고위직 진출 방향과 다원화된 직장 문화
조성에 대해 논의했다.

6. 글로벌 혁신단지

인터폴 글로벌 혁신단지(IGCI, INTERPOL Global Complex for
Innovation)[90]는 2014년 싱가포르에 개소된 전략적 거점으로 과학기술의
발전과 더불어 급속도로 진화하는 범죄와 변화하는 법집행 환경에 적응
하고, 아시아 지역을 중심으로 새로이 대두되는 신종 범죄에 한발 앞서
대응하는 국제 경찰협력에 교두보 역할을 할 수 있도록 설립되었다.

인터폴 글로벌 혁신단지의 설립 취지는 크게 세 가지로 정리할 수 있
다. 첫째, 세계 범죄 지형에서 아시아의 비중이 확대됨에 따라 아시아에
거점을 마련하여 인터폴을 통한 협력을 확장하는 것이다. 이와 관련, 단
지에 신설된 인터폴 지휘조정센터를 예로 들 수 있다. 종전에는 리옹과
부에노스아이레스 2개소에 지휘조정센터가 운영되었으나, 현재는 혁신
단지를 포함하여 3개소에서 시간대에 따라 교대로 운영되고 있다. 그 결

과 회원국의 공조요청에 보다 효과적으로 대응할 수 있게 되었고, 아시아 지역을 중심으로 한 여러 작전과 프로젝트도 글로벌 혁신단지를 중심으로 수행되고 있다.

둘째, 혁신단지는 미래 치안 연구의 요람이라 할 수 있다. 현재 기술혁신차장을 중심으로 인터폴 조직의 미래 역량과 직결된 사이버, 혁신전략, 교육훈련 등 2국 5과가 단지 내에 사무실을 두고 있으며 근무 인원은 약 50여 개국 150여 명에 이른다.

혁신 센터(Innovation Center)는 미래 치안 역량 연구 개발을 위한 전략혁신(Strategic Innovation)과 응용 혁신(Applied Innovation) 기능을 두고 있다. 전략 혁신에서는 중장기적으로 과학 기술 발전에 따른 도전 과제와 미래 치안 기법을 개발하고 있다. 특히 스마트시티, AI·빅데이터 분석, 사이버 신원 확인 등 미래 경찰의 역량과 직결된 치안기법을 개발한다. 응용혁신에서는 사이버범죄나 가상화폐 등 새로운 치안환경에 따른 도전 과

IGCI 내부 모습

전략혁신과   응용혁신과   NCB 및 경찰교육과   역량강화프로젝트과   인터폴 글로벌아카데미

미래예측연구소장	디지털포렌식연구소장	경찰교육담당관	미주지역	프로젝트 SCORPIUS	e-Learning 기획관

인터폴 글로벌 혁신단지 조직도

제와 기회를 분석하여 디지털 치안 역량을 강화하는 데 집중하고 있다. 특히 암호화 기술의 발전이 곧 해커와 경찰의 대결로 연결된다는 사실에 입각하여 사이버 보안기술을 연구하고 디지털 포렌식과 고난이도 무인 기술 및 관련 시스템에 대한 분석 기법도 개발하고 있다.

셋째, 글로벌 혁신단지는 인터폴 치안 역량 개발과 교육훈련의 중심 으로 현재까지 250여 개 프로그램을 통해 6,000여 명을 교육했다. 주로 아시아, 중남미, 중동, 아프리카 등 소외 지역 회원국을 대상으로 하고 있 다. 이와 더불어 교육훈련 사업 기획 및 파트너십 확대, 원격 교육시스템 구축 등에도 집중하고 있다.

4

인터폴의 활동

최근 국제범죄는 첨단 과학 기술을 악용하여 급속도로 진화하고 있으며 온오프라인을 넘나들며 범죄의 영역간 결합(Nexus) 현상이 더욱 두드러지게 나타나고 있다. 인터폴에서 발표한 국제범죄 위협 개요(INTERPOL Global Threat Summary)[91]를 살펴보면 이러한 현상을 확인할 수 있다.

현재 사이버상에서는 각종 디지털 기술 및 도구의 발전으로 범죄자들이 본인의 특별한 역량 없이도 온라인에서 제공되는 서비스를 이용해 사이버범죄를 감행할 수 있는 여건이 마련되었다. 가장 대표적인 예로 피해자의 컴퓨터에 저장되어 있는 데이터에 암호를 설정하여 암호의 해제를 대가로 금전을 요구하는 '랜섬웨어(Ransomware)' 악성 코드가 있으며, 인터넷 사이트에서 이러한 범죄에 사용되는 프로그램을 어렵지 않게 구매할 수 있다. 이외에도 인공지능(AI), 3D 프린터, 무인비행장치(드론), 다크넷, 가상화폐 등 종전에 없던 새로운 기술들은 미래의 치안 환경을 더욱더 복잡하게 만들 것으로 예상되고 있으며, 이로 인해 국가 간의 협력 대응이 절실한 실정이다.

테러 분야에서는 중동 지역의 테러 조직 기반이 와해됨에 따라 테러 조직원들이 제3국으로 이동하여 조직원을 모집하고 자금원을 확보하는 등 활동 기반을 재정비하는 양상을 보이고 있다. 기존의 중화기를 이용한 전면전 형태보다는 제3국의 공동체 사회에 잠입하여 칼, 차량 등 일상에서 쉽게 구할 수 있는 범행 도구를 이용하여 저강도 테러를 전개하는 경향을 보인다. 따라서 미래의 테러 범죄는 지금보다 더욱더 예측하기 어려워질 것으로 보이며, 특히 조직범죄와 혼재되어 국가의 안보와 경제를 지속적으로 위협할 것으로 전망된다.

마약 범죄를 살펴보면 아프가니스탄, 라오스, 미얀마가 세계 아편 생산량의 대부분을 차지하고 있으며, 이는 대부분 중국에서 헤로인으로 가공된 후 중국 내에서 소비되거나 수출되고 있다. 최근 아프가니스탄에서 생산된 헤로인이 중국뿐만 아니라 조직범죄의 온상인 아프리카를 경유하여 유럽으로 유통되는 양상도 관찰되고 있다. 또한 세계 각지에서 생산된 합성마약[92]도 중국, 라오스, 미얀마의 범죄 조직을 중심으로 유통되고 있다. 그중 동남아시아 지역에서는 일명 '야바'로 불리는 순도 낮은 메스암페타민(필로폰)이 유행하는 반면, 순도가 높은 물질은 캐나다, 호주 등지에서 인기가 있다. 특히, 최근의 마약 거래는 다크넷[93]을 통해 이루어지고 가상화폐로 결제가 되고 있어 추적이 더욱더 어려워지는 경향이 있으며, 이에 대응하기 위해서는 인터폴 회원국 간의 긴밀한 국제 공조가 필수적이다.

국제적으로 시리아, 이라크, 아프가니스탄 지역의 분쟁과 불안정한 정세는 수많은 난민을 양산하고 있으며, 이들 난민들은 인신매매 조직의 손쉬운 목표물이 되고 있다. 중동 지역에는 남아시아 및 아프리카 출신 노동자들을 대상으로 한 대규모 인력시장이 존재하며, 이러한 영역에서 고용 사기에 의한 노동, 성착취 피해 사례가 빈발하는 추세다.

야생동물 불법 거래에 대한 수요는 아시아에 집중되고 있는 바, 주로 아프리카에서 온 코끼리 상아, 코뿔소 뿔, 천산갑 등이 거래되고 있다. 아프리카 불법 코끼리 포획량은 2011년에 이미 사상 최대치를 돌파했으며, 2015년 한 해 동안 1,338마리의 코뿔소가 포획되어 멸종 위기에 처했다. 이러한 불법 야생동물 거래를 통해 발생한 범죄 수익금은 분쟁 지역의 군부세력, 범죄 조직 및 테러 조직으로 흘러들어가는 경우가 많아 불법 야생동물 거래가 국제 안보와도 직결된 문제라는 인식이 필요하다.

불법 무기 거래는 아프리카, 중동, 남미 등 세계 전역에 걸쳐 조직범죄, 테러 등 국제 안보를 위협하는 분쟁의 수단이 되고 있다. 특히 리비아의 혼란을 틈타 대량의 불법 무기류가 아프리카로 유통되었으며, 발칸반도 지역에서 유통된 무기가 유럽 지역의 테러범들에게 유입되는 사례도 발견되었다.

지역적인 특징으로 불법 금 채굴도 우려되고 있다. 2000년부터 2010년 사이 금값은 연간 18%, 10년간 총 360% 폭등했고, 세계적으로 마약 단속의 강도가 높아짐에 따라 범죄 조직들은 금 시장에 적극적으로 개입하고 있다. 불법 금 채굴을 통해 얻은 범죄 수익금은 국제 마약 거래의 범죄 수익을 초과하고 있는 실정으로 남미 지역 범죄 조직의 주요 수입원이 된 상태다.

이에 대응하여 인터폴에서는 대테러, 조직 · 신종범죄, 사이버범죄를 3대 국제범죄 전략 분야로 지정하고 이를 중심으로 다양한 작전과 활동을 전개하고 있다

1. 대테러

(1) 국제 테러 동향

최근 중동 내 ISIL(Islamic State of Iraq and the Levant) 세력의 쇠퇴 및 국제적인 대테러 활동 강화로 테러로 인한 전 세계 사망자 수는 감소 추세[94]를 보이고 있다. 2001년 9·11 이후 국제 테러는 이라크 무력 분쟁과 함께 꾸준히 증가하여 2007년 최고점을 찍은 후 2008년부터는 미군의 본격적인 개입과 함께 감소하기 시작했다. 그 이후 2011년부터 2014년까지는 다시 테러가 급증했는데, 이는 '아랍의 봄'[95] 여파로 인한 이라크 지역 내 분쟁 증가, ISIL의 국제적 대두, 시리아 내전 발발, 나이지리아 보코하람

의 재기 등이 주요 원인으로 꼽힌다.

2014년 이후에는 다시 테러로 인한 사망자가 감소했는데, 특히 이라크 및 나이지리아의 사망자 감소가 크게 나타났다. 이는 양국의 정치적 안정, 시리아 내전의 종식, ISIL의 세력 쇠퇴 등을 이유로 볼 수 있다. 참고로 테러로 인한 전체 사망자 수의 감소에도 소위 '테러 청정 국가(최근 5년간 테러 피해를 입지 않은 국가)'의 수는 2002년 44개국에서 2017년에는 26개국으로 줄어들었으며, 이는 대형 테러는 감소했으나 각 지역 내에서 소규모의 테러 발생국이 증가했음을 의미한다. 같은 맥락에서 대형 테러 단체의 세력이 약화됨에 따라 한 차례 테러 공격으로 사망하는 사람의 숫자와 테러공격 성공률도 떨어지는 추세[96]다. 또한 서유럽 등 지역에서 테러로 인한 사망자 수가 줄어들었다고는 하나 ISIL의 붕괴 이후 모국으로 돌아온 외국인 테러 전투원(FTFs : Foreign Terrorist Fighters)[97]으로 인한 위험과 서유럽, 북미 지역에서 정치적인 동기에 의해 촉발된 극단주의 폭력으로 인한 위협은 여전히 존재한다.

특히 최근 10년 동안에는 극우 성향을 지닌 개인에 의한 테러가 점점 증가하는 추세를 보인다. 대표적인 사례로 2011년 노르웨이 우토야 섬에서 '앤더스 베링 브라이빅'이 차량 폭탄 및 무장 공격으로 77명을 살해한 사건을 들 수 있다. 2018년 10월 미국 피츠버그의 유대교 예배당에서 총기를 난사해 11명을 살해한 '로버트 보워스'는 단 한 건의 전과도 없는 평범한 사람이었으나 인터넷 사용기록을 통해 반유대주의적 성향이 확인되었다. 이는 SNS를 비롯한 온라인 플랫폼을 통해 침투된 반이슬람 정서가 개인에게도 영향을 미친 결과로 보인다.

주목해야 할 점은 2017년 기준 한 해 동안 테러로 인한 사망자 1만 8,814명의 절반 이상인 1만 632명이 4개의 테러 단체에 의해 발생했다

는 것이다. 이들은 'ISIL', '탈레반', '알샤바브', '보코하람'으로 지난 10
년간 전체 테러 사망자 중 44%가 이들로 인해 희생된 것으로 추정된다.

주요 국제 테러 단체

①ISIL(Islamic State of Iraq and the Levant) – 이라크, 시리아

이슬람 근본주의를 표방하며 주로 이라크, 시리아를 중심으로 활동하는 테러 단체로
많은 국가에 추종 세력이 있는 것이 특징이다. 수니파 이슬람 무장 테러 단체이자 민
간인 학살, 성범죄, 방화를 일삼는 집단으로 IS, ISIS, '다에쉬'로도 불린다. 2014년 6
월 IS로 명칭을 변경한 후 시리아와 이라크 지역에서 영역을 확대해왔으나, 2019년
3월 미군의 지원을 받은 시리아 민주군이 마지막 점령지를 탈환하며 사실상 영토를
잃었다.

②탈레반(Taliban) – 아프가니스탄

1994년 아프가니스탄 남부에서 이슬람 공화국 건설을 목적으로 결성된 무장 이슬
람 단체로서 2001년 9·11 테러 시 오사마 빈 라덴과 그 추종 조직인 알카에다를 은
닉한 채 미국에 인도하지 않아 결국 아프간 전쟁이 발발하는 계기가 되었다. IS와 달
리 탈레반은 아프가니스탄 지역을 중심으로 활동 범위가 제한되어 있다.

③알샤바브(Al-Shabaab) – 소말리아

동아프리카 소말리아의 라스 캄보니에 근거를 둔 이슬람 극단주의 테러 단체로 총
조직원은 최대 7,000여 명 정도로 추정되고 있다. 알카에다의 연합 단체로서 자폭
테러와 동영상을 이용한 선전, 해외 조직원 모집 등 알카에다의 전술을 그대로 사용
한다. 소말리아의 수도 모가디슈는 물론 인근 국가인 케냐, 에티오피아, 우간다 등지
로 세력 범위를 넓혀왔다. 2017년 기준으로 보코하람을 제치고 아프리카 최대의 테

러 단체가 되었으며 정부기관과 민간인, 기업체 등을 가리지 않고 테러를 자행하여 많은 피해를 발생시키고 있다.

④ 보코하람(Boko Haram) – 나이지리아

2002년 나이지리아의 극빈 지역인 북부를 기반으로 결성된 이슬람 극단주의 테러 단체로 이슬람 신정국가 건설을 목표로 한다. 2009년 정부의 대대적인 소탕작전으로 와해 위기에 처하기도 했으나, 이후 나이지리아 북부에서 군사 도발에 나서고 IS에 충성을 선언했다. 대량 인질 납치와 어린이, 여성을 이용한 자살폭탄 테러 등 비유형적 공격을 일삼는 것으로 악명이 높다.

(2) 인터폴 대테러 전략

현재 인터폴은 5개년 대테러 전략[98]을 수립하여 국제 테러에 대응하고 있는데, 여기에서는 전 세계를 4개의 테러 거점 지역(아프리카, 중동, 아시아, 유럽)으로 나누어 지역별 맞춤형 대응 방안을 추진하고 있다. 인터폴의 대테러 전략은 테러 조직원들의 이동 경로, 온라인에서의 활동, 그들이 사용하는 무기와 장비, 자금 등 테러 활동의 각 요소를 정확히 파악하여 그 조직 구성과 구성원을 식별해낸 후 가공된 정보를 각 회원국에 제공함으로써 지역 내 대테러 작전을 지원하는 것을 목표로 한다.

인터폴 대테러 전략 체계

① 식별(Identification) : 각 회원국들이 주요 국제 테러 조직원 및 그 조직 구조를 탐지하고 식별하는 것을 지원

② 이동 경로(Travel and Mobility) : 회원국 내 법집행기관들이 국가나 지역 간 국경 보안을 강화하고, 테러리스트들과 그 협력자들이 국경을 넘어 이동하는 것을 차단

인터폴 대테러 전략체계

하며, 이들의 국경 이동을 돕는 네트워크를 단속

③ 온라인 활동(Online Presence) : 테러리스트들이 사이버 공간을 테러 목적으로 활
용하는 것을 예방하고 적절한 대응을 할 수 있도록 탐지하고 지원

④ 무기와 장비(Weapons and Materials) : 테러 활동에 사용되는 불법무기 거래를 추
적하여 압수할 수 있도록 지원

⑤ 자금(Finances) : 회원국 내 법집행기관 및 금융정보분석원(FIU) 등이 테러 활동에
사용되는 자금 흐름을 추적하여 차단하는 것을 지원

이러한 목표를 이루기 위해 인터폴은 자료 관리, 범죄 분석, 포렌식 지원, 국경 보안 강화, 교육훈련 등 다섯 가지 분야에 집중하고 있다.

① 자료 관리(Data Management)

국제 테러에 국경의 개념이 점차 사라짐에 따라 국가 간의 신속하고 효율성 있는 자료 공유의 중요성은 날로 높아지고 있다. 194개 회원국을 연결하는 I-24/7 네트워크는 각국 수사관들이 인터폴이 보유한 수배자, 도난 여권, 도난 차량 정보 등 주요 데이터베이스에 접근하여 필요한 정보를 검색할 수 있는 핵심 도구다.인터폴은 기존의 국가중앙사무국에만 설치되어 있던 I-24/7을 각국의 이민청, 세관, 테러 전담 부서 등으로 확장하고 있다.

또한 인터폴이 보유한 수배서와 통지 제도는 일종의 국제 협력 요청서이자 국제 경보로써, 법집행기관 간에 중요한 범죄 관련 정보를 공유할 수 있게 하는 가장 효과적인 수단이다. 이러한 수배서는 UN 및 국제형사재판소에서 테러 관련 혐의로 수배된 인물들에 대한 정보를 공유하는데도 활용되고 있다. 예를 들어 안보리의 UN 특별 수배서(UN Special Notice)는 테러 관련 혐의로 UN 제재가 된 조직이나 개인에 대해 발부되는 수배서다.

오렌지 수배를 활용한 테러 대응

2018년 11월 인터폴은 시리아 지역 내 테러 활동을 지원하기 위해 은밀히 크라우드 펀딩[99](Crowd Funding, 모금 활동)이 이루어지고 있다는 정보를 입수했다. 이후 인터폴은 트위터, 텔레그램, 다크넷 사이트, 이메일 주소 등 관련 내용을 포함한 오렌지 수배서(급박한 위험에 대한 정보 공유)를 발부하여 회원국에 위험성을 알리고 주의를 촉구한 바 있다.

② 범죄 분석(Criminal Analysis)

인터폴은 회원국의 치안 활동을 지원하기 위해 광범위한 범죄 관련 자료를 수집하여 분석하고 있다. 특정한 범죄 수법, 범죄 발생 경향, 신종 범죄 등 분야별로 범죄정보를 분석·가공하여 회원국에 제공함으로써 각국의 치안정책에 도움을 제공하는 것이다. 또한 인터폴은 전문가들로 구성된 범죄정보 분석팀을 운영하여 외국인 테러 전투원 등 분야별 파일로 관리하고 있으며, 이러한 정보는 각국의 실정에 맞게 제공되어 대테러 활동에 도움을 주고 있다. 인터폴은 현재 5만여 명의 테러리스트 명단을 각 회원국으로부터 수집하여 관리하고 있다.

③ 포렌식 지원(Forensic Support)

수사의 증거로 사용되는 포렌식 자료의 교환은 테러범들의 신원을 특정하는 데 결정적인 역할을 한다. 인터폴은 I-24/7 네트워크로 연결된 자동지문정보시스템(AFIS)과 DNA 데이터베이스를 통해 범죄 혐의자들의 생체 정보 자료를 대조하여, DNA 프로파일링 시스템을 통해 DNA 자료를 분석하여 회원국에 제공하고 있다. 또한 인터폴은 안면 인식 기술을 도입하여 데이터베이스로 구축하고 각국의 테러범들의 사진 정보를 이와 대조하여 신원을 특정할 수 있게 지원하고 있다. 향후에는 현장에서 발견된 범죄 혐의자의 얼굴을 핸드폰, PDA 등 모바일 기기로 촬영하여 인터폴 데이터베이스와 대조함으로써 현장에서 테러범의 신원을 특정할 수 있도록 할 계획이다.

테러 사건 관련 IRT 파견 사례

2019년 1월 15일 20명의 사망자가 발생한 나이로비 리버사이드 호텔 테러 공격과

케냐에 파견된 사건 대응팀 활동 　　　　 스리랑카에 파견된 사건 대응팀 활동

관련한 케냐 정부의 요청에 따라 인터폴은 국제적인 사건 대응팀(Incident Response Team)을 현장에 파견하여 2주간 수사 활동을 지원했다. 사건 대응팀은 케냐 수사팀과 함께 모든 사건 자료에 접근하여 이를 인터폴 데이터베이스와 대조하고, 인터폴의 범죄 분석, 디지털 포렌식, 무기 및 폭발물 전문가들이 케냐 경찰의 수사 활동에 도움을 주었다. 이를 통해 테러리스트들의 통화 내역 및 이동 경로, 자금 유통 경로를 분석한 끝에 다른 테러사건 공범과의 연관성을 파악할 수 있었다.

2019년 4월 21일 인터폴은 스리랑카 현지에서 800여 명의 사상자가 발생한 폭탄 테러에 대한 수사를 지원하기 위해 사건 대응팀을 파견했다. 사건 대응팀은 디지털 포렌식, 범죄 분석, 외국 법집행기관과의 수사 조정, 폭파물 감식, 사제 폭탄 분석 등의 지원을 제공했다. 또한 사건 대응팀 파견을 통해 스리랑카 전역의 주요 공항과 항만에 I-24/7 네트워크가 연결되어, 현재 스리랑카에서는 인터폴 데이터베이스를 통해 하루 평균 4만여 건의 데이터를 조회하고 있다.

④ 국경 보안(Border Security)

테러범들의 입국을 원천 차단하는 것은 테러 범죄를 예방하는 가장 효과적인 방법으로서 인터폴에서는 다양한 국경 관리 수단을 제공하고 있다. 이와 관련하여 범죄 혐의자들의 신원 정보 및 범죄 정보가 담긴 인적 정보(Nominal) 데이터베이스, 출입국 단계에서 즉시 확인할 수 있는 도난 · 분실 여권 데이터베이스, 그리고 이러한 여권 정보와 인터폴 수배 자료를 연동하여 입국자의 인터폴 수배 여부를 확인할 수 있는 여권 · 수배서 연동 시스템(TDAWN)[100]이 있다. 인터폴은 이러한 다양한 국경 관리 수단을 회원국들이 효율적으로 활용할 수 있도록 그 기능과 영역을 확대해나가고 있다.

인터폴 통합 국경 관리

인터폴에서는 2013년부터 통합 국경 관리 특별팀(Integrated Border Management Task Force)을 구성하여 인터폴의 국경 보안 활동을 조정하고 회원국 및 국제 사회 전반의 관련 노력을 지원하고 있다. 이를 위해 국경 보안의 최일선에서 임무를 수행 중인 법집행관들이 육상 · 해상 접경 지대에서 인터폴의 데이터베이스를 활용할 수 있도록 지원하고, 발생하는 범죄와 관련한 교육훈련 과정을 제공하며, 전 세계적인 국경 관리 정책을 개선하는 데에도 집중하고 있다.

이와 함께 인터폴에서는 국경 관리와 연계된 세계관세기구(WCO), 유럽연합 및 유럽 국경관리 기구(Frontex), 국제이주기구(IOM), 국제민간항공기구(ICAO) 등 다양한 국제기구와 협력 관계를 구축하고, 매년 대테러 활동의 일환으로 국경 관리 작전을 전개하고 있다. 특히 2020년 2~3월 동남아시아 지역 테러 단체 이동 경로로 알려진 전략적 접경 지대를 중심으로 실시된 '마할리카 작전(Operation Maharlika III)'에서는 필리핀, 말레이시아, 인도네시아, 브루나이 법집행기관들이 참여한 가운데 인터폴 데이터베이스를 통한 집중적인 검문검색을 실시하여 테러 단체 요원을 포함한 180명을 검거하고 여성, 아동 등 인신매매 피해자 82명을 구출했으며, 사제 폭탄 등 다량의 불법 무기를 압수했다.

마할리카 작전 압수물 및 피해자 구조 활동

⑤ 교육훈련(Capacity Building)

각국의 법집행기관을 대상으로 한 인터폴 교육훈련은 테러 예방을 위해서도 빼놓을 수 없는 핵심 활동이다. 인터폴은 오늘날 국가 간의 역량 격차를 해소하기 위해 각 지역별 맞춤 교육훈련을 실시하고 있다. 특히 테러 예방 분야에서는 대표적으로 대테러 전문화 교육, 생체 정보 수집 등 기술 장비 활용 교육, 자료 분석 기법 교육. 최신 IT기술 활용 교육 등이 있다. 또한 대테러 활동은 그 어느 분야보다 전문성을 요하며 테러 위험의 탐지, 예방은 물론 초동 수사 단계의 증거 수집, 수사와 기소, 재판 절차에 이르기까지 활동 전반에 걸쳐 경찰, 검찰, 정보기관 등 유관 기관과의 효율적인 협력과 조정을 도모하기 위한 교육훈련도 실시하고 있다.

인터폴 해상안보(Maritime Security) 활동

인터폴에서는 해상에서 발생하는 해적 등 테러 범죄 및 인신매매, 무기·마약 등 불법제품 밀수, 불법 조업 등을 해결하기 위해 전담부서인 해상안보과를 설치하여 다양한 활동을 전개하고 있다. 인터폴 해상안보의 목표는 ① 모든 해적행위, 해양범죄 관련 증거수집 극대화 ② 회원국과 수집된 정보·증거 교환 ③ 수사역량과 정보공유망

강화 ④ 공조수사 지원이 있으며, 훈련 프로그램 제작, 법집행 능력 강화를 위한 장비 제공 및 멘토링, 작전 지원 등을 통해 이를 구체화하고 있다. 인터폴이 운용 중인 국제 해상안보 데이터베이스(GDMS, Global Database on Maritime Security)는 해적 등 용의자 정보(지문·DNA, 사진, 이름, 전화번호 등), 해적 사건 정보, 무기 정보, 주요 수법 등을 포함한 약 12만 건의 자료를 보유하고 있으며, 회원국의 수사 활동을 지원하는 데 이용되고 있다.

또한 동아프리카 해상안보 강화를 위한 COMPASS 프로젝트(2020~2023) 등 다양한 작전 활동을 통해 회원국 법집행 기관 대상 교육훈련과 수사장비 등을 제공하고, 해적 사건 발생시 사건 대응팀(IRT)을 파견하여 현장 수사, 피해자 조사 등을 지원하고 있다.

(3) 아시아 관련 프로젝트

① 프로젝트 선버드(Sunbird)

프로젝트 선버드는 아세안 10개 회원국[101] 내의 테러 등 국제범죄에 대응하기 위해 도난·분실 여권 등 인터폴의 데이터베이스를 활용하여 국경 관리를 강화하고자 하는 프로젝트다. 인터폴은 동남아시아 지역의 국경 관리 기관에서 근무하는 법집행관들에게 데이터베이스 활용법을 교육함으로써 지역 내로 외국인 테러 전투원들이 진입하는 것을 효과적으로 차단하고 있다.

② 프로젝트 립타이드(Riptide)

2017년 인도네시아, 말레이시아, 필리핀 등 동남아시아 지역 내 테러 전투원들의 이동 경로를 파악, 분석하여 국경 관리를 강화하기 위한 프

프로젝트 선버드 활동 모습   프로젝트 립타이드 회의 모습

로젝트다. 이를 통해 820명을 대상으로 역량 강화 교육을 실시하고, 610만 건의 인터폴 데이터베이스 조회를 통해 448명의 테러 전투원 정보를 확보했으며, 총 61명의 테러 전투원을 검거하는 성과를 거두었다.

③ 프로젝트 스콜피우스(Scorpius)

2017년 남아시아, 동남아시아 지역의 테러와 국제범죄 대응을 위해 2년에 걸쳐 실시된 법집행기관의 수사정보 분석 역량을 강화하기 위한 프로젝트다. 해당 지역 내 파키스탄, 스리랑카, 몰디브 등 10개국의 경찰, 검찰 등 40여 개 법집행기관을 초청하여 수사정보 분석과 관련된 워크숍을 개최하고 대테러전략 논의 및 역량 강화 교육을 실시했다.

④ 체이스(Chase) 작전

국제 테러 단체는 인명 살상을 위해 화학물질까지 수입하고 있어 각국의 허술한 국경 관리는 대테러 활동에서 가장 큰 취약점이라고 할 수 있다. 많은 국가들은 테러 단체들이 어떠한 수단과 방법을 활용하여 이러한 위험 물질을 국경을 넘어 운반하는지조차 파악하지 못하고 있다.

프로젝트 스콜피우스 회의 모습   체이스 작전 현장

체이스는 각국 경찰과 세관, 국경관리청, 이민청이 국경 간 화학물질의 이동을 차단하기 위해 협업할 수 있도록 지원하는 작전이다. 전문 지식 전수를 위한 역량 강화 단계와, 실제 국경에서 작전을 실시하는 단계로 구분하여 진행된다.

지난 2015년 인도네시아, 말레이시아, 필리핀 등 동남아 지역을 중심으로 위험 화학물질의 밀반입을 막기 위한 작전을 실시하여 총 17명의 화학물질 밀수업자를 검거했고, 화학물질 운반선까지 압수했다.

⑤ 프로젝트 트레이스(Trace)

캐나다 외무부의 후원으로 2017년부터 아세안 10개국 대테러 수사관들을 대상으로 SNS 등 온라인을 활용한 테러 정보 수집 능력을 배양하기 위해 실시한 프로젝트다. 온라인 정보 분석용 소프트웨어를 활용하는 실습 위주의 교육으로 구성되었다.

(4) 중동 · 아프리카 관련 프로젝트

① 프로젝트 벤릭(Vennlig)

이라크 분쟁지역 내 테러 전투원 수사 목적으로 핸드폰, 문서 등 관련 정보를 수집하여 회원국에 제공하는 프로젝트다. 2005년부터 이 프로젝트를 통해 중동 · 북아프리카 지역에서 활동하는 5만 명이 넘는 테러 전투원들의 정보가 취합되었다. 특히 프로젝트 시행 과정에서 2003년 모로코 카사블랑카 폭파 테러 혐의로 수배되었던 피의자를 이라크 내에서 발견하는 성과도 있었다.

② 프로젝트 퍼스트(First)[102]

2017년에 시작된 프로젝트 퍼스트는 안면 인식, 지문 인식, DNA 식별 등 테러 전투원들의 생체 정보를 수집하고, 이를 활용하여 테러 활동에 대응하는 것을 목표로 한다. 특히 인터폴은 안면 인식 데이터베이스를 구축하여 테러 관련 인물의 신원을 특정하는 데도 활용하고 있다. 지난 2018년 1월 니제르 소재 교도소 수감자들의 생체 정보를 수집하는 등 대부분 중동 · 북아프리카 지역에서 테러 관련 혐의로 수감 중인 사람들의 생체 정보를 수집하여 테러 사건 수사에 활용하고 있다.

프로젝트 퍼스트 포스터

③ 트리거(Trigger) 작전

테러 자금 마련에 이용되는 불법 무기류, 약물 및 현금을 단속하기 위해 이라크, 요르단, 레바논, 모로코 지역에서 진행된 작전이다. 이를 통해 각국의 내륙과 해상의 주요 거점에서 불법 무기류, 도난 · 분실 여권 데이터베이스 등을 활용하여 위조 여권, 무기, 마약 등을 압수하고 수배자를 검거했다.

④ 밀렉스(Mi-Lex) 작전

2005년 이라크와 시리아 지역을 중심으로 중동 분쟁 지역에서 자행되는 테러범들의 활동을 막기 위해 각국의 군대와 경찰 간의 정보 교환을 목적으로 진행된 작전이다. 이 작전을 통해 4,000명 이상의 테러 전투원에 대한 수배서가 발부되었고, 9,000여 건의 테러 전투원 생체 정보를 수집하는 성과를 거두었다.

⑤ 프로젝트 샤카라(Shakara)

유럽연합의 지원으로 알제리, 이집트, 요르단, 레바논, 모로코, 튀니지 지역에서 ISIL 테러 네트워크를 차단하기 위해 실시된 프로젝트다. 이를 통해 인터폴의 I-24/7, 데이터베이스, 교육 프로그램 등을 활용하여 전 세계 회원국들이 효과적으로 대응할 수 있도록 각종 지원을 제공했다.

⑥ 심바(Simba) 작전

2019년 4월 케냐, 탄자니아, 우간다 지역의 육상, 항공 국경을 중심으로 실시된 작전이다. 이 작전이 진행된 지 열흘 만에 인터폴 데이터베이스 내의 정보를 대상으로 약 400만 건 이상의 조회가 이루어졌다. 이를 통해 각 국경을 지나는 테러범들의 이동 경로를 파악할 수 있었는데, 인터폴 적색 수배는 물론 청색, 녹색, UN 특별 수배 등이 발부된 테러 혐의자의 이동 정보가 827건 확인되었다.

(5) 테러 전투원[103] 관련 프로젝트

① 프로젝트 퍼시픽(Pacific)

2016년 동남아시아 16개국 43개 법집행기관이 참여하여 대테러 정보 공유 및 역량 강화를 위해 실시한 프로젝트다. 현재는 동남아 국가뿐만 아니라 한국, 미국, 네덜란드, 호주, 캐나다 등 아시아·태평양 지역 대테러 활동에 관심 있는 국가도 다수 참여하고 있다.

② 프로젝트 칼칸(Kalkan)

2004년부터 중앙아시아, 남아시아 내 분쟁 지역 26개국에서 활동하는 테러리스트 정보를 수집하고 공유하기 위한 프로젝트로서 그간 20여 건의 지역 내 테러 보고서를 발간했다. 인터폴의 테러 전투원 정보 가운데 40%가 본 프로젝트를 통해 수집될 정도로 활발하게 운영되고 있다.

프로젝트 퍼시픽 포스터   프로젝트 칼칸 회의 장면

③ 프로젝트 G-5 사헬(Sahel)

아프리카 사하라 사막 남쪽 사헬 지역(세네갈, 모리타니아, 부르키나파소, 니제르, 차드)은 심각한 조직범죄와 테러 활동이 빈번하게 발생하는 전략적 요충지다. 인터폴은 2018년 11월 총회에서 채택된 양해각서(MOU) 후속 조치로 G-5 사헬연합 사무국과 새로운 협력 체계를 구축했다. 독일 연방외무부로부터 330만 달러의 재정 지원을 받아 사헬 지역의 일선 경찰관들에게 각종 데이터베이스 활용법, 포렌식 분석 기법 등 종합적인 대테러 역량을 전수하고 있다.

(6) 폭발물(CBRNE)[104] 관련 프로젝트

① 프로젝트 워치메이커(Watchmaker)

인터폴의 수배서와 통지 시스템을 활용하여 전 세계 법집행기관들이 사제 폭발물(Improvised explosive devices)을 제작하거나 사용하는 사람들에 대한 정보를 수집하고 관리하기 위한 프로젝트다. 2018년 시행된 이 프로젝트를 통해 주요 테러 단체 조직원을 포함하여 3,500명의 사제 폭발물 제작자와 3만 7,000여 곳의 관련 업체들을 파악했다.

② 프로젝트 체이즘(Chasm)

생화학 테러가 발생하면 경찰 등 법집행기관의 담당자들은 현장 조사를 나가게 되는데 이 과정에서 각종 생화학물질 및 폭발물로 인한 치명적인 위험에 노출된다. 2017년 시행된 이 프로젝트는 수사관들이 위험한 사건 현장에서 안전하게 증거를 수집·활용할 수 있게 생화학, 폭발물 테러 현장에서의 초동 조치 방법에 대해 교육하고 있다.

프로젝트 워치메이커 포스터   프로젝트 치프 포스터

③ 프로젝트 치프(Chief)

목표물을 가리지 않는 무분별한 폭발물 테러가 발생한 직후의 혼란스러운 사건 현장에서 적절한 초동 조치를 통해 현장을 보존하고 증거를 수집하는 것은 이후 사건의 배후에 있는 피의자를 검거하고 기소하기 위한 필수적인 과정이다. 이 프로젝트는 현장 수사를 지휘하는 관리자들에게 CCTV 증거 수집, 목격자 증언 청취, 디지털 포렌식 등 사건 현장에서의 지휘 통솔 체계에 대한 교육을 실시하고 있다.

④ 프로젝트 리트머스(Litmus)

화학무기나 사제 폭발물을 사용한 테러의 징후가 나타났을 때 그 위험물을 미연에 제거하고, 이러한 활동을 모의한 사람들을 처벌하고 기소하는 데 필요한 능력을 배양하는 것에 중점을 둔 프로젝트다. 폭발물, 생화학 테러의 경우 유관기관 간에 효과적인 정보 교환이나 의사소통이 이루어지지 않아 위험물 처리가 지연되었을 때 발생하는 피해는 상상을 초월하게 된다. 2015년부터 시행 중인 이 프로젝트는 초동 조치를 담당하는 법집행기관 종사자들이 폭발물, 생화학 테러의 징후를 사전에 감지하고, 이에 대한 정보를 관계기관과 신속히 공조할 수 있도록 홍보[105] 및 교육하는 것을 목표로 한다.

2. 조직·신종 범죄

(1) 개념과 활동 방향

인터폴이 국제범죄 전략 분야로 삼고 있는 조직·신종 범죄(Organized and Emerging Crime)는 국제적으로 범죄 네트워크를 형성한 범죄 단체가 그들의 국제적인 기반과 첨단 기술을 활용하여 저지르고 있는 새로운 형태의 범죄를 말한다. 먼저 국제 조직범죄는 외형적으로는 합법적인 다국적 기업의 모습을 띠고 있으나, 실질적인 운영은 계층적 제휴관계를 구축하고 조직원들 간의 지연, 혈연, 민족적 연대 등 공통점을 토대로 헌신과 충성을 요구하는 것이 주요한 특징이다. 이러한 범죄 조직이 저지르는 신종 범죄란 범죄 자금을 마련하기 위한 창의적 수단과 같이 범죄의 양상 자체가 복잡해진 현상을 말하는 것으로, UN의 국제조직범죄협약(UN Convention on Transnational Organized Crime)에서는 '사이버범죄, 문화재 밀매, 야생동물 관련 범죄, 해상 범죄, 해적 행위, 장기 밀매' 등을 신종 범죄로 분류하고 있다. 이러한 조직·신종 범죄의 대두는 세계 각국의 법집행기관들에게 새로운 도전이 되고 있다.

이에 대응하여 인터폴에서는 조직범죄 전담 부서를 설치하고 국제 조직범죄와 관련된 주요 인물, 네트워크 및 그들의 활동을 파악하기 위해 노력하고 있다. 특히 인터폴은 194개 회원국으로부터 제공받은 범죄자들의 생체 정보, 사진, 범죄 관련 첩보 등을 바탕으로 범죄 단체별 조직, 모집, 자금 출처, 판매망, 이들과 연루된 부패한 관료들까지 포괄하는 범죄 네트워크를 파악하고 있으며, 각 범죄 조직의 특성에 초점을 맞춘 다양한 프로젝트를 운영하고 있다. 이러한 프로젝트는 법집행기관 간의 정보 공유, 우수 사례 전파, 역량 강화 교육에 초점을 두고 있으며, 다음과 같은 4대 활동 방침[106]을 설정하여 대응하고 있다.

① 범죄 조직의 식별(Identification of Criminal Networks)

인터폴의 다양한 치안 역량을 활용하여 국제 조직범죄에 연루된 주요 인물, 네트워크, 활동 양상을 파악하여 지원하는 활동으로, 회원국 내 조직범죄 전반을 파악하는 것이 목표다. 이와 관련한 세부활동으로 인터폴 데이터베이스와 수배서의 효과적 활용, 범죄자 및 범죄 네트워크에 대한 분석, 범죄자 식별 역량 강화 및 불법 행위 사전 탐지, 범죄자들의 국경 이동 차단을 위한 보안 조치, 생체 정보 식별 등 포렌식 기술 지원, 정보에 기반한 지역별 작전 및 수사 지원, 범죄 신고 및 범인 식별을 위한 공동체 치안 강화, 소셜미디어를 활용한 정보 수집 역량 강화 등이 있다.

② 밀수 · 불법 시장 파악(Illegal Trafficking and Illicit Markets)

범죄 조직과 연계된 모든 형태의 밀수 및 이를 거래하는 불법 시장의 동향 파악을 지원하는 활동으로, 마약이나 위조 상품과 같은 금지 물품뿐만 아니라 불법 거래되는 일반품까지 대상으로 하고 있다. 범죄 활동을 지원하고 있는 불법 유통망을 차단하기 위해서는 생산국과 유통국, 소비국으로 이어지는 국가 간의 긴밀한 협조가 필수적이다. 이와 관련한 세부 활동으로는 거래 경로 및 유통망 관련 전략적 분석, 불법 상품 수사 관련 분야 지식과 전문성 강화, 법정 제출을 위한 증거 수집 및 불법 상품 샘플 보존, 정보 기반 작전과 수사 지원을 통한 불법 거래 단속, 불법 상품에 대한 홍보 활동, 신종 불법 시장과 상품 동향 파악이 있다.

③ 범죄 간의 연관성 파악(Enabling Crimes and Criminal Convergences)

서로 관련이 없어 보이는 대규모 조직범죄와 부정부패, 위조 여권 거래 등 범죄 간의 상관관계를 분석하는 것을 말한다. 사기 등 경제 범죄가 다른 범죄의 수단으로 활용되는 양상과 마약, 인신매매, 문화재 밀수, 테러 등 범죄 간의 연관성도 파악하고 있다. 이를 위해 조직범죄와 테러의 연계 등 관련 정보 수집, 범죄 간 연관성과 상호 영향에 대한 분석평가, 법집행기관 역량 강화, 국제범죄 및 테러 대응을 위한 국경 관리, 조직범죄 대응을 위한 포렌식 기술 개발, 불법 온라인 활동 등 최신 범죄 동향 공유, 사이버 이용 범죄에 대한 분석 등의 활동에 집중하고 있다.

④ 불법 자산의 흐름 파악(Illicit Flows of Money and Asset)

조직범죄의 운영에 사용되는 범죄 수익과 자금의 흐름을 파악하고 이후 불법 자산의 동결과 압수, 환수 절차까지 지원함으로써 범죄 조직 운영의 동력인 자금의 흐름을 차단하는 것을 목표로 한다. 이를 위해 자산 추적과 관련한 회원국 간 정보 공유, 불법 거래, 자금 세탁, 경제 범죄 관련 분석 제공, 자금 흐름 수사 및 자산 압수 관련 역량 강화, 대량 현금 밀수 차단 국제작전 실시, 고품질 위조 통화 식별 기법 지원, 경제 수사를 지원하기 위한 국가 간 공조 활성화, 신종 사기범죄에 대한 홍보, 금융정보분석원(FIU)과 법집행기관 간 정보 공유 활성화 등을 적극 지원하고 있다.

(2) 분야별 대응 활동

앞에서 언급한 것처럼 조직 · 신종 범죄는 명확히 규정하기 힘든 다양한 양상을 보이며 상호 연계되어 있다. 대표적으로 이러한 유형의 범죄에는 마약 밀매 및 밀수, 조직범죄, 해양 · 야생동식물 등 환경범죄, 자금 세탁 등 금융범죄, 지적재산권 범죄 등이 있다.

① 마약 범죄

범죄 조직들은 대마, 코카인, 헤로인, 메스암페타민 등 다양한 종류의 마약을 유통하고 있다. 국경 간 이동이 자유로워짐에 따라 국제적으로 불법 약물이 확산되고, 이에 대한 접근도 수월해지고 있다. UN 마약범죄사무소(UNODC) 통계에 따르면 전 세계 마약 사용자는 이미 3억 명을 넘어섰고, 거래 규모는 1,000억 달러에 달하는 것으로 추산되고 있다. 각국의 수사기관들이 압수하는 마약의 양도 매년 증가 추세로, 대마초 사용자는 전 세계적으로 2억여 명에 가까운 것으로 알려졌다. 통상적으로 국제 마약 밀매는 재배자 → 생산 · 가공자 → 운반책 → 공급책 → 판매책이 연결되어 있으며, 자금 세탁이나 부패 등과 같은 다른 형태의 범죄와 결합된다. 밀수 경로는 다른 불법 물품의 유통 경로와 유사하게 나타나고 있다. 범죄자들은 마약의 유통 경로를 감추기 위해 창의적인 수법을 고안해내고 있으며, 이로 인해 각국의 법집행기관들의 불법 마약 탐지는 갈수록 어려워지고 있다. 또한 새로운 합성마약이 등장하여 국제적인 마약 시장의 동향을 정확히 파악하는 데에도 어려움이 따른다. 마약의 종류가 다양해지고 유통 경로가 갈수록 진화[107]함에 따라 회원국 간의 긴밀한 협력과 조정은 필수적이다.

인터폴은 회원국 법집행기관들이 마약류의 불법적인 생산과 유통,

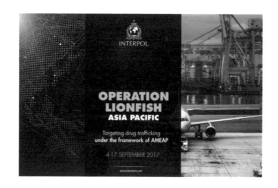

라이온피쉬 작전 포스터

약물의 남용에 대응할 수 있도록 마약류 범죄 사건 수사 지원, 마약 유통 경로 및 수법 분석, 마약 대응을 위한 효과적인 기법 교육 등을 제공하고 마약 네트워크 근절을 위해 지역별로 프로젝트를 시행하고 있다. 이와 관련하여 라이온피쉬(LIONFISH) 작전은 항공 · 육상 · 해상으로 운송되는 마약 밀수 경로 차단을 목표로 한 활동으로, 인터폴 재단과 유럽연합의 후원으로 진행되었다. 최근 실시된 2018년 9 ~ 10월 작전에는 전 세계 92개국에서 참여하여 55톤의 불법 약물을 압수하고, 1,300명을 검거하는 성과를 거둔 바 있다.

이와 함께 인터폴은 회원국 및 국제기구 등으로부터 마약 관련 정보를 수집, 분석하여 보고서 형태로 제공하고 있다. 또한 114개국이 함께 공유하는 약물 분석파일(Drugs Analysis File)이라는 자료보관소를 별도로 운영하여 국제적인 마약 조직의 신원 및 수법 정보, 자금 정보, 소재지 정보 등을 회원국에 제공하고 있다.

인터폴 라이온피쉬 작전 성과

시기	작전명	지역	작전 결과
'17. 3.	LIONFISH III (13개국 5,000명 참여)	중남미 서아프리카	코카인, 대마, 헤로인 등 총 55톤 압수(9억 5,000만 달러 상당) / 357명 검거
'17. 5.	LIONFISH ASEAN (16개국 2,000명 참여)	서아프리카 아시아	필로폰, 액상코카인 350kg, 50리터, 2,175정 압수(1,800만 달러 상당)
'17. 9.	LIONFISH Asia–Pacific (23개국 5,000명 참여)	남미, 아·태, 아프리카	코카인, 대마초, 헤로인, 아편 등 10톤, 24리터, 2만 9,000정 압수 / 300명 검거
'17. 11.	LIONFISH Mihadrarati (21개국 참여)	아프리카	향정신성약물(에페드린 등) 3.6톤 압수 / 130명 검거
'18. 4.	LIONFISH Sandcat (14개국 참여)	중동	헤로인(29kg), 캡타곤(1만여 정), 트라마돌(3만 1,860정), 벤제솔(700만 정) 압수
'18.9. ~10.	LIONFISH Global (93개국 참여)	전 세계	불법 약물 55톤, 코카인 35톤, 대마초 15톤, 야바 1800만 정, 캡타곤 43만 정 등 압수 / 1,300명 검거

마약 밀수범 추적 인터폴 데이터베이스(Relief)

2019년 4월 체코 정부에서 인터폴에 현물로 기부하여 구축한 데이터베이스로 약물 포장재의 도구 흔적, 로고 및 화학 구성 등을 자동으로 비교 분석할 수 있다. I-24/7 을 통해 모든 인터폴 회원국이 데이터베이스에 접속하여 포장된 약물의 원산지와 밀수 경로를 파악할 수 있도록 지원하고 있다.

Relief 데이터베이스 화면

마약 범죄 관련한 인터폴 프로젝트 크림저스트(CRIMJUST)는 유럽연합의 후원으로 중남미, 서아프리카 12개국[108]을 대상으로 마약 대응 역량 강화, 지역 간 협력, 부패 개선에 초점을 두고 시행되었다. 또한 프로젝트 아맵(AMEAP)은 인터폴 재단의 후원으로 중동·아프리카, 아시아·태평양 지역의 마약 조직을 소탕하기 위한 활동으로, 인터폴 데이터베이스 활용을 통한 공동 대응에 초점을 두고 있다.

이외에도 2019년 아루바에서는 2톤의 코카인을 실은 보트가 해안 경비대에 단속되었고, 몰디브에서는 이란 국적의 선박이 70킬로그램의 헤로인을 싣고 가던 중 6명의 선원이 검거되는 사건이 각각 발생했다. 인터폴은 아루바 경찰과 몰디브 경찰의 요청으로 사건 대응팀(IRT)을 파견하여 통역 및 증거 수집, 자금 유통 경로를 추적하는 데 도움을 주었다.

프로젝트 크림저스트 포스터

② 조직범죄

인터폴은 국제범죄 조직 구성원과 그 활동 실태를 파악하고 이에 대한 국제적인 대응을 지원하기 위해 노력하고 있다. 특히 밀레니엄(Millennium) 프로젝트[109]는 구소련연방(CIS) 국가[110]를 무대로 활동하는 범죄 단체들을 의미하는 가칭 '합법적 도둑(Thieves in Law)'을 주요 수사 대상으로 한다. 지난 2018년 12월, 프랑스 경찰의 주도로 유라시아 국제 범죄 네트워크를 진압하기 위한 작전이 실시되었다. 당시 프랑스 정부의 요청으로 인터폴 작전지원팀이 파견되어 사건 분석, 지문 및 안면 사진 분석 등을 지원했고, 이를 통해 위조 여권으로 신분을 위장한 조직원 22명을 검거하는 데 성공했다. 이들 중에는 미국, 아제르바이잔, 조지아 국적의 중요 조직원도 포함되었다.

③ 환경범죄

환경범죄(Environmental Crime)란 일반적으로 국내법과 국제법을 위반하여 폐기물과 각종 위험물을 함부로 버리거나 불법 거래함으로써 인류의 보건 및 지속가능한 개발을 저해하는 활동을 말한다. 환경범죄는 그 특성상 부정부패, 문서 위조, 밀수입 등과 같은 다른 범죄와 결합되는 특

프로젝트 밀레니엄 포스터

성이 있으며, 범죄 단체의 활동이 광범위하여 단속에도 어려움이 있다. 인터폴은 각국 경찰들이 환경범죄에 대응할 수 있도록 다양한 지원을 하고 있는데, 특히 최근에는 해양 환경범죄에 대응하여 정보에 기반한 합동작전을 수행하고 있다.

특히 인터폴은 다양한 분야의 범죄 전문가 및 원거리 감시 등 첨단기술을 보유한 민간 분야 기업과 협력하여 환경범죄 단속을 강화하고 있으며, 선박 내 설치장비에 대한 디지털 포렌식 등을 활용하여 불법 어업, 해적, 불법 약물 거래 등 해상에서 벌어지는 다양한 국제범죄의 수사를 지원하고 있다. 이와 관련하여 2018년 10월 해양 환경범죄를 대상으로 한 '해상 30일(30 Days at Sea)' 작전을 실시한 바 있다. 이 작전에는 58개국 276개 기관이 참여하여 폐선박유 무단 방류, 폐기물 투기 등 전 세계 해양과 하천에서 벌어지는 2,200여 건의 불법 사례를 적발했으며, 각국의

해상 30일 작전 포스터

OPERATION THUNDERBALL 2019

Tackling illegal wildlife crime

INTERPOL

109 countries   582 suspects arrested

1,828 seizures including:

545kg ivory   1.7t plants

1.3t pangolin scales   4,304 live birds

9,777 live tortoises and turtles 9,820 marine species

604t and 2,551m³ timber   1,422 live reptiles

2019년 선더볼 작전 성과 통계

경찰, 세관, 해경 등 해상 법집행 관련기관에서 700여 건의 수사를 진행하여 다수의 피의자를 검거했다.

또한 2019년 6월에는 '세계 환경의 날(6월 5일)'을 맞아 환경범죄로 수배된 7명의 도피사범에 대한 대중의 관심과 참여를 호소하기 위해 인터폴 웹사이트에 공개 수배하는 한편, 세계관세기구와 공동으로 전 세계 109개국의 경찰·세관이 참여한 선더볼(Thunderball) 작전[111]을 실시하여 환경범죄 피의자 600여 명을 검거한 바 있다.

④ 금융범죄

인터폴은 사기, 자금 세탁, 부패 등 다양한 유형의 소위 화이트칼라 금융범죄에 대응하기 위한 다각적 노력을 전개하고 있다. 금융범죄는 단순한 절도부터 대규모 범죄 조직이 자행하는 금융범죄에 이르기까지 다양한 양상으로 나타나고 있다. 또한 최근에는 신종 금융범죄로서 사회공학적 사기(Social Engineering Fraud)가 증가하고 있는데, 이는 범죄자들이 피해자들의 신뢰를 이용하여 금원이나 기밀 정보를 가로채는 범죄 수법을 통칭한다. 주로 SNS를 중심으로 발생하나, 통화나 직접 만남을 통해 이루어지기도 한다. 정상적인 금융기관, 온라인 판매업체로 가장한 피싱 범죄(Phishing), 보이스피싱으로 알려진 전화 금융사기(Telecom Fraud), 거래업체를 가장한 이메일을 보내 무역대금을 편취하는 이메일 무역 사기, 온라인 연애 사기(Romance Scam), 투자 사기, '몸캠 피싱'으로 알려진 성착취(Sextortion)[112] 등이 오늘날 신종 금융범죄의 대표적인 사례다.

인터폴에서는 수사관들의 역량 계발과 교육훈련에 초점을 맞춰 범죄자들의 정교하고 새로운 수법에 대한 적응력을 높이는 데 집중하고 있으며, 이러한 교육훈련은 경찰뿐만 아니라 세관, 이민수사대, 금융정보 분석팀, 관련 사법기관을 대상으로 폭넓게 이루어지고 있다. 이와 함께 회원국들과 신종 금융범죄 유형별로 작전을 실시하여 대응하고 있다.

금융범죄 관련 작전 활동

소가(SOGA, SOccer GAmbling)[113] 작전은 불법 도박과 자금 세탁 퇴치를 목표로, 월드컵, 올림픽 등 세계적 규모의 스포츠 행사 시 실시되고 있다. 치밀한 연구 분석과 정보 교환을 통해 도박장 개설자, 고객, 자금 세탁 관련 정보를 취합하고 회원국들과의 공동 작전을 통해 범죄 혐의자를 검거하여 왔다. 일례로, 2018년에는 인터폴 공동 작전을 통해 전 세계에서 도박장 등 1만 4,000여 개소를 단속하여 1만 9,000명을 검거하고 1억 4,200만 달러를 압수한 바 있다.

'여명'이라 불린 퍼스트 라이트(First Light) 작전은 전화 금융사기 범죄를 척결하기 위한 인터폴의 활동이다. 전화 금융사기는 대부분 해외에 콜센터를 두고 국내에 피해자를 양산하는 만큼 이에 대응하기 위해서는 국가 간 경찰 협력이 필수적인 요소다. 2017년 실시된 작전을 통해 아시아 지역 회원국 경찰은 33개 콜센터를 단속하여

1,013명을 검거하고, 3억 4,700만 달러 상당의 범죄 피해금을 압수했다.

인터폴은 최근 전 세계적인 전염병인 코로나 바이러스 관련한 금융범죄의 근절을 위해서 마스크 등 위생제품 부족 및 소비자의 불안 심리를 이용한 사기 범죄에 대해 회원국 내 피해 사례를 파악한 후 신종 수법 관련 보라색 수배서(Purple Notice)를 발부하고, 공개 웹사이트에 관련 사기 예방법을 게시하는 등 추가 피해를 예방하기 위한 노력을 기울이고 있다.

⑤ 지적재산권 범죄

위조 상품이나 해적 상품 거래는 범죄 조직의 자금 마련에 이용되는 국제범죄의 한 양상으로서 인신매매, 마약 밀수, 부패, 뇌물, 자금 세탁 등의 다른 국제범죄와도 긴밀히 관련되어 있다. 특히 이러한 불법 제품의 거래는 세계 경제는 물론 공중보건에도 악영향을 미친다. 합법적으로 운영되는 기업의 매출과 정부의 정상적인 세금 징수에도 영향을 줄 뿐

2019년 중국 충칭에서 개최된 퍼스트 라이트 작전 회의

만 아니라 불량 식품과 같이 소비자의 건강에도 치명적인 위험을 초래하기 때문이다. 또한 인터넷 환경과 소셜미디어의 발전, 모바일 기기의 확산, 다크넷 등 첨단 기술에 적응한 범죄 조직은 자신들의 사업, 금융, 유통 시스템을 빠르게 확장하고 있다. 위조 상품 거래는 생산국–유통국–소비국이 전부 다른 경우가 대부분이므로, 이러한 범죄에 대응하기 위해서는 국제 협력이 더욱 강조되고 있다.

이에 인터폴은 각국의 위조 상품 관련 정보를 수집 · 분석하여 보고서로 배포하고, 각국 경찰, 세관, 지적재산권 규제기관 간 업무를 유기적으로 조정하며, 지적재산권 범죄와 관련한 각종 교육 프로그램도 운영하고 있다. 또한 인터폴은 매년 지적재산권 범죄 컨퍼런스(IP Crime Conference)[114]를 개최하여 전 세계 회원국 경찰, 세관 및 정부기관 담당자, 민간업체 종사자 들과 지적재산권 범죄에 대한 대응 방안을 논의하고 있다.

3. 사이버범죄

(1) 최근 동향과 위협

통상 사이버범죄란 '컴퓨터와 네트워크를 이용하여 가상 공간에서 타인의 권익을 침해하거나 국가적, 사회적 법익을 침해하는 행위'를 의미한다. 이러한 사이버범죄는 정상적인 정보통신망을 이용한 일반 사이버범죄와 정보통신망 자체를 침해하는 범죄로 구분할 수 있다. 일반 사이버범죄는 인터넷 사기, 사이버 금융범죄, 개인 위치정보 침해와 같이 네트워크에서 권한 있는 자가 타인의 법익을 침해하는 행위다. 반면 정보통신망 자체를 침해하는 범죄는 해킹, 디도스(DDoS)[115] 공격, 악성 프로그램 설치 등 비정상적인 방법으로 침입하여 네트워크의 작동을 방해하거나 권한 없는 행위를 하는 것을 말한다. 이러한 사이버범죄의 분류는 각국의 정책 및 치안 전략의 우선순위에 따라 차이가 있으나 몇 가지 대표적인 유형을 살펴보면 다음과 같다.

① 랜섬웨어

최근 한국을 비롯한 주요 선진국들의 사이버범죄 대응기관들은 공통적으로 랜섬웨어(Ransomware)[116]를 가장 심각한 신종 사이버 위협으로 꼽은 바 있다. 랜섬웨어란 일종의 악성 프로그램으로 피해자의 컴퓨터 등 전자기기 내의 중요 정보를 포함한 파일을 암호화하여 이의 복호화를 빌미로 금원을 요구하는 신종 범죄다. 대표적인 랜섬웨어 공격은 2017년 5월 단시간 내에 세계 150개국의 컴퓨터 30만대를 감염시킨 '워너크라이(WannaCry)'[117]가 있다. 2017년 워너크라이 공격은 마이크로소프트(MS) 운영체제의 취약점을 이용하여 피해 컴퓨터의 중요 파일을 암호화한 후 건당 300~600달러 상당의 비트코인 송금을 요구한 바 있다. 랜섬웨어 범죄는 파일 암호화뿐만 아니라 가해자가 특정 서버에 디도스(DDoS) 공격을 예고하고, 금전을 요구하는 방식으로도 이루어진다. 한국에서는 한 웹호스팅 업체가 해커로부터 디도스 공격을 개시하겠다는 협박을 받자 시가로 현금 13억 원 상당의 비트코인을 송금한 피해 사례도 보고된 바 있다.

② 개인정보 침해

개인정보 침해 역시 두드러진 신종 사이버범죄 유형으로, 통상적으로 전산망을 해킹하여 개인 식별 정보를 탈취하는 것을 의미한다. 미국의 경우 인터넷 포털 야후 시스템에 침입하여 포털 서비스 이용자 계좌 정보 5억여 건을 탈취한 범인 4명(러시아 정보기관 요원 2명 포함)이 2017년 3월 미국 캘리포니아 법원에 기소되었고, 2018년에는 카드 번호, 사회보장번호, 운전면허 정보 등 약 14억 건의 개인정보가 유출되어 커다란 사회적인 파장을 불러오기도 했다. 유로폴(Europol)에 따르면 일부 개인정보 침해 사범 중에는 특정 서버를 해킹하여 이에 대한 접근 경로를 판매하는 수법도 발견되었다. 과거에는 이러한 해킹의 피해를 보는 업체 대부분이 금융기관이었다면, 최근에는 의료보험기관에 대한 피해도 증가하고 있다.

③ 신종 사이버범죄

온라인 연애 사기나 보복성 음란 영상 유포, 사이버 스토킹 등 개인에 대한 침해는 물론, 에너지 · 항공 · 금융 · 전략물자 기반시설 등에 대한 사이버 공격도 새로이 대두되고 있다. 이러한 신종 사이버범죄를 촉진한 기술적 요소로는 악성 프로그램의 발전, 봇넷(Botnet)[118], 방탄 호스트(Bulletproof host)[119] 등이 있으며, 피해자의 심리나 착오를 악용하여 비밀번호를 누설하게 하는 수법이 있는데, 이는 보이스 피싱이나 메신저 피싱, 이메일 무역 사기 등에서 자주 활용된다.

이러한 사이버범죄로 인해 2017년 한 해 동안 전 세계에서 4,400~6,600억 달러의 사회적 비용이 발생했다고 한다. 이는 2018년 우리나라의 연간 수출 총액과 맞먹는 규모로 세계 경제 전체 GDP의 약 0.8% 수준[120]이다. 특히 동아시아 · 태평양 지역의 비용은 최대 2,000억 달러 규모로 사이버범죄로 인해 가장 큰 피해를 보고 있으며, 유럽(최대 1,800억)과 북미(최대 1,750억)도 피해 규모가 큰 편이다.

(2) 사이버 전략 및 프로젝트

사이버범죄는 테러, 조직 · 신종 범죄와 함께 인터폴에서 중점적으로 대응하고 있는 3대 국제범죄 전략 분야다. 이에 따라 인터폴에서는 2016년부터 2020년까지 5년간 종합적인 '글로벌 사이버범죄 전략(INTERPOL Global Cybercrime Strategy)'을 마련하고, 다섯 가지 활동 기준과 방향을 제시하고 있다.

여기에는 먼저 '위협 평가 및 동향 분석을 통해 사이버범죄 피의자 및 범죄 조직을 탐지 · 특정함으로써 회원국을 지원'하는 것이 있다. 이와 관련한 내용은 모든 이해관계자의 수요를 충족할 수 있는 실질적인 사이버범죄 정보 생산, 사이버범죄 동향에 대한 법집행기관의 대응 역량 개선이다. 둘째는 '사이버 공격의 단서가 되는 원본 데이터 및 분석 도구를 회원국에 제공'하는 것으로, 민관 협력사업의 전개, 장려, 참여를 통해 원본 데이터에 대한 신뢰성을 확보하고, 사이버범죄 수사 관련 데이터에 대한 접근성 제고가 있다. 셋째는 '적법한 디지털 단서의 확보 및 증거 보전 방법의 전수를 통해 수사와 공판을 목적으로 하는 디지털 증거 처리를 지원'하는 것으로, 전문 교육훈련 과정 개설, 회원국 요청에 따른 사이버 수사 지원, 디지털 포렌식 도구 및 장비 활용 방법 전수, 국제 표준 정립 등이 있다. 넷째는 '디지털 단서를 활용하여 피의자의 소재지 특정 지원'으로, 사이버범죄 분야 범죄 분석 역량 제고, 디지털 정보와 피의자 특정 교차 검증을 위한 고도화된 도구 개발 등이 있다. 마지막은 '회원국 간의 사이버범죄 활동 공조 및 조정'으로, 다양한 이해 당사자의 협력 기반을 조성하고, 회원국 간 협력을 위한 입법적, 실무적 환경 개선, 여러 관할에 걸친 사이버범죄 작전과 활동 조정이 있다.

이러한 글로벌 사이버 전략에 기반하여 인터폴에서는 회원국과 협력

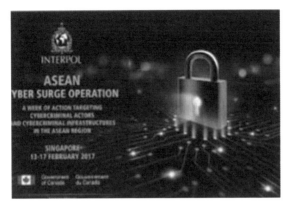

사이버 서지 작전 포스터

을 통해 사이버범죄 작전 및 교육훈련 활동을 전개하고 있으며, 활발한 민관 협력사업도 진행하고 있다. 대표적인 사례로 지역별로 사이버 수사관을 모아 민간과 공동으로 발굴한 사이버 위협 정보에 공동 대응하는 사이버 서지(Cyber Surge) 작전을 들 수 있다. 이 작전을 통해 2016년부터 2017년까지 아세안 지역에서 정부 포털을 포함한 270여 개의 해킹된 웹사이트를 발견했고, 다크넷상의 불법 거래 차단 활동을 전개했다. 미주 지역에서는 26개의 해킹된 정부 웹사이트 및 6개의 해커 조직을 특정했고, 3,700여 건의 사이버 위협 정보에 대응하기도 했다. 또한 아세안 국가 및 역외 국가와의 사이버범죄 공조 수사 역량을 강화하고 사이버범죄 정보 교류를 활성화하기 위해 'ASEAN 사이버 역량 강화' 프로젝트를 진행해오고 있다. 세부 내용은 대상국 사이버 역량 진단, 맞춤형 훈련 제공, 연구 세미나 개최, 실무 정보 공유 등으로 구성되어 있으며, 2016년부터 2018년까지 15차례에 걸쳐 아세안 지역 10개국에서 380여 명이 해당 교육훈련에 참석했다.

이와 더불어 인터폴은 유럽연합과 유럽평의회의 지원으로 '글레이시

(GLACY)+'[121]라는 아프리카, 아시아 · 태평양, 남미, 카리브 지역의 12개 국[122]을 대상으로 한 사이버 역량 강화 교육훈련 프로젝트도 진행하고 있는데, 현재까지 400명이 넘는 인원이 참가하고 있다.

(3) 사이버범죄 전담 조직

인터폴의 사이버범죄 기능은 싱가포르에 있는 글로벌 혁신단지 (IGCI)[123]에 설치되어 있으며, 이 가운데 사이버 융합 센터(Cyber Fusion Center)가 핵심 기능을 수행하고 있다. 사이버 융합 센터는 인터폴의 I-24/7 통신 기반을 활용하여 국제 사이버범죄에 대응하는 일원화된 창구로서, 각국의 사이버 공조 수사 활동을 기획하고 조정한다. 특히 이 센터에는 사이버범죄에 대한 유연한 대응을 위해 법집행기관 관계자와 더불어 민간 부문의 전문가들이 파견되어 함께 근무하며 연구 및 지원을 하고 있다.

또한 단지 내 인터폴 혁신센터는 회원국에 대한 효과적인 사이버 수사 기법 및 포렌식 기술을 지원하기 위해 '디지털 포렌식 연구소(Digital Forensic Lab)'를 운영하고 있다. 이 센터는 사이버 분야 신기술 및 디지털

글레이시 + 프로젝트 포스터

범죄 분석과 미래 범죄 예측을 위한 연구를 진행하고, 이와 관련한 교육 훈련 프로그램을 개발하여 제공하고 있다. 최근 인터폴은 남아프리카 지역 경찰총수 회의(SARPCCO)의 요청에 따라 짐바브웨 하라레 소재 인터폴 지역사무소에 지역 사이버 센터(Center of Excellence)를 구축하여 시범 운영을 했고, 향후 다른 지역에도 이를 확대하여 회원국 간 사이버 역량 격차 해소를 도모할 계획이다.

(4) 민간과의 협력

인터폴은 사이버 안보 분야를 선도하는 민간 기업들과 다양한 분야에서 교류 협력을 확대함으로써 사이버범죄에 대응하고 있다. 이와 관련하여 기업에서 제공하는 자료들을 사이버범죄 분석파일(Cybercrime Analysis Report)로 작성하여 회원국에 정례적으로 제공하는 한편, 민간과 협력하여 지역별로 가장 시급한 사이버 위협에 대응하는 작전을 수행하고 있다. 2016년 인터폴이 유로폴, 미국 FBI, 독일 연방범죄수사청과 합동으로 악성코드 유통을 저지하기 위해 실시한 아발랑쉬 작전(Operation Avalanche)에서는 민간과 협조하여 피해 사례 등에 대한 필요한 데이터를 제공받아 활용했다. 지난 2017년 5월 워너크라이(WannaCry) 랜섬웨어 사태에서는 공격 개시 48시간 내에 민간 기업으로부터 수법 등 해킹 관련 핵심 사이버범죄 정보를 제공받아 보라색 수배서 2건을 발부하여 추가적인 피해를 예방하는 데 기여했다. 최근 사회적으로 이슈화된 가상화폐 채굴에 대해서도 일반 웹사이트나 라우터에 악성 소프트웨어를 전염시키는 크립토재킹(Cryptojacking) 사례를 분석하여 184건의 사이버 활동 보고서로 회원국에 배포한 바 있다.

국경이 없는 사이버범죄에 대한 공조 수사의 어려움, 법적 한계, 회원국 간 역량 격차 등을 감안할 때 민간 영역과의 협력의 외연을 확장하기 위한 노력이 지속적으로 강조된다.

프로젝트 게이트웨이(Gateway)

2016년 인터폴 파일럿 프로젝트로 13개의 IT 관련 기업들과 협력 약정을 체결하여 사이버 안보 관련 정보를 공유해왔으며, 2019년 총회에서 정식 사업으로 채택되었다. 현재는 미국, 영국, 일본, 러시아, 브라질, 멕시코 등의 민간 기업이 참여하고 있다. 인터폴 데이터 처리 규칙에 따라 사건 발생시 정보공유를 요청하면 해당 기업에서 이에 대한 자료를 제공하고, 인터폴에서는 이를 분석 보고서로 정리하여 회원국에 제공하는 방식이다. 또한 등록된 민간 기업은 각 지역별로 시행되는 인터폴 사이버 분야 작전에도 참여하여 관련 자료 제공 및 분석을 지원하고 있다.

4. 취약계층 범죄

인터폴은 인신매매, 밀입국, 아동 성착취, 강제노동 등 사회적 취약계층을 대상으로 한 범죄에도 엄정 대응하고 있다. 이러한 활동으로는 대표적으로 인신매매 등 아동 대상 범죄 네크워크 차단, 강제노동과 성착취 피해를 겪는 아동 구출, 관련 데이터베이스 운영 등이 있으며, 피해자 인권 친화적 조사기법을 교육하는 등 회원국의 취약계층 보호 역량을 높이는 데에도 노력하고 있다.

(1) 인신매매, 밀입국

아프리카와 동유럽, 아시아, 남미 지역을 중심으로 여전히 인신매매, 밀입국 알선이 범죄 조직의 주요한 자금 마련 수단으로 악용되고 있다.

이와 관련하여 인터폴이 국제범죄 조직의 인신매매, 밀입국 활동을 차단하기 위해 추진하고 있는 프로젝트를 살펴보면 다음과 같다.

①아프리카

2019년 4월 인터폴은 서아프리카 지역의 인신매매 범죄를 차단하기 위해 에페르비에(EPERVIER) II 작전을 시행했다. 이 작전에는 베냉, 나이지리아, 부르키나파소, 니제르, 토고 등 서아프리카 5개국 경찰이 참여하여 47명의 피의자를 검거하고 220명의 인신매매 피해자를 구출했다. 피해자 중에는 157명의 미성년자가 포함된 것으로 나타났는데 이들은 상품으로 거래된 이후 강제노동, 강제매춘, 폭행, 정신적 학대를 당한 것으로 파악되었다. 인터폴은 작전과 더불어 수사기법 및 피해자 보호 등 수사관들을 대상으로 한 교육훈련도 함께 실시했다.

2019년 7월에는 13개 서아프리카 회원국과 함께 1주일간 진행한 에드웬파(ADWENPA) IV 작전을 통해 100여 명의 인신매매 피해자를 구출해냈다. 이 작전 과정에서 경찰관들은 인터폴의 모바일 태블릿으로 인터폴 데이터베이스에서 27만 건 이상의 정보를 조회하고, 그 결과를 활용했다. 2019년 말에는 아프리카 말리에서 지역 내 범죄 조직 네트워크 차단과 전문 경찰관 양성을 위한 호로냐(HORONYA) 작전을 실시하여 성착취, 강제 광산 노동, 강제 구걸 행위 등에 동원되었던 다수의 여성과 아동을 구출했다.

②남아메리카

2016년 6월 인터폴은 중남미 지역 및 미국, 중국, 러시아 등 25개 회원국이 참여한 가운데 중남미에서 활동 중인 인신매매 조직 검거를 위한

에페르비에 작전 활동

에드웬파 작전 포스터

호로냐 작전 영상

스파르타쿠스(Spartacus) Ⅲ 작전을 전개했다. 이 작전을 통해 1,000여 명의 여성, 아동 등 인신매매 피해자를 구출하고, 관련 범죄 조직원들을 검거했다. 수백 명에 달하는 대부분의 피해자들은 콜롬비아 등 남미 여성과 소녀로 중국 광저우에서 좋은 직업을 보장하겠다는 범죄 조직의 허위 광고에 유인되어 강제 성매매에 동원된 것으로 나타났다.

2018년 4월 인터폴은 카리브해 및 중남미 지역 인민매매 차단을 위해 리베르타드(Operation Libertad) 작전을 실시했다. 이 작전에는 해당 지역 13개 인터폴 회원국 소속 500여 명의 경찰관들이 참여하여 지역 내 인신매매 조직에 대한 정보 공유 및 사전 대상 사건을 분석하고, 합동 단속을 실시하여 350여 명의 성착취 및 강제노동 피해자를 구출하고 관계자들을 검거했다. 이 과정에서 회원국들은 인터폴 데이터베이스 자료 조회를 통해 25건의 도난·분실 여권을 발견했다.

2018년 12월에는 남아메리카 지역의 밀입국 조직을 차단하기 위해 안데스(Andes)라는 공동 작전을 실시했다. 이 작전은 인터폴과 콜롬비아 경찰이 주관하고 중남미 지역 11개 인터폴 회원국[124] 법집행기관들이 참여하여 밀입국 경로, 모집 및 연락 수단 등 사전 정보와 증거 자료를 공동으로 수집함으로써 살인·테러 등 관련 피의자 50명을 검거하는 성과를 거두었다. 이는 인터폴 재단의 재정 지원으로 진행된 사업의 일환이다.

2020년 3월 인터폴은 고질적인 아메리카 지역 인신매매 범죄를 대상으로 3개국 20개 지역에서 동시에 터르퀘사(Turquesa) 작전을 실시하여 관련 피의자 53명을 검거하고 지역 내 30여 개국 775명의 불법 이민자를 발견했다. 이 작전을 통해 중남미 지역에서 미국과 캐나다로의 불법 입국 알선을 주도하는 범죄 조직을 집중 단속했다.

(2) 온라인 아동 성착취

사이버범죄 중 온라인 아동 성착취(Online Child Sexual Exploitation)는 그 성격과 위험성을 고려하여 모든 나라에서 심각한 범죄로 규정하고 있다. 이러한 잔혹한 범죄의 이면에는 실제로 착취당하고 있는 아동들의 참혹한 삶이 존재하며, 이 과정에서 고문, 성폭력 등 심각한 2차 범죄가 자

리베르타드 작전 포스터

터르퀘사 작전 현장

인신매매 피해 여성 조사

행되고 있다. 2018년 인터폴과 아동 성착취 근절을 위한 국제 네트워크 (ECPAT)가 함께 발표한 국제 미확인 아동 성착취 피해 지표[125]에 따르면, 무작위로 수집한 영상의 84%에서 성적 행위가 발견되었고, 피해자가 어릴수록 학대 행위는 심해졌으며, 피해자 중 65% 이상은 여아, 60% 이상은 2차 성징도 나타나지 않은 아동이었다. 이는 사회 · 종교적 배경, 성별 등에 관계없이 세계 모든 국가의 아동에게 벌어질 수 있는 범죄로서 피해가 지속적으로 증가하는 추세[126]에 있다. 이와 관련, 유니세프 등 아동 관련 국제기구에서는 민간 분야[127]와 더불어 아동 성착취 근절 캠페인을 전개하고 있으며, 유로폴 등 유럽 지역 법집행기관들도 단속 활동에 집중하고 있다.

특히 인터폴에서는 성적으로 학대 피해를 입고 있는 아동의 발견 및 구조, 가해자와 유포자의 특정 및 검거를 최우선으로 하고 있으며, 이를 위해 매년 FACE[128] 프로젝트를 전개하고 있다. 이 사업은 2015년 5월 인간존엄성재단[129]과 네덜란드 경찰이 인터폴 아동 범죄 전담 부서와 공동으로 시작한 사업으로서, 국제 아동 성착취 데이터베이스(ICSE, International Child Sexual Exploitation) 구축 및 회원국 보급, 데이터베이스를 활용한 피해자와 피의자 특정, 역량 강화 교육훈련, 범죄 분석과 회원국의 작전 활동 등을 지원하고 있다.

ICSE 데이터베이스 접속 화면

인터폴 국제 아동 성착취 데이터베이스

인터폴이 온라인 아동 성착취물을 데이터베이스로 구축하여 실질적으로 회원국을 지원하고 있는 도구로서, 영상자료를 분석하여 피해자, 가해자, 피해 장소의 특징점을 파악하고 회원국의 온라인 아동 성착취물 수사기관에서 이러한 자료를 활용할 수 있도록 제공하고 있다. 현재까지 150만 점 이상의 사진과 영상자료가 저장되어 있으며, 이를 통해 2만여 명의 피해자를 식별하고 수사 단서로 활용하고 있다. 이 데이터베이스는 유로폴을 포함하여 60개국 이상에서 수사관들이 활용 중이다. 또한 인터넷 및 압수된 전자기기 내에서 발견된 사진과 영상도 데이터베이스를 통해 분석, 저장하여 전 세계 회원국 경찰이 온라인 아동 성착취 사건 수사에 활용할 수 있도록 지원하고 있다.

2019년 5월 인터폴이 제공한 수사 단서와 지원 활동을 바탕으로 호주, 불가리아, 뉴질랜드, 태국, 미국 경찰이 2년에 걸친 공동 작전을 전개하여 50명의 성착취 피해 아동을 구출한 바 있다. 한 성범죄자가 착용하

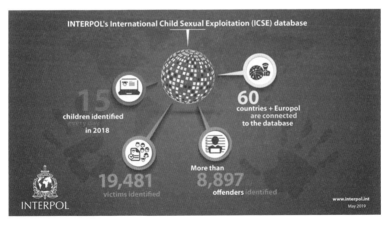

ICSE 데이터베이스 관련 통계

고 있던 팔찌에 착안하여 '블랙리스트(Blackwrist)'로 명명된 이 작전은 인터폴 아동 성범죄 전담팀이 다크웹 검색 도중 11명의 소년에 대한 성적 학대 영상을 발견하여 회원국에 제공함으로써 개시되었고, 수사 결과 다크웹을 통해 6만 3,000여 명이 해당 영상을 열람한 것으로 드러났다.

5. 국제 도피사범

교통 수단의 급속한 발전으로 국제 도피사범[130]은 지속적으로 증가하고 있으며 도피 행각을 지속하기 위해 분실·도난 또는 위조 여권을 사용하는 등 다른 범죄 행위를 자행하고 있어 그 위험성이 나날이 커지고 있다. 그러므로 대다수 국가에서 자국의 도피사범 검거를 위해 정치적 이해관계를 떠나 다른 나라와 법적·실무적 국제 공조 체계를 유지하고 있다.

인터폴은 이러한 국제 도피사범에 대한 경찰 간 국제 공조 활동의 중심축으로서 적극적인 역할을 수행하고 있다. 이를 위해 국제 도피사범 전담팀을 설치하여 회원국 도피사범 추적팀 간 공조를 지원하고, 검거 활동을 전개하고 있다. 특히 2009년부터 살인, 아동 성착취, 마약, 조직범죄 등 주요 국제 도피사범에 대해 지역과 범죄 유형별 특성에 맞게 대상 사건을 선정하여 '인프라(INFRA)'[131] 검거 작전을 실시하고 있다.

인프라(Operation INFRA, INternational Fugitive Round-up & Arrest) 작전
2009년에 최초로 실시된 인프라 레드(INFRA RED) 작전은 5개국 90개 사건을 중심으로 진행되었고, 이후에는 59개국이 참여하여 500여 사건을 다루는 전 세계적인 규모로 확대되었다. 이후 매년 작전의 주제와 성격, 대상 지역을 달리하여 실시함으

로써 현재까지 1,300여 사건과 관련한 700여 명의 국제 도피사범을 검거하거나 위치를 특정하는 성과를 거두고 있다.

2011년 INFRA SA : 남미 지역 살인 납치 조직범죄 아동 성착취 등 강력범죄 대상

2012년 INFRA SEA : 동남아시아 지역 성착취 관련 범죄 국제 도피사범 58명 대상, 21개국 참여

2014년 INFRA Terra : 야생동식물 밀수, 불법 벌목, 유해물 무단 투기 등 환경범죄 국제 도피사범 139명 대상, 40개국 참여

2016년 INFRA Hydra : 인신매매 국제 도피사범 180명 대상, 43개국 참여, 피의자 31명 위치 확인

2017년 INFRA ASP : 아시아 · 태평양 지역 국제 조직 금융범죄 258명 대상, 지역 내 21개국 참여

최근 사례로 2019년 1월 알바니아 경찰이 인프라 작전의 일환으로 약물과 무기 소지 등 혐의로 수배된 핀란드인을 체포했고, 2018년 12월 부에노스아이레스 경찰은 마약 밀수 혐의로 수배된 폴란드 도피사범을 체포했는데, 해당 피의자는 2011년부터 인터폴 적색 수배가 발부되어 있었다. 인터폴은 아르헨티나 경찰과 폴란드 경찰이 제공한 사진을 안면 인식 데이터베이스와 대조하여 일치 사실을 확인했고, 아르헨티나 경찰은 이를 토대로 피의자를 검거할 수 있었다. 이후 추가 국제 공조를 통해 피의자가 아르헨티나에 입국하기 전 볼리비아에서 신분 세탁을 한 사실까지 확인했다.

이와 더불어 국제재판소와도 협력하여 국제 전쟁범죄, 인종학살, 반인도범죄 수배자들의 추적에도 기여하고 있다. 일례로 2018년에는 10년 전 아시아에서 저지른 테러로 수배된 범인을 인터폴 지문 데이터베이스

를 통해 중동 지역에서 발견한 적이 있다. 범행 당시 사제 폭발물에서 발견된 피의자의 잠재 지문이 11년 후에 확인된 것으로 인터폴 활동의 효과성을 입증하는 좋은 사례라 할 수 있다.

인프라 작전 포스터

6. 기타 범죄

(1) 도난 차량(Stolen Vehicles)

인터폴은 차량 관련 범죄의 수단이자 대상이 되는 차량 도난을 예방하기 위해 모든 회원국이 국제 도난, 밀수 차량을 조회할 수 있는 도난 차량 자동 검색 데이터베이스(ASF-SMV, Automated Search Facility-Stolen Motor Vehicles Database)를 운영하고 있으며 현재 이 데이터베이스에는 130개 국가에서 입력한 730만여 건의 도난 차량이 등록되어 있다. 매년 전 세계 인터폴 회원국이 2억 6,000만여 건의 조회를 통해 12만여 대 이상의 도난 차량을 발견하고 있다.

2009년부터 독일 정부의 지원으로 진행된 프로젝트 인벡스(INVEX)는 전 세계 주요 자동차 제조사가 제공하는 정보를 인터폴 도난 차량 데이터베이스에 추가로 입력하고 있고, 이러한 추가 정보를 통해 현재까지 70여 개국에서 도난 차량 및 부품 관련 사건을 해결하는 데 활용하고 있다. 또한 프로젝트 포마트레인(Formatrain)을 통해 도난 차량 관련 정보 및 서류 확인, 수사 전략 및 수단, 데이터베이스의 법적 요건 등에 관한 전문 교육훈련 과정을 실시한 바 있다.

이외에도 인터폴 도난 차량 특별팀(INTERPOL T/F on Stolen Motor Vehicles)을 구성하여 회원국 요청에 따라 현재까지 20여 회 이상의 도난 차량 관련 단속 작전을 지원하고 있다.

인터폴 도난 차량 작전 지원

2018년 9월 오스트리아 내무부 주관으로 시행된 도난 차량 밀수 관련한 작전(Operation Austrocar)에는 인터폴 도난 차량 특별팀이 오스트리아와 인접 국가 간 주요 지점에

오스트로카 작전 현장   모바일 Ⅲ 작전 활동

파견되어 500여 대의 도난 차량을 발견하고 다량의 마약 물질과 무기류를 압수했으며 밀수 관련 피의자 140명을 체포하는 성과를 거두었다.

2020년 10월 Frontex[132] 등 유럽 지역 내 법집행기관들이 실시한 도난 차량 밀수 및 위조 서류 대상 작전(Operation Mobile Ⅲ)에도 인터폴 도난 차량 특별팀이 직접 파견되어 관련 데이터베이스 검색 등을 통해 용의자 17명을 검거하는 데 기여했다. 또한 이 과정에서 차량으로 운반하던 마리화나, 헤로인 등 다량의 마약을 압수하고 관련 피의자 수십여 명을 검거했다.

(2) 도난 문화재(Works of Art)

인터폴에서는 1995년부터 도난 문화재 범죄에 대응하여 관련 데이터베이스를 구축, 운영 중에 있다. 2018년에는 이탈리아 정부와 협조하여 이를 인터폴 문화유산 보호시스템(PSYCHE, Protection SYstem for Cultural HEritage)으로 확대 개편했고, 현재까지 134개국에서 입력한 5만여 점의 도난 문화재 관련 자료를 전산화하여 회원국에 제공하고 있다. 특히 이 시스템에는 박물관, 경매소, 예술상 등 민간인들도 접속, 사진 자료를 입력하여 자동으로 해당 문화재의 도난 여부를 확인할 수 있으며, 현재 인

인터폴 도난 문화재 관련 데이터베이스 소개 자료

터폴이 지원하는 다양한 국제 작전에도 핵심 수단으로 활용되고 있다. 한국 인터폴 역시 문화재청과 협력하여 임진왜란, 일제강점기 등을 거치며 국외로 반출된 도난 문화재 관련 자료를 인터폴 시스템에 등재하고 있다.

이 외에도 인터폴에서는 2018년 한 해 동안 전 세계적인 도난 문화재 관련 작전을 실시하여 4만 5,000여 점을 회수하고, 400건의 수사 활동을 지원하여 관련 피의자 200명을 검거하는 데 기여했다. 또한 2020년 코로나 상황 속에서도 관련 국제기구와 협력하여 온라인 불법시장을 중심으로 전 세계적인 도난 문화재 단속 작전을 실시한 바 있다.

인터폴 아테나 작전(Operation Athena Ⅱ)

2020년 5월 인터폴이 세계관세기구(WCO) 및 유로폴과 공동으로 온라인을 통해 거래되고 있는 도난 문화재를 대상으로 103개국 법집행기관이 참여한 가운데 단속 작전을 전개, 300여 건의 수사를 개시하여 관련 피의자 101명을 검거하고 8,670점의 문화재를 압수했다.

아테나 작전 시 압수물품 및 검사 현장

(3) 불법 의약품

인터폴에서는 2008년부터 온라인을 통한 불법 의약품 유통을 근
절하기 위해 전 세계 회원국 경찰 및 법집행기관들과 협력하여 판게아
(PANGEA) 프로젝트를 추진하고 있다. 이 사업의 주된 목표는 불법 의약
품의 위험성을 일반인들에게 적극 알리고 관련 웹사이트를 통한 불법 의
약품의 판매를 차단하는 데 있다. 매년 전 세계 100여 개 회원국들이 참
여한 가운데 온라인 불법 의약품 단속 활동을 전개하여 관련 웹사이트
8,000여 개를 차단하고, 대규모로 불법 의약품을 압수하고 피의자를 검
거했다.

2018년 진행된 판게아 작전에서는 불법 의약품 1,000만 개(1,400만
달러 상당)를 압수하고 859명을 검거했으며 불법 거래 웹사이트 3,671개
를 폐쇄했다. 특히 2018년 판게아 프로젝트의 일환으로 추진된 레인폴
(Rainfall) 작전에서는 필리핀, 베트남, 파키스탄 등 아시아 국가를 중심으
로 의약품 밀수 활동에 대한 집중 단속을 실시했고, 같은 해 중동지역을
대상으로 실시된 카눈(Qanoon) 작전에서는 경찰, 보건, 세관 및 민간 단
체까지 참여한 가운데 140만여 점의 불법 의약품을 압수하고 범죄 조직

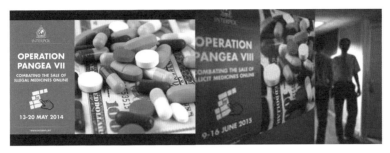

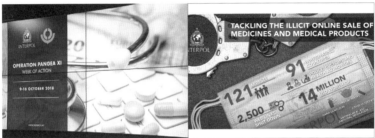

판게아 작전 포스터

관계자 등 39명을 검거했다.

2020년에는 전 세계적인 코로나 전염병 유행에 편승한 불량 마스크, 가짜 코로나 의약품의 유통을 근절하기 위해 전 세계 90여 개국 경찰, 세관과 함께 32만 점의 소포를 검색하여 불법 의약품 440만여 점을 압수하고 관련 피의자 121명을 검거했으며 2,500개의 거래 사이트를 폐쇄했다.

(4) 불량 식품

인터폴에서는 2011년부터 유로폴과 공동으로 불량 식품 단속작전을 실시하고 있다. 매년 실시되는 옵슨(OPSON) 작전에서는 유통기간이 만료되거나 비위생적인 식료품 및 상표를 위조한 식품 등의 유통을 차단하는 데 집중하고 있다. 특히 2018년 12월부터 2019년 4월까지 5개월에 걸쳐 전 세계 78개 회원국의 경찰, 세관, 식품 관리기관, 민간단체가 참여하여 실시한 작전에서는 1억 1,700만 달러의 불량 식품을 압수하고 관련 피의자 672명을 검거하는 성과를 거두었다. 압수된 물품 중에는 발기부전 치료제로 위장한 음료부터 불법 위스키, 유통 기간이 변조된 식품, 위조 서류로 통관된 과일 등도 확인되었다.

2020년 작전에서는 불량 식품 관련 19개 범죄 단체를 와해시키고 관련 피의자 407명을 검거했다. 또한 각국의 단속 과정에서 불량 식품과 더불어 수많은 위조 의약품 및 소독제, 불법 코로나 바이러스 진단 장비 등이 발견되어 보건 관련 범죄 간의 연관성이 밝혀지기도 했다.

옵슨 작전 포스터

5
—
한국 인터폴

1. 대한민국의 인터폴 가입

우리나라는 1964년 4월 인터폴에 정식으로 가입 신청하고 같은 해 9월 30일 95개국이 참석한 베네수엘라 카라카스에서 개최된 제33차 인터폴 총회에서 니제르, 트리니다드 토바고와 함께 가입이 승인되었다. 대한민국의 가입 안건은 만장일치로 의결되었다. 이는 전 세계 87번째이자 아시아 국가 중에는 16번째로, 당시 한국이 제1차 경제개발 5개년 계획(1962~1966)을 시작한 직후였음을 감안한다면 향후 경제 성장에 따른 국제 교류 확대가 필연적으로 국제범죄의 증가를 가져올 것이란 전망에 따른 선제적 조치라 평가할 수 있다.

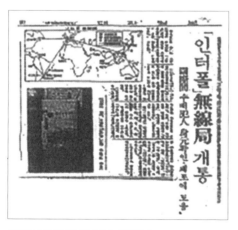

인터폴 무선국 개통 기사(출처: 대한일보)

MINISTRY OF HOME AFFAIRS
REPUBLIC OF KOREA
Seoul, Korea

April 11, 1964

Mr. J. NEPOTE
Secretary-General.
I.C.P.O.-INTERPOL.

SUBJECT: Korea : Membership
of the I.C.P.O.-INTERPOL.

notre
our   reference: I.C.P.O.-INTERPOL
                       No. 9237 core/1

O.I.P.C.-I.C.P.O.
29 AVRI 1964
ARRIVÉE
N° 6905

Dear Sir,
        Thank you for your letter of 27th March 1964 advising
us of incomplete application of our country's affiliation to the
I.C.P.O.-INTERPOL..
        Now I am sending this request for membership of the
I.C.P.O.-INTERPOL which was approved by our government and hope
that this will be submitted to the General Assembly for approval
during its next session which will be held in Caracas, Venezuela,
during 1964.
        It is requested that Republic of Korea will be placed
in the group paying three (3) budget units a year.

        The name and address of the department are as below:

Name: Interpol National Central Bureau for the Republic of Korea

Representative: Pak Tae Won, Director of National Police Headquarters
                 Ministry of Home Affairs
                 Republic of Korea

Address;   195, 2nd Street, Ulji-Ro, Jung-Ku, Seoul, Korea
            National Police Headquarters, Ministry of Home Affairs
            Republic of Korea, Seoul, Korea

                        Sincerely,

                        Min Yung Um
                        Minister

한국 내무부 장관 명의로 인터폴 사무총장에게 보낸 가입 신청 서한(1964년 4월 11일)

MEMBERSHIP OF NEW COUNTRIES:

The PRESIDENT said that the following countries had
sent requests for membership to the General Secretariat:
the Republic of Korea, Trinidad and Tobago, the Republic of
Niger.

Mr. KYUN KIM (Republic of Korea) stated that the aims
and ideals of the I.C.P.O.- Interpol were also those of the
Republic of Korea and he hoped that the General Assembly would
give his country the opportunity of taking an active part in
their defence.

Mr. BARQUERO MONTIEL (Nicaragua) thanked the President
and the Secretary General and declared that he would be pleased
to observe the conditions set forth in the regulations.

The PRESIDENT put to the vote the applications for
membership which had previously been submitted to the Assembly
and stated that the vote should be taken by secret ballot.

The vote was taken.

Mr. DEKU (Ghana), President of the Elections Committee,
gave the results of the voting:

Number of voters: 52.

There were 52 votes in favour of Korea.

Niger and Trinidad and Tobago each received 51 votes (1
abstention).

Since the majority of two thirds of the members present
had been achieved, the requests for membership were consi-
dered as accepted.

The PRESIDENT declared that the following countries had
been admitted:

The Korean Republic

Niger

Trinidad and Tobago.

He congratulated the new members and declared that he
was certain that their co-operation would contribute towards
increasing the power of the Organization.

Mr. MARC (General Secretariat) read out telegrams, one
from Mr. VICARI, Chief of the Italian Police, and the other
from Mr. ZENTUTI, Chief of the Libyan Police, giving their good
wishes to the General Assembly.

한국의 가입을 의결한 제33차 인터폴 총회 회의록

2. 연혁

1964. 9. 30.	인터폴 회원국으로 가입
1965. 5. 21.	인터폴 대한민국 NCB를 내무부 치안국에 설치 (수사지도과 수사계에 1명 근무, 내무부 예규 제43호)
1968. 8. 1.	인터폴 서울무선국 설치(2명)
1978. 8. 10.	수사지도과 국제형사계로 승격(7명)
1979. 8. 4.	제5차 인터폴 아시아지역회의 서울 개최(26개국 대표 83명 참가). 불법 국제 마약 거래, 범인 인도 문제 인터폴 지역 협력 등 의제 논의
1990. 1. 30.	인터폴 사무총국에 협력관 최초 파견 (경위, 아태지역협력과)
1992. 9. 2.	경찰청 외사관리관실로 이관
1994. 5. 4.	외사관리관 업무에 국제형사경찰기구 업무 포함(경찰청과 그 소속 기관 등의 직제에 관한 대통령령 제114250호)
1996. 7. 18.	외사관리관을 국가중앙사무국장으로 지정(국제형사경찰기구 대한민국 국가중앙사무국 운영 규칙 개정)
1997. 10. 21.	제66차 인도 뉴델리 인터폴 총회에서 제68차 서울 총회 개최 확정(1996. 10. 29. 터키 안탈야 총회에서 유치 신청)
1998. 9. 18.	인터폴 서울 총회 준비기획단 발족
1999. 11. 8 ~12.	제68차 인터폴 서울 총회 성공 개최 (136개국 대표 900여명 참석)

1979년 서울에서 개최된 제5차 인터폴 아시아 지역회의

2000. 11. 3.	김중겸 경무관, 인터폴 부총재 당선 (제69차 그리스 총회)
2006. 9. 22.	박기륜 치안감, 인터폴 집행위원 당선 (제75차 브라질 총회)
2012. 11. 8.	김종양 경남지방청장, 인터폴 집행위원 당선 (제81차 이탈리아 총회)
2014. 10. 24.	한국 인터폴 50주년 국제 심포지엄 개최 (백범 김구 기념관)
2015. 11. 5.	김종양 경기지방청장, 인터폴 부총재 당선 (제84차 르완다 총회)
2018. 11. 21.	김종양 인터폴 부총재, 인터폴 총재 당선 (제87차 두바이 총회)

제68차 인터폴 서울 총회 전경

3. 조직

(1) 대한민국 인터폴 국가중앙사무국(NCB)[133]

우리나라도 현재 경찰청 외사국 외사수사과(인터폴계)에 인터폴 국가
중앙사무국을 설치하고, 외사국장이 NCB 국장을 겸임케 함으로써 인터
폴을 통한 국제 경찰협력의 중심 역할을 수행하고 있다. 한국 경찰 NCB
의 구성 체계를 보면 국제 공조반에서 대륙별, 국가별 공조 수사 및 인터
폴 회원국과의 공조 업무를 전담하고, 기획반에서는 국제범죄 첩보 수집
과 분석 및 인터폴 사무총국 관련 행정 지원 업무를 맡고 있다. 또한 인터
폴 총재 당선을 계기로 총재 업무를 지원하는 전담팀을 신설하여 인터폴
관련 업무의 전문성을 높이고 있다.

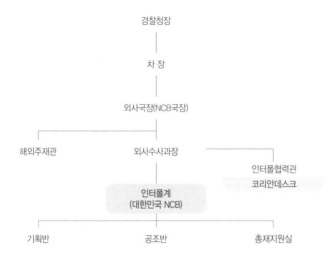

```
                        경찰청장
                           |
                          차 장
                           |
                     외사국장(NCB국장)
            ┌──────────────┼──────────────┐
        해외주재관        외사수사과장        인터폴협력관
                           |              코리안데스크
                       인터폴계
                     (대한민국 NCB)
            ┌──────────────┼──────────────┐
        기획반            공조반            총재지원실
```

대한민국 NCB 조직표(2020년 현재)

(2) 인터폴 협력관, 해외 주재관, 코리안 데스크

한국 경찰은 1990년 1월 30일에 처음으로 프랑스 리옹에 소재한 인터폴 사무총국에 경위급 1명을 협력관으로 파견한 이래 1999년 제68차 인터폴 서울 총회의 성공적인 개최, 인터폴에 대한 재정 기여도 증대, 인터폴 총재 당선 등을 계기로 현재는 6명을 파견하고 있다. 이는 한국 경찰의 인터폴 분담금 비율에 비춰볼 때 결코 적지 않은 규모로 국제범죄 대응의 최전선에서 한국 경찰의 위상과 역량을 인정받은 결과라 하겠다. 인터폴 협력관은 국제범죄 수사 및 정보 교환, 인터폴 사무총국 및 다른 국가중앙사무국과의 협조, 국제 수배자 검거 지원, 필요시 총회 등 각종 회의 참석의 임무를 수행하고 있다.

한편 세계 35개국 해외공관에 진출해 있는 경찰 주재관과 필리핀에 설치된 코리안 데스크는 주재국 내 한국인 관련 사건 수사 공조 및 한국인 도피사범 송환 지원, 국제범죄 첩보 수집 및 주재국 경찰기관과 협력을 통해 국외 도피사범을 검거하고 재외국민의 안전을 확보하는 핵심적인 역할을 맡고 있다.

4. 주요 업무

모든 인터폴 회원국과 마찬가지로 국제 공조 수사는 한국 인터폴의 핵심 업무다. 이는 인터폴 헌장과 자국법이 허용하는 한도 내에서 국제 범죄에 관한 각종 정보를 서로 교환하고 범죄자의 체포와 인도를 위해 상호 협력하는 것으로, 국내법에는 국제형사사법 공조법 제38조(국제형사경찰기구와의 협력), 경찰관직무집행법 제2조(직무의 범위) 제6호, 제8조의2(국제 협력)에 그 근거를 두고 있다. 인터폴을 통한 국제 공조 수사는 국가 간 상호주의(Reciprocity)에 기초한 임의적인 협력을 전제로 하며, 통상 영장이 필요한 강제 수사보다는 임의 수사가 가능한 사항에 대해 협력한다. 주로 수사 관련자의 인적사항 및 범죄 경력 등 정보, 도피사범에 대한 출입국 기록 등 소재 수사, 기타 문서 진위 여부 등 사실 확인이 이에 해당한다. 이렇듯 국제 공조 수사는 체포영장, 압수수색영장 등 강제력 행사가 필요한 사항에 대한 협조에는 한계가 있지만, 외교 경로를 거치지 않고 다른 국가중앙사무국과 신속한 정보 교환이 가능하기 때문에 사건 해결에 매우 유용하고 핵심적인 기능을 하고 있다.

한편 한국 경찰은 인터폴과 관련 상대국에 의미 있는 수사 단서를 적시에 제공하기 위해 각 지방경찰청마다 인터폴 추적팀을 두고 국외 도피사범의 국내 연고선 추적이나 단서를 발견하기 위한 노력을 기울이고 있

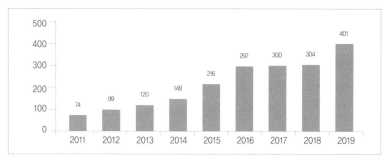

국외 도피사범 송환 현황(경찰청)

다. 그 결과 국외 도피사범이 검거되면 범죄 행위의 경중과 도피사범의 체류 신분 등을 고려하여 사안별로 적법하게 송환을 추진하고 있다. 국외 도피사범 송환 규모는 수사 역량의 발전과 외국 법집행기관과의 협력 확대에 힘입어 매년 꾸준히 증가하고 있다.

사실 과거 1990년대에는 국외 도피사범 송환자가 10명 미만에 불과했으나 최근 10년 내에 송환 규모가 크게 늘어나고 있다. 이는 중국, 일본, 베트남 등 주변국 경찰과 연례 인터폴 회의를 개최하여 국외 도피사범 수사를 위한 공조체제를 활성화하고, 아시아·태평양 지역 10개국 경찰과 상호 협력 약정을 체결하여 국제적인 수사의 기반을 더욱 공고히 다진 결과다. 또한 2001년부터 지속적으로 증가한 해외 경찰 주재관도 해당국 경찰과 긴밀히 협조하여 범죄인 송환 활성화에 기여하고 있다. 이를 바탕으로 2019년에는 400명이 넘는 국외 도피사범을 송환하는 성과를 거두기도 했다.

주요 송환사례

2017년 12월 국내에서 사기, 마약, 폭력 등의 범죄를 저지르고 필리핀으로 도주한 한국인 47명을 전세기를 통해 단체로 송환했는데, 이와 같은 대규모 송환은 최초의 사례다. 이들 중 대다수는 보이스 피싱 등 사기 사범(39명)으로 이들로 인한 범죄 피해액은 460억 원에 이른다. 인터폴 적색 수배자도 11명이 포함되었다.

이와 더불어 한국 인터폴은 해외 발생 한국인 범죄 피해에 효과적으로 대응하고, 대형 재난 현장에서 희생자의 신원 확인을 위해 현지 경찰과 협의를 전제로 감식요원, 프로파일러 등 수사지원팀을 현장에 파견하는 공동 조사 프로그램을 운영하고 있다. 대표적으로 2018년 필리핀 교민 총기 피살 사건과 파타야 도박 프로그래머 사건에서는 전문 감식 요원을 파견하여 신속히 피의자를 특정하고 국내로 송환하는 데 기여했다. 2019년 헝가리 유람선 침몰 사고 때에는 국제 공조 전문가와 베테랑 감식요원들을 현장에 급파하여 헝가리 경찰과의 협력을 통해 희생자들의 신속한 신원 확인 임무를 수행했다.

인터폴 적색 수배 정보와 도난 · 분실 여권 자료는 대한민국 국가중앙사무국을 통해 우리나라 법무부(출입국 관리사무소)에도 실시간으로 공유된다. 법무부는 이미 출발하여 한국에 도착 예정인 비행기와 선박 등의 승객 정보와 인터폴 적색 수배자 및 도난 · 분실 여권 정보 등을 대조하여 일치하는 외국인에 대해 입국 허용 여부를 심사하는 사전승객확인제도(APIS)를 운영하고 있다. 2017년 4월 1일부터는 출발지 공항 탑승권 발권 단계에서 항공사로부터 승객 정보를 전송받아 외국인의 입국 규제자 여부를 확인하고 실시간으로 회신하여 우범 외국인 승객의 항공기 탑승을 사전에 차단하는 '탑승자 사전확인제도(I-Prechecking)'를 시행하고 있다.

한국 경찰 최초의 인터폴 펀딩 사업

한국 경찰은 심각한 사회 이슈로 부각된 온라인 아동 성착취물과 보이스 피싱 범죄를 척결하기 위해 인터폴에 대한 펀딩을 통해 해당 범죄 분야를 대상으로 2개의 프로젝트를 추진하고 있다. 이는 한국 경찰의 인터폴에 대한 최초의 재정 지원 사례로, 2020년 2월 한국 경찰청과 인터폴이 MOU를 체결하고 해당 분야별로 국제범죄 동향 분석, 다크넷, 암호화폐 등 수사기법 공유, 지역 내 합동 검거, 보이스 피싱 해외거점 범죄 조직 차단 등을 적극 추진하고 있다.

먼저 온라인 아동 성착취물 근절을 위한 페이스(FACE, Fight Against Child Exploitation) 프로젝트는 아시아 지역을 중심으로 발생하고 있는 온라인 아동 성착취물 피해자의 신원 확인 및 구출, 배포자 특정 및 검거 활동에 주력하고 있으며, 지역적 연계성을 감안하여 전담팀은 싱가포르 인터폴 IGCI에 위치하고 있다. 또한 보이스 피싱, 로맨스 스캠 등 온라인 금융범죄를 대상으로 한 세핀(CEFIN, anti-Cyber Enabled FINancial crimes) 프로젝트는 우리나라에서 집중적으로 발생하는 전화 사기 등 피해 사건과 관련하여 서버 및 콜센터가 위치한 중국, 베트남, 캄보디아, 필리핀 등 관련국과 합동 검거 작전을 실시하고, 상호 전문가 그룹이 참여하여 수사기법을 공유하는 데 주안점을 두고 있다.

6
인터폴의 미래

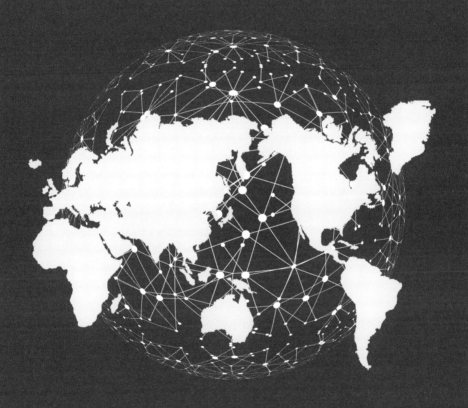

1. 새로운 도전과 위협

2054년, 최첨단 프리크라임(PreCrime) 시스템은 범죄가 일어날 시간과 장소, 심지어 범행을 저지를 사람까지 예측해내고 특수 경찰이 미래의 범죄자들을 체포한다. 자신의 아들을 잃은 아픈 기억을 다른 사람에게 되풀이하고 싶지 않은 경찰 팀장은 천부적인 감각과 과학수사 기법을 자유자재로 이용하여 미래의 범죄자들을 추적한다.

영화 애호가라면 '마이너리티 리포트' 주인공이 홀로그램 스크린으로 허공에서 시스템을 작동하는 인상적인 장면을 기억할 것이다. 하지만 최근 이러한 상상이 현실에 훨씬 더 가까이 다가왔음을 우리는 실감하고 있다. 인공지능, 빅데이터, 사물인터넷, 드론, 무인 자동차 등 혁신적인 기술이 일상생활을 근본부터 변화시키고 있다. 더욱이 이러한 첨단 기술을 악용하여 나날이 진화하고 있는 범죄자들로부터 시민의 안전을 확보해야 하는 경찰과 법집행기관은 전례 없는 도전에 직면한 상황이다.

인터폴에서도 미래에 치안이 마주하게 될 새로운 위험과 도전을 예측하고 혁신적인 해결책들을 찾기 위한 노력을 지속해오고 있다. 특히 법집행기관뿐만 아니라 기업, 대학, 연구소 등 다방면의 전문가 그룹이 참여하여 첨단 기술이 치안에 미칠 영향과 법집행 분야의 대응 전략을 조명하기 위해 개최하고 있는 '인터폴 월드(INTERPOL World)'[134]는 세계적인 미래 치안예측 플랫폼으로 작용하고 있다. 최근 인터폴 월드에서 도출된 미래 치안의 이슈들을 정리하면 다음과 같다.

– INTERPOL World 2019 결과 요약

구분		미래의 치안이슈	권고사항
범죄 대응	대테러	– 외국인 테러 전투원 석방과 자국 복귀에 따른 위험의 상존 – 생체정보의 수집·공유, 정보처리의 법적 근거	대테러 전략 / 기관 간 상호협력, 정보 공유를 위한 협력 확대
	사이버	– 사이버범죄 정의 / 테러·조직범죄 등 수단으 로 이용(가상화폐, 다크넷, Deepfakes 등) – 경찰과 산업과의 효과적인 협력방법 등	민간과의 정보공유 플랫폼 마련 Regional Desk를 통한 회원국의 작전 상시 지원체계 마련
	조직 환경	– 범죄조직의 야생동물 밀거래(연 70~230억 달 러) 및 fin·regtech 등을 통한 범죄수익 관리 – 해양오염의 심화로 심각한 안전 위협	인터폴 조직범죄 대응 역량* 강화 및 환경범죄에 대한 관심 제고 * 프로젝트 Millennium[135] 등
첨단기술		– 무인기(UAVs): 테러 위협이자 법집행 수단 – 자율주행: 해킹, 작동 실패, 사고조사, 테러 이용 – 빅데이터, 블록체인, 3D 프린팅 등 디지털 기 술 확산과 범죄 이용에의 취약성 – 5G 기술 상용화 및 사물인터넷(IoT) 보편화 * '20년 204억 개 사물이 인터넷에 연결 – 유전자조작 등 개인특정 기술과 법집행의 관계 – 위치측위(Geo-location) 및 감시 기술 발달	드론·자율주행차 등 디지털포렌 식 기법 개발 및 분야별 첨단기술 에 대한 법집행 매뉴얼 마련 디지털 정보 프로토콜 및 가이드, 경찰활동의 디지털 플랫폼 제시
지역사회 (파트너십)		– 스마트 시티에 적용되는 첨단 IT기술과 새로운 수준의 연결성, 치안의 새로운 모델 정의 * 지역사회와의 소통방법(Geo-fencing) – 아동안전에 대한 산업계의 책임회피와 위험 – 기술혁신으로 인한 새로운 사회환경 변화 속에 개인 사생활 보호와 법집행 간의 갈등 심화	법집행기관의 혁신과 적응 방법 첨단기술 도입 시 개인정보 보호 에 대한 수단과 방법 강구
역량강화 (미래 예측)		– 가상·증강현실을 법집행기관 훈련에 접목 * VR Crime Scene, Interview Avatars – 미래 치안분야의 새로운 위협요소에 대한 분석 및 자문으로 법집행기관의 이해도 제고 필요	가상 법집행 훈련 프로그램 개발 인터폴 주관 정례적인 미래 예측 (Horizon Scanning) 활동

치안 생태계(ecosystem of policing) 측면에서도 기술 발전이 불러오는 변화들을 고려해야 한다. 미래의 혁신적인 변화를 반영하여 치안 분야도 종전 법집행 대비 지역사회 경찰 활동(community policing)의 이분법적인 구조가 아니라 새로운 첨단 기술을 적극적으로 활용하여 다양한 치안 요소를 융합하는 방법이 요구되고 있다. 이와 더불어 미래 치안은 첨단 기술이 단독으로 제출할 수 있는 정답이 아니라 인간과 기술이 한 팀

FIGURE 2

How law enforcement can adapt to the changes shaping the future

■ Drivers　Changes ■ How to adapt

Source: Deloitte analysis.

법집행의 미래(Deloitte Insights, 2019년)

(human-machine teaming)이 되어 각자 뛰어난 영역에서 역할을 분담하고 긴밀히 상호작용해야만 성공할 수 있다는 설명[136]이 설득력을 얻고 있다. 기술이 대용량의 데이터를 처리하여 인간 능력으로는 찾을 수 없는 여러 단서들을 제시하지만, 전체적인 맥락에서 상황을 이해하고 다른 사람과 소통하여 최종적인 증거로 채택하는 것은 결국 사람이라는 것이다. 이외에도 첨단 기술 전문 인력을 치안 기법 개발을 위한 인력 풀로 적극 활용하고, 조직 문화적인 면에서도 현장에 재량을 최대한 부여하여 과학 기술 위주의 새로운 법집행 방식에 대한 현장 경찰관들의 거부감을 줄이고 적응성도 높여야 한다.

최근 영국에서 발표된 '국가 디지털 치안 전략 2030'[137]에 따르면 영국 내에서 신고된 범죄의 90% 이상이 디지털 요소를 가지고 있는 사이버범죄로, 이로 인해 한 해 영국 경제에 연간 46~270억 파운드(7~42조

원)의 피해가 야기되는 것으로 추정되고 있다. 특히 디지털 기술 발전으로 ① 세계적 규모의 국경 없는 사이버범죄 ② 디지털 삶의 연결성과 밀도 가중 ③ 가짜 뉴스 등 디지털 왜곡(distortion)으로 인한 취약성 ④ 봇(bots), 알고리즘, 자동화, 빅데이터의 지대한 영향 ⑤ 디지털에 의한 새로운 범죄와 피해자 등장이 현실에서 가속화되고 있으며, 향후 10년간 경찰의 디지털 역량(Digital Capabilities) 확충이 시급히 요구된다는 것이다. 이와 관련한 미래의 디지털 치안 역량으로서 ① 시의적절하고 정확한 맥락 중심의 지식과 이를 통한 범죄 차단 ② 경찰과 파트너 간의 정보 공유 및 상호 운용성(interoperability) ③ 치안 정보 수집 ④ 의사결정에 사용 가능한 치안 정보 분석 ⑤ 자동화 처리 ⑥ 데이터 기반시설 및 기술 거버넌스 ⑦ 지속적인 개선과 혁신 ⑧ 치안 서비스의 지속 가능성 등을 제시하고 있다.

Policing Futures Framework

CS Crowd-sourcing	API Application Programming Interface		XR Extended Reality	BC Blockchain	AGI Artificial General Intelligence	NAI Narrow Artificial Intelligence	ML Machine Learning	BF Behavioural Forecasting
DSO DevSocOps	DE Digital Ethics	AV Autonomous Vehicles	D Drones	IOT Internet of Things	MM Mobile Money	BT Bluetooth 5.0	5G 5th Gen Wireless Systems	NFC Near-Field Communication
			CB Co-bots	PA Personal Analytics	B Biometrics	W Wearables	NT Neuro Technology	BCI Brain Computer Interface
			BD Big Data Analytics	GIS Geographic Information System	VSP Virtual Scenario Planning	BIM Building Information Modelling	DV Data Visualisation	DT Digital Twinning
			PaaS Platform as a Service	CYS Cyber Security	CC Cloud Computing	EC Edge Computing	MDM Master Data Management	QC Quantum Computing	BAS Breach/Attack Simulation

Key
- Enabling technologies
- Combinatorial technologies
- Comms and mobility technologies
- Personal data
- Data modelling and analysis
- Core infrastructure

영국의 미래 치안 기본 체계(국가 디지털 치안 전략 2030)

치안 분야 발전의 특이점(singularity)은 스스로 법집행이 가능한 로보캅이 실제로 나타나는 시점일 것이다. 하지만 윤리적인 이슈를 떠나 기술적으로도 가까운 미래에 영화적인 상상처럼 인간을 완전히 대체할 수 있는 로봇 경찰의 등장을 기대하기는 힘들 것이다. 현실적인 관점에서 경찰의 미래 대비는 새로운 첨단 기술을 치안 역량으로 최대한 활용할 수 있는 연구 개발과 함께 경찰 조직 내 첨단 치안 기법에 대한 전문성과 적응성을 높이며, 대외적인 치안 네트워크 확장 및 지역사회와의 새로운 소통 방안을 강구하는 데 집중해야 한다.

인터폴도 미래의 사회기술적 변화(socio-technological changes)에 대한 분석과 예측을 통해 법집행 전반의 도전과 기회를 면밀히 포착하고, 회원국에게 새로운 치안 수단과 서비스를 제시해야 한다. 여기에서는 인터폴이 미래에도 국제 치안 협력을 선도하기 위해 구상 중인 의제들을 소개하고 이를 뒷받침할 수 있는 바람직한 거버넌스를 몇 가지 단상(斷想)으로 제시하고자 한다.

2. 미래 의제와 거버넌스

(1) 인터폴 역량 강화 프로젝트(I-CORE)

I-CORE는 인터폴 조직이 보유한 역량에 대한 분석을 바탕으로 미래 혁신 과제를 도출하고, 선택과 집중의 원리에 따라 자원을 효율적으로 재투자하기 위해 마련한 중장기 발전 전략[138]이다. 기존 인터폴 치안 역량을 재분석하여 범죄 수법의 진화 및 기술 발전으로 급변하는 글로벌 법집행 환경 속에서 인터폴의 자원을 최적화하기 위한 종합적인 혁신 계획을 말한다. 인터폴에서는 모든 회원국을 대상으로 인터폴의 미래 역량

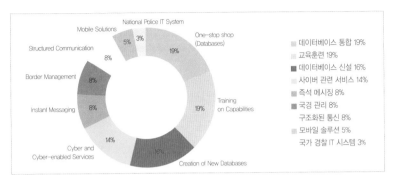

I-CORE 회원국 설문 조사 결과

에 대해 설문하고, 그 결과를 토대로 앞으로 확충해가야 할 분야와 발전 방안을 제시하고 있다.

이와 관련하여 회원국들은 인터폴이 최우선으로 갖춰야 할 미래 역량으로서 ① 데이터베이스 통합과 신설(35%) ② 치안 역량 교육훈련(19%) ③ 사이버 관련 서비스(14%) ④ 즉석 메시징(8%) ⑤ 국경 관리(8%) ⑥ 구조화된 통신 서비스(8%) ⑦ 모바일 솔루션(5%) ⑧ 국가 경찰 IT 시스템 지원(3%)을 기대하는 것으로 나타났다. 인터폴의 자체 비용편익 분석에서는 수배서와 통지, 국경 관리 지원, 24시간 수사 지원, 범죄 분석 서비스, 테러·국제범죄 수사 지원 등이 회원국의 기대에서 제외되었으나 지속적으로 강화해야 할 핵심 역량들로 나타났다. 이에 따라 인터폴의 현재 역량군(capability clusters)을 기본으로 미래 역량을 확충하기 위해 추진해야 할 주요 혁신 과제(innovative initiative)는 다음의 도표와 같이 제시되었다.

이에 수반되는 선행 조치로는 기존 인터폴이 운영 중인 산재된 데이터베이스를 통합하여 구축하고, 회원국 간 서로 다른 통신체계를 연결하

미래 혁신 과제	– 통합 정보체계 : 한 번 검색에 더 많은 결과를 얻는 통합 정보 체계 – 주요 SNS에서 필터링 된 극단주의 또는 범죄 관련 콘텐츠 조회 – 익명화된 민감 데이터 처리 – INSIGHT[139]: 데이터 분석 역량 및 정보 제공 – Police IT as-a-Service: 인터폴 보안 클라우드로 경찰정보시스템 제공 – 맞춤형 수배서 · 통지: 데이터 교환의 가시성(visibility) 제고 – 스마트 통신으로 조회 결과(hit) 발생 시 신속한 후속 조치 및 수사 단서 제공 – 인터폴 데이터의 맞춤형 활용 – 경찰관 전용 보안화된 즉석 메시지 – 국경 및 치안의 최접점에서 인터폴 DB에 등록된 생체 정보 검색
▲	▲
핵심 역량군	– 신원확인(Identification) – 수사 지원(Investigative Support) – 작전(Operations) – 법집행 권한(Law Enforcement Empowerment)

인터폴 핵심 역량군과 미래 혁신 과제

고 데이터 양식을 통일하여 현장 경찰관들이 실시간으로 글로벌 메시징
과 치안 정보 교환할 수 있는 모바일 보안 솔루션을 마련해야 하며, 테러
전투원 및 금융 정보 등 민감 데이터(sensitive data)에 대해서도 회원국들이
공감하고 동의할 수 있는 처리 절차를 마련하는 것이 요구되고 있다. 특
히 인터폴이 보유하고 있는 여러 데이터베이스의 호환성을 확보하고, 회
원국 간의 통신체계를 일원화하는 데는 대규모의 재정적 · 기술적 투자
가 선행되어야 한다. 이에 따라 I-CORE 프로젝트에서 도출된 실행과제
는 다음과 같다.

① 데이터 통합 : 회원국이 한 번의 조회로 필요한 모든 데이터를 확
   인할 수 있도록 데이터베이스 기반 마련
② 민감 데이터 처리 : 테러 전투원 정보, 금융 정보 등 민감 정보에

대해서는 조회 여부만 회신하고 데이터 내용 열람은 정보 출처 회
원국이 동의할 때 허용되도록 설계

③ 현장 접근성 확보 : 회원국 현장 경찰관들이 직접 인터폴 데이터
에 접근할 수 있게 치안 현장에 최적화된 모바일 솔루션 제공

④ 통신 기반 확충 : 보안이 확보된 글로벌 즉석 메시징 서비스를 개발,
회원국 경찰 간에 치안 정보를 실시간으로 안전하게 교환

⑤ 상호 호환성 : 회원국 간 데이터 양식을 통일하여 상호 호환성 확보

⑥ 생체 정보 : 실시간 생체 정보 조회 시스템을 도입하여 국경관리 등
현장에서 수배자 및 테러 전투원 등의 신원 확인

사업 시행에 소요되는 비용은 인터폴 연간 예산의 절반을 상회하는
8,000만 유로(1,070억 원) 규모로, 전액을 회원국 및 국제기구 등의 자발적
인 펀딩[140]을 통해 충당할 계획에 있어 국제사회를 대상으로 재원 마련을
위한 전략적이고 적극적인 설득 노력이 요구된다.

이러한 미래 혁신 과제의 성공적인 수행을 위해서는 인터폴 전략체
계(INTERPOL Strategic Framework)를 새로이 정립하여 조직의 전략 목표 및
개별 활동들을 새로이 발굴된 핵심 역량 우선순위에 따라 미래지향적으
로 재설계하고, 재정과 인력 등 인터폴의 모든 자원들도 이를 뒷받침할
수 있도록 재분배해나가야 할 것이다.

I-CORE 추진 시 기대효과

기대 효과	세부 내용
현장 의사결정 강화 Support to Frontline Decision	경찰 데이터의 글로벌 접근성 강화 실질적으로 활용 가능한 정보의 적시성 있는 접근 직접적이고, 신뢰성 있으며, 보안성 있는 경찰 정보에 대한 접근
수사 지원 확대 Support to Investigations	범죄 관련 인물 및 물건의 조회 범죄 조직 및 초국가적 범죄 동향 분석 정보 교환 및 정보량 향상 지원 국제 경찰협력을 위한 상시적 단일 창구 역할 수행
치안 활동 간 연계성 강화 Global Rationalization of Efforts	신흥 범죄 위협 대응력 강화 상호 호환성 개선 및 다양한 데이터에 대한 일원화된 창구 경찰 업무의 혁신 촉진
치안 대응력 개선 Increase Operational Response	역량 강화, 교육훈련, 수범 사례 공유 및 기준 정립 글로벌 치안 협력 계기 마련 다국적 경찰 협력 지원 및 조정

(2) 글로벌 경찰 지식의 허브

지식정보화 사회에서 데이터는 폭발적으로 증가하고 있으며 현재의 추세라면 2년마다 데이터 총량이 2배로 증가할 것[141]이라고 한다. 어느 국가나 조직을 불문하고 이러한 데이터를 통해 가치 있는 지식 자산을 생산하고 활용하는 것은 생존과 직결된 이슈다. 인터폴도 내부 조직뿐만 아니라 회원국과 민간 연구기관 및 전문가들까지 망라하여 치안 분야 글로벌 지식 관리 플랫폼 구축 사업을 추진하고 있다.

'인터폴 글로벌 지식 허브(INTERPOL Global Knowledge Hub)'라 명명된 지식 관리 통합 시스템은 사무총국의 전 기능과 지역사무소, 각 회원국 중앙사무국과 경찰 교육기관, 인터폴 워킹그룹, 국제기구, 싱크탱크, 연구소, 대학 교수 등 다양한 지식을 보유한 기관과 개인을 지식 노드(knowledge nodes)로 연결하고, ① 인터폴 범죄 프로그램 ② 혁신 활동 ③ 교육훈련 등 분야별로 지식 코너를 마련하여 자료 공유, 토론, 주제별 페이지 등의 기능을 제공하는 포털 지식 서비스다.

인터폴 글로벌 지식 허브의 지식 노드 및 토론방

　　인터폴 글로벌 아카데미(INTERPOL Global Academy Network)[142]는 주요 회원국 경찰 교육기관을 지역별 인터폴 교육훈련 거점으로 지정하여 교육훈련 수요 파악, 인증제를 통한 전문 강사 인력풀 구축, 교육 프로그램 자체 개발 및 제공, 원격학습 등을 시행하는 치안 지식의 공유 모델이다. 이와 함께 전 세계적인 코로나 전염병 상황을 감안하여 마련된 인터폴 가상 아카데미(INTERPOL Virtual Academy)에서는 온라인 도서관 기능과 더불어 대표적인 온라인 학습 모듈인 I-Learn 및 IIPCIC[143]와도 연동하여 사이버범죄, 조직·신종 범죄, 디지털 포렌식, 암호화폐 등 분야별 자기학습과 강사가 참여하는 대화형 교육 과정까지 온라인으로 제공하고 있다.

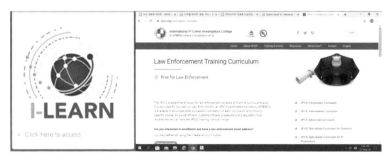

인터폴 I-Learn 및 IIPCIC 로고

| 드론 | 디지털 포렌식 | 코로나 19 대응 |

인터폴 글로벌 법집행 가이드라인

지식 분야에서 인터폴이 관심을 기울여야 할 영역은 회원국들에게 새로운 범죄 현상과 관련한 법집행의 표준을 마련하여 제공하는 것이다. 이를 위해 다크넷, 암호화폐 등 최근 수사 현장에서 나타난 첨단 기술에 대한 효과적인 디지털 증거 분석 기법과 보존 방법 등을 인터폴 글로벌 가이드라인(INTERPOL Global Guidelines)으로 제시하여 회원국들이 활용할 수 있도록 적극 배포하고 있다. 첨단 기술 전문 인력을 보유한 연구소나 대학과의 파트너십[144]을 확대하고, 국제적 법집행 기준에 대한 연구 개발을 위한 협력과 투자도 지속되어야 할 것이다.

(3) 열린 거버넌스

앞에서 설명했지만 인터폴 거버넌스의 핵심에는 최고 의사결정기구인 총회와 회원국이 직접 선출한 대표들로 구성된 집행위원회가 자리하고 있다. 헌장 및 관련 규정에 따라 집행위원회는 총회의 결정에 대한 사무총국의 이행을 관리·감독하고, 총재는 인터폴을 대표하여 조직의 활동이 이러한 결정에 일치하도록 보장하는 역할[145]을 맡고 있는 것이다.

반면 실행을 담당하는 사무총국은 재정과 행정 등 폭넓은 집행권을 보유하고 있어 자칫 재량권의 남용도 우려되는 것이 사실이다. 그러므로 거버넌스의 주체 간 상호 견제와 균형의 원리를 적용하여 조직 운영의 투명성과 책임성을 높이고, 디지털 시대에 걸맞게 인터폴의 의사결정 절차와 방식도 미래 지향적으로 개선할 필요성이 있다.

이를 위해 먼저 인터폴의 실질적인 주인이자 서비스의 수혜자인 회원국들이 치안 현장에서 필요한 의제 발굴과 의사결정 과정에 적극적으로 참여할 수 있는 제도적 장치가 확대되어야 한다. 총회는 연 1회 개최되고 있어 회원국들이 의제 발굴 단계부터 적극적으로 참여하여 실질적인 대안을 제시하기에는 어려움이 있다. 또한 대륙별 지역회의도 격년으로(유럽은 매년) 개최되고 있어, 총회의 보충적 기능을 수행하기에는 한계가 있다. 이러한 현실적인 여건을 감안할 때, 대륙별로 회원국들이 상시적으로 참여할 수 있는 지역별 관리위원회(Regional Management Board)를 조직하여 지역 치안 이슈 발굴 및 의견 조정, 총회 의제 발굴, 인터폴 선출직 추천, 지역사무소 관련 사항 등을 조정하는 것도 고려할 필요가 있다. 최근 인터폴에서 온라인 회의 방식으로 적극 활용하고 있는 웨비나(Webinar) 및 가상 토론방(Virtual Discussion Rooms)[146]과 같은 유연한 회의체로 운영하는 것도 검토할 수 있다.

이와 더불어 사실상 조직의 의사결정 중심축으로서 집행위원회 구성과 운영 면에서의 변화도 필요하다. 현행 집행위원회의 구성(유럽 4, 타 대륙 3)은 60여 년 전 인터폴이 유럽 중심으로 운영될 당시 확립된 체계로, 이후 90개국 이상의 회원국이 증가했고 전 세계적으로 모든 지역이 균형된 편재를 보유하게 됨에 따라 회원국 사이에서 지역별로 균등한 대표성을 요구하는 목소리가 높아지고 있다. 대륙 간의 균형 있는 경찰 역량 발전을 도모하고 미래 지향적인 협력 관계를 유지하기 위해 총재는 인터폴 조직의 대표로서 대륙의 구분에서 제외하고, 4개 대륙별로 부총재 1명, 집행위원 2명으로 동일하게 배분하는 방안이 최적의 대안이라 할 수 있다. 하지만 이는 헌장의 개정이 필요(전체 회원국 3분의 2 동의)[147]한 이슈로서 폭넓은 공감대가 먼저 확보되어야 한다.

또한 집행위원회는 횟수와 방식 면에서 심도 있는 검토와 의사결정에 한계가 있는 것이 사실이다. 이와 관련하여 유사시 의사결정 절차로 도입한 비회기(out of session) 서면 절차[148]를 적극 활용하고, 필요시 위원 간 온라인 화상회의를 통한 토론과 진행도 요구된다. 집행위원회의 운영을 내실화하고 전문성을 높일 수 있도록 독자적인 상설 집행위원회 사무국(Permanent Executive Committee Secretariat)을 신설하여 정책 의제 발굴, 법률 지원, 정책 분석과 자문 등 역할을 수행하게 해야 한다.

마지막으로 회원국 및 이해 당사자들의 적극적인 참여를 바탕으로 거버넌스의 외연을 확대하며, 미래형 인터폴 리더십에 대한 논의도 지속되어야 한다. 헌장에 따라 인터폴 거버넌스의 하나로 규정되어 있는 자문단 제도를 분야별 워킹그룹(Working Group)과 연계하여 활성화하고, 치안 분야 국제 협력의 중심축으로서 국제사회, 지역별 경찰기구, 대학, 연구소, 민간기업 등과도 보다 유기적인 파트너십을 도모할 수 있는 플랫폼을 마련해야 한다. 또한 새로운 세대의 경찰 리더를 적극 발굴[149]하는 한편, 미래 치안 리더십 프로그램을 신설하여 회원국 경찰에게 제공할 필요성도 있다.

인터폴의 변화와 발전은 현재 진행형이다

인터폴은 국제기구로서는 매우 드물게 한 세기에 걸친 존속과 축적을 통해 2019년 기준 UN보다 많은 194개 회원국을 보유한 세계 최대 규모의 국제경찰 기구로 성장했다. 특히 전 세계 범죄 정보의 보고로서 수배자, 여권, DNA, 총기 등 18개 데이터베이스에 1억 건의 자료를 축적하고 있으며, 초당 220건의 검색 결과를 통해 법집행 현장에서 실시간으로 경찰 활동을 지원하고 있다. 최초로 12가지 희망사항(Wishes)을 제시했던 인터폴 설립자들이 현재의 인터폴을 바라볼 기회가 있다면, 그간 후배들이 노력하여 이루어낸 성과에 대해 흐뭇한 미소를 보낼 것이라 믿는다.

물론 인터폴의 내일이 장밋빛으로 지속되기를 기대할 수만은 없다. 오히려 미래 사회의 유래 없는 불확실성은 글로벌 경찰 협력을 이끌어가야 하는 인터폴에게 끊임없는 혁신을 요구하고 있다. 치안은 언제나 한발 앞서 첨단 기술로 무장한 범죄자들과의 불리한 경쟁이자 기울어진 운동장이기 때문이다. 바로 이 지점에 인터폴의 존재 이유와 가치가 있다. 그러므로 미래 국제 치안 혁신의 중심으로서 인터폴의 역할은 더욱 강조될 수밖에 없는 것이다.

인터폴은 전 세계적인 조직망을 보유하고 있고, 회원국의 참여와 상호 협력을 바탕으로 실질적인 집행력까지 갖추고 있는 유일한 국제경찰 기구다. 그러므로 인터폴의 미래는 모든 회원국들이 치안 현장에서 더

효과적으로 범죄자들에 대응하고, 보다 안전한 사회를 만들 수 있도록 성공적으로 지원할 수 있느냐에 달려 있다. 최고의 고객이자 파트너인 회원국들의 어려움과 필요에서 답을 찾아야 하며, 인터폴의 최대 자산인 수단과 서비스(tools and services)도 새로운 디지털 치안 환경에 맞게 세계 곳곳에서 현장 경찰관들이 막힘없이 활용할 수 있도록 고도화해야 한다. 또한 조직 관리 측면에서도 인터폴 고위직 등 인력 구성에서 잔존하는 지역 간 불균형을 해소하고 회원국에 대한 투명성과 책임성을 더욱 높여가야 한다.

최근 뉴 노멀(New Normal)로 자리 잡은 코로나 전염병 사태는 세계 여러 나라의 경찰에게도 크나큰 도전이 되고 있다. 물론 인터폴도 코로나 상황에서 주요 국제범죄 동향에 대한 면밀한 분석과 더불어, 효과적인 경찰 협력 방안을 찾기 위한 고민을 계속하고 있다. 보다 근본적으로는 디지털 기술 발전과 융합한 보편적인 언택트(Untact) 시대를 맞아 미래 치안 활동과 국제 경찰협력의 패러다임에 대한 재정의가 있어야 할 것으로 판단된다. 인터폴도 포스트 코로나(Post-Corona) 시대에 대비하여 글로벌 치안 협력의 리더로서 국제 안보와 치안정책 연구에 대해 전략적으로 투자하는 것이 시급한 과제다.

개인적으로는 한국 경찰이 앞으로도 인터폴에 대한 기여를 더욱 높여나갔으면 한다. 특히 인터폴에 대한 투자와 참여를 확대하여 국제 경찰협력의 중심축으로 확고히 자리매김할 수 있기를 바란다. 그리하여 이 책의 내용도 이러한 변화와 발전을 수시로 반영하여 보완하는 수고가 계속 이어지기를 기대한다.

인터폴이 다가올 미래에도 모든 회원국 경찰을 변함없이 연결하고, 지구촌의 안전을 지키는 든든한 보루로 역할하기를 기원하는 바이다.

부록

1. 회원국 현황(194개국)[150]

연번	국가명(EN)	국가명(KO)	가입년도	NCB 소재지	대륙
1	AFGHANISTAN	아프가니스탄	2002	Kabul	아시아
2	ALBANIA	알바니아	1991	Tirana	유럽
3	ALGERIA	알제리	1963	Algiers	아프리카
4	ANDORRA	안도라	1987	Andorra	유럽
5	ANGOLA	앙골라	1982	Luanda	아프리카
6	ANTIGUA&BARBUDA	앤티가 바부다	1986	Saint John's	미주
7	ARGENTINA	아르헨티나	1947	Buenos Aires	미주
8	ARMENIA	아르메니아	1992	Yerevan	유럽
9	ARUBA	아루바	1987	Oranjestad	미주
10	AUSTRALIA	호주	1948	Canberra	아시아
11	AUSTRIA	오스트리아	1923	Vienna	유럽
12	AZERBAIJAN	아제르바이잔	1992	Baku	유럽
13	BAHAMAS	바하마	1973	Nassau	미주
14	BAHRAIN	바레인	1972	Bahrain	아시아
15	BANGLADESH	방글라데시	1976	Dhaka	아시아
16	BARBADOS	바베이도스	1981	Bridgetown	미주
17	BELARUS	벨라루스	1993	Minsk	유럽
18	BELGIUM	벨기에	1923	Brussels	유럽
19	BELIZE	벨리즈	1987	Belmopan	미주
20	BENIN	베냉	1962	Cotonou	아프리카
21	BHUTAN	부탄	2005	Thimphu	아시아
22	BOLIVIA	볼리비아	1963	La Paz	미주
23	BOSNIA & HERZEGOVINA	보스니아헤르체고비나	1992	Sarajevo	유럽
24	BOTSWANA	보츠와나	1980	Gaborone	아프리카
25	BRAZIL	브라질	1953	Brasilia	미주
26	BRUNEI	브루나이	1984	Brunei	아시아
27	BULGARIA	불가리아	1925	Sofia	유럽
28	BURKINA FASO	부르키나파소	1961	Ouagadougou	아프리카

연번	국가명(EN)	국가명(KO)	가입년도	NCB 소재지	대륙
29	BURUNDI	부룬디	1970	Bujumbura	아프리카
30	CAMBODIA	캄보디아	1956	Phnom Penh	아시아
31	CAMEROON	카메룬	1961	Yaounde	아프리카
32	CANADA	캐나다	1949	Ottawa	미주
33	CAPE VERDE	카페베르데	1989	Praia	아프리카
34	CENTRAL AFRICAN REPUBLIC	중앙아프리카공화국	1965	Bangui	아프리카
35	CHAD	차드	1962	N'Djamena	아프리카
36	CHILE	칠레	1930	Santiago	미주
37	CHINA	중국	1923	Beijing	아시아
38	COLOMBIA	콜롬비아	1954	Bogota	미주
39	COMOROS	코모로	1998	Moroni	아프리카
40	CONGO	콩고	1961	Brazzaville	아프리카
41	COSTA RICA	코스타리카	1954	San Jose	미주
42	COTE D'IVOIRE	코트디부아르	1961	Abidjan	아프리카
43	CROATIA	크로아티아	1992	Zagreb	유럽
44	CUBA	쿠바	1952	Havana	미주
45	CURACAO	퀴라소	2011	Willemstad	미주
46	CYPRUS	사이프러스	1962	Nicosia	유럽
47	CZECH REPUBLIC	체코	1993	Prague	유럽
48	DEMOCRATIC REPUBLIC OF THE CONGO	콩고민주공화국	1963	Kinshasa	아프리카
49	DENMARK	덴마크	1923	Copenhagen	유럽
50	DJIBOUTI	지부티	1980	Djibouti	아프리카
51	DOMINICA	도미니카연방	1981	Roseau	미주
52	DOMINICAN REPUBLIC	도미니카공화국	1953	Santo Domingo	미주
53	ECUADOR	에콰도르	1962	Quito	미주
54	EGYPT	이집트	1923	Cairo	아프리카
55	EL SALVADOR	엘살바도르	1959	San Salvador	미주
56	EQUATORIAL GUINEA	적도기니	1980	Malabo	아프리카
57	ERITREA	에리트레아	1999	Asmara	아프리카

연번	국가명(EN)	국가명(KO)	가입년도	NCB 소재지	대륙
58	ESTONIA	에스토니아	1992	Tallinn	유럽
59	ESWATINI	에스와티니	1975	Mbabane	아프리카
60	ETHIOPIA	에티오피아	1958	Addis Ababa	아프리카
61	FIJI	피지	1971	Suva	아시아
62	FINLAND	핀란드	1923	Helsinki	유럽
63	FRANCE	프랑스	1923	Paris	유럽
64	GABON	가봉	1961	Libreville	아프리카
65	GAMBIA	감비아	1986	Banjul	아프리카
66	GEORGIA	조지아	1993	Tbilisi	유럽
67	GERMANY	독일	1923	Wiesbaden	유럽
68	GHANA	가나	1958	Accra	아프리카
69	GREECE	그리스	1923	Athens	유럽
70	GRENADA	그레나다	1986	Saint George's	미주
71	GUATEMALA	과테말라	1949	Guatemala	미주
72	GUINEA	기니	1961	Conakry	아프리카
73	GUINEA-BISSAU	기니비사우	1992	Bissau	아프리카
74	GUYANA	가이아나	1968	Georgetown	미주
75	HAITI	아이티	1957	Port au Prince	미주
76	HONDURAS	온두라스	1974	Tegucigalpa	미주
77	HUNGARY	헝가리	1923	Budapest	유럽
78	ICELAND	아이슬란드	1971	Reykjavik	유럽
79	INDIA	인도	1949	New Delhi	아시아
80	INDONESIA	인도네시아	1952	Jakarta	아시아
81	IRAN	이란	1938	Tehran	아시아
82	IRAQ	이라크	1967	Baghdad	아시아
83	IRELAND	아일랜드	1947	Dublin	유럽
84	ISRAEL	이스라엘	1949	Jerusalem	유럽
85	ITALY	이탈리아	1923	Rome	유럽
86	JAMAICA	자메이카	1963	Kingston	미주
87	JAPAN	일본	1953	Tokyo	아시아

연번	국가명(EN)	국가명(KO)	가입년도	NCB 소재지	대륙
88	JORDAN	요르단	1956	Amman	아시아
89	KAZAKHSTAN	카자흐스탄	1992	Nur Sultan	아시아
90	KENYA	케냐	1968	Nairobi	아프리카
91	KIRIBATI	키리바시	2018	Tarawa	아시아
92	KUWAIT	쿠웨이트	1965	Kuwait	아시아
93	KYRGYZSTAN	키르기스스탄	1996	Bishkek	아시아
94	LAOS	라오스	1957	Vientiane	아시아
95	LATVIA	라트비아	1992	Riga	유럽
96	LEBANON	레바논	1949	Beirut	아시아
97	LESOTHO	레소토	1971	Maseru	아프리카
98	LIBERIA	라이베리아	1956	Monrovia	아프리카
99	LIBYA	리비아	1954	Tripoli	아프리카
100	LIECHTENSTEIN	리히텐슈타인	1960	Vaduz	유럽
101	LITHUANIA	리투아니아	1991	Vilnius	유럽
102	LUXEMBOURG	룩셈부르크	1937	Luxembourg	유럽
103	MADAGASCAR	마다가스카르	1961	Antananarivo	아프리카
104	MALAWI	말라위	1966	Lilongwe	아프리카
105	MALAYSIA	말레이시아	1961	Kuala Lumpur	아시아
106	MALDIVES	몰디브	1984	Male	아시아
107	MALI	말리	1969	Bamako	아프리카
108	MALTA	몰타	1972	Floriana	유럽
109	MARSHALL ISLANDS	마셜제도	1990	Majuro	아시아
110	MAURITANIA	모리타니아	1962	Nouakchott	아프리카
111	MAURITIUS	모리셔스	1969	Port Louis	아프리카
112	MEXICO	멕시코	1955	Mexico	미주
113	MONACO	모나코	1950	Monaco	유럽
114	MONGOLIA	몽골	1991	Ulan Bator	아시아
115	MONTENEGRO	몬테네그로	2006	Podgorica	유럽
116	MOROCCO	모로코	1957	Rabat	유럽
117	MOZAMBIQUE	모잠비크	1989	Maputo	아프리카

연번	국가명(EN)	국가명(KO)	가입년도	NCB 소재지	대륙
118	MYANMAR	미얀마	1954	Nay Pyi Taw	아시아
119	NAMIBIA	나미비아	1992	Windhoek	아프리카
120	NAURU	나우루	1971	Yaren	아시아
121	NEPAL	네팔	1967	Kathmandu	아시아
122	NETHERLANDS	네덜란드	1923	The Hague	유럽
123	NEW ZEALAND	뉴질랜드	1955	Wellington	아시아
124	NICARAGUA	니카라과	1965	Managua	미주
125	NIGER	니제르	1964	Niamey	아프리카
126	NIGERIA	나이지리아	1960	Lagos	아프리카
127	NORTH MACEDONIA	북마케도니아	1993	Skopje	유럽
128	NORWAY	노르웨이	1930	Oslo	유럽
129	OMAN	오만	1972	Muscat	아시아
130	PAKISTAN	파키스탄	1952	Islamabad	아시아
131	PALESTINE	팔레스타인	2017	Palestine	아시아
132	PANAMA	파나마	1958	Panama	미주
133	PAPUA NEW GUINEA	파푸아뉴기니	1976	Konedobu	아시아
134	PARAGUAY	파라과이	1977	Asuncion	미주
135	PERU	페루	1962	Lima	미주
136	PHILIPPINES	필리핀	1952	Manila	아시아
137	POLAND	폴란드	1923	Warsaw	유럽
138	PORTUGAL	포르투갈	1923	Lisbon	유럽
139	QATAR	카타르	1974	Doha	아시아
140	REPUBLIC OF KOREA	대한민국	1964	Seoul	아시아
141	REPUBLIC OF MOLDOVA	몰도바	1994	Chisinau	유럽
142	ROMANIA	루마니아	1923	Bucharest	유럽
143	RUSSIAN FEDERATION	러시아	1990	Moscow	유럽
144	RWANDA	르완다	1974	Kigali	아프리카
145	ST KITTS & NEVIS	세인트키츠 네비스	1987	Basseterre	미주
146	ST LUCIA	세인트루시아	1983	Castries	미주

연번	국가명(EN)	국가명(KO)	가입년도	NCB 소재지	대륙
147	ST VINCENT & THE GRENADINES	세인트빈센트 그레나딘	1985	Kingstown	미주
148	SAMOA	사모아	2009	Apia	아시아
149	SAN MARINO	산마리노	2006	San Marino	유럽
150	SAO TOME & PRINCIPE	상투메 프린시페	1988	Sao Tome	아프리카
151	SAUDI ARABIA	사우디아라비아	1956	Riyadh	아시아
152	SENEGAL	세네갈	1961	Dakar	아프리카
153	SERBIA	세르비아	2001	Beograd	유럽
154	SEYCHELLES	세이셸	1977	Victoria	아프리카
155	SIERRA LEONE	시에라리온	1962	Freetown	아프리카
156	SINGAPORE	싱가포르	1968	Singapore	아시아
157	SINT MAARTEN	생마르텐	2011	Philipsburg	미주
158	SLOVAKIA	슬로바키아	1993	Bratislava	유럽
159	SLOVENIA	슬로베니아	1992	Ljubljana	유럽
160	SOLOMON ISLANDS	솔로몬제도	2017	Honiara	아시아
161	SOMALIA	소말리아	1975	Mogadishu	아프리카
162	SOUTH AFRICA	남아프리카공화국	1948	Pretoria	아프리카
163	SOUTH SUDAN	남수단	2011	Juba	아프리카
164	SPAIN	스페인	1951	Madrid	유럽
165	SRI LANKA	스리랑카	1950	Colombo	아시아
166	SUDAN	수단	1956	Khartoum	아프리카
167	SURINAME	수리남	1949	Paramaribo	미주
168	SWEDEN	스웨덴	1923	Stockholm	유럽
169	SWITZERLAND	스위스	1923	Bern	유럽
170	SYRIA	시리아	1953	Damascus	아시아
171	TAJIKISTAN	타지키스탄	2004	Dushanbe	아시아
172	TANZANIA	탄자니아	1962	Dar Es Salam	아프리카
173	THAILAND	태국	1951	Bangkok	아시아
174	TIMOR LESTE	동티모르	2002	Dili	아시아
175	TOGO	토고	1960	Lome	아프리카
176	TONGA	통가	1979	Nukualofa	아시아

연번	국가명(EN)	국가명(KO)	가입년도	NCB 소재지	대륙
177	TRINIDAD & TOBAGO	트리니다드토바고	1964	Port of Spain	미주
178	TUNISIA	튀니지	1957	Tunis	아프리카
179	TURKEY	터키	1930	Ankara	유럽
180	TURKMENISTAN	투르크메니스탄	2005	Ashgabat	아시아
181	UGANDA	우간다	1966	Kampala	아프리카
182	UKRAINE	우크라이나	1992	Kiev	유럽
183	UNITED ARAB EMIRATES	아랍에미리트	1973	Abu Dhabi	아시아
184	UNITED KINGDOM	영국	1928	Manchester	유럽
185	UNITED STATES	미국	1923	Washington	미주
186	URUGUAY	우루과이	1955	Montevideo	미주
187	UZBEKISTAN	우즈베키스탄	1994	Tashkent	아시아
188	VANUATU	바누아투	2018	Port Vila	아시아
189	VATICAN CITY STATE	바티칸	2008	Vatican	유럽
190	VENEZUELA	베네수엘라	1948	Caracas	미주
191	VIETNAM	베트남	1991	Hanoi	아시아
192	YEMEN	예멘	1976	Sanaa	아시아
193	ZAMBIA	잠비아	1966	Lusaka	아프리카
194	ZIMBABWE	짐바브웨	1980	Harare	아프리카

※ 2020년 현재 미크로네시아, 코소보 회원국 가입안 접수

2. 역대 총회 개최지

연도	차수	국가	도시	대륙
1923	1	오스트리아	빈	유럽
1924	2	독일	베를린	유럽
1926	3	독일	베를린	유럽
1927	4	네덜란드	암스테르담	유럽
1928	5	스위스	베른	유럽
1929	6	오스트리아	빈	유럽
1930	7	스위스	베른	유럽
1931	8	프랑스	파리	유럽
1932	9	이탈리아	로마	유럽
1934	10	오스트리아	빈	유럽
1935	11	덴마크	코펜하겐	유럽
1936	12	유고	베오그라드	유럽
1937	13	영국	런던	유럽
1938	14	루마니아	부카레스트	유럽
1946	15	벨기에	브뤼셀	유럽
1947	16	프랑스	파리	유럽
1948	17	체코	프라하	유럽
1949	18	스위스	베른	유럽
1950	19	네덜란드	헤이그	유럽
1951	20	포르투갈	리스본	유럽
1952	21	스웨덴	스톡홀름	유럽
1953	22	노르웨이	오슬로	유럽
1954	23	이탈리아	로마	유럽
1955	24	터키	이스탄불	유럽
1956	25	오스트리아	빈	유럽
1957	26	포르투갈	리스본	유럽
1958	27	영국	런던	유럽
1959	28	프랑스	파리	유럽

연도	차수	국가	도시	대륙
1960	29	미국	워싱턴 D.C.	미주
1961	30	덴마크	코펜하겐	유럽
1962	31	스페인	마드리드	유럽
1963	32	핀란드	헬싱키	유럽
1964	33	베네수엘라	카라카스	미주
1965	34	브라질	리우데자네이루	미주
1966	35	스위스	베른	유럽
1967	36	일본	쿄토	아시아
1968	37	이란	테헤란	아시아
1969	38	멕시코	멕시코시티	미주
1970	39	벨기에	브뤼셀	유럽
1971	40	캐나다	오타와	미주
1972	41	독일	프랑크푸르트	유럽
1973	42	오스트리아	빈	유럽
1974	43	프랑스	칸	유럽
1975	44	아르헨티나	부에노스아이레스	미주
1976	45	가나	아크라	아프리카
1977	46	스웨덴	스톡홀름	유럽
1978	47	파나마	파나마시티	미주
1979	48	케냐	나이로비	아프리카
1980	49	필리핀	마닐라	아시아
1981	50	프랑스	니스	유럽
1982	51	스페인	토레몰리노스	유럽
1983	52	프랑스	칸	유럽
1984	53	룩셈부르크	룩셈부르크	유럽
1985	54	미국	워싱턴 D.C.	미주
1986	55	유고	베오그라드	유럽
1987	56	프랑스	니스	유럽
1988	57	태국	방콕	아시아
1989	58	캐나다	오타와	미주
1990	59	프랑스	리옹	유럽
1991	60	우루과이	몬테비데오	미주

연도	차수	국가	도시	대륙
1992	61	세네갈	다카	아프리카
1993	62	아루바	오랑 레스타스	미주
1994	63	이탈리아	로마	유럽
1995	64	중국	베이징	아시아
1996	65	터키	안탈리아	유럽
1997	66	인도	뉴델리	아시아
1998	67	이집트	카이로	아프리카
1999	68	대한민국	서울	아시아
2000	69	그리스	로도스	유럽
2001	70	헝가리	부다페스트	유럽
2002	71	카메룬	야운데	아프리카
2003	72	스페인	베니돔	유럽
2004	73	멕시코	칸쿤	미주
2005	74	독일	베를린	유럽
2006	75	브라질	리우데자네이루	미주
2007	76	모로코	마라케쉬	아프리카
2008	77	러시아	상트페테르부르크	유럽
2009	78	싱가포르	싱가포르	아시아
2010	79	카타르	도하	아시아
2011	80	베트남	하노이	아시아
2012	81	이탈리아	로마	유럽
2013	82	콜롬비아	카르타헤나	미주
2014	83	모나코	모나코	유럽
2015	84	르완다	키갈리	아프리카
2016	85	인도네시아	발리	아시아
2017	86	중국	베이징	아시아
2018	87	아랍에미리트	두바이	아시아
2019	88	칠레	산티아고	미주

3. 역대 총재 / 사무총장

총재

1923~1932	1932~1934	1934~1935	1935~1938
Johan Shober	Franz Brandl	Eugen Seydel	Michael Skubl
오스트리아	오스트리아	오스트리아	오스트리아

사진 자료
없음

1938~1946	1946~1956	1956~1960	1960~1963
	Florent Louwage	Agostinho Lourenco	Sir Richard L, Jackson
	벨기에	포르투갈	영국

나치 독일 점령기

1963~1964	1964~1968	1968~1972	1972~976
Fjalar Jarva	Firmin Franssen	Paul Dickopf	William Léonard Higgitt
핀란드	벨기에	프랑스	캐나다

1976~1980	1980~1984	1984~1988	1988~1992
Carl. G. Persson	Jolly R. Bugarin	John R. Simpson	Ivan Barbot
스웨덴	필리핀	미국	프랑스

1992~1994	1994~1996	1996~2000	2000~2004
Norman D. Inkster	Björn Eriksson	Toshinori Kanemoto	Jesús Espigares—Mira
캐나다	스웨덴	일본	스페인

2004~2008	2008~2012	2012~2016	2016~2018
Jackie Selebi	Khoo Boon Hui	Mireille Ballestrazzi	Meng Hongwei
남아공	싱가포르	프랑스	중국

2018~현재

김종양(Kim Jong Yang)

대한민국

사무총장

1932~1946 (1938~1946 나치 점령기)	1946~1951	1951~1963	1963~1978
Oskar Dressler	Louis Ducloux	Marcel Sicot	Jean Népote
오스트리아	프랑스	프랑스	프랑스

1978~1985	1985~2000	2000~2014	2014~현재
André Bossard	Raymond Kendall	Ronald K. Noble	Jürgen Stock
프랑스	영국	미국	독일

4. 인터폴 헌장

(제정) 1956년 제25차 총회
(개정) 1962년, 1964년, 1977년 1984년, 1997년 2008년, 2017년

일반 조항

제1조
제1조
"국제형사경찰위원회"로 불리는 본 기구는 이후에 "국제형사경찰기구 - 인터폴"이
라 한다. 그 소재지는 "프랑스"에 둔다.

제2조
인터폴의 목표는 다음과 같다.
(1) 서로 다른 국가에 존재하는 법률의 한계 내에서 그리고 "세계인권선언"의 정신에
    따라 모든 형사경찰기관 간에 가장 광범위한 상호 지원을 보장하고 증진한다.
(2) 일반법 범죄 예방 및 억제에 효과적으로 기여할 수 있는 모든 기관을 설립하고
    발전시킨다.

제3조
인터폴이 정치적, 군사적, 종교적 또는 인종적 성격의 개입이나 활동을 수행하는
것은 엄격히 금지되어 있다.

제4조
모든 국가는 인터폴의 활동 체계 안에서 직무를 수행하는 공식 경찰기관을 인터폴
회원으로 선정할 수 있다.
회원 가입 신청은 해당 정부기관이 사무총장에게 제출해야 한다. 회원 가입은 총회
에서 2/3의 찬성으로 승인되어야 한다.

기구 및 조직

제5조

국제형사경찰기구-인터폴은 다음과 같이 구성된다.

- 총 회
- 집행위원회
- 사무총국
- 국가중앙사무국
- 자 문 단
- 파일통제위원회

총 회

제6조

총회는 인터폴에서 최고 권위의 기구이다. 총회는 인터폴의 회원국들이 임명한 대표로 구성된다.

제7조

각 회원국에서는 한 명 이상의 대표가 참석할 수 있다. 하지만 각 국가마다 소관 정부기관이 임명한 한 명의 수석대표가 있어야 한다.

인터폴의 전문적인 성격상 회원국은 대표단에 다음 사람이 포함되도록 해야 한다.

(a) 경찰업무 담당 기관의 고위공무원

(b) 통상의 임무가 인터폴의 활동과 관련이 있는 공무원

(c) 의제와 관련된 전문가

제8조

총회의 기능은 다음과 같다.

(a) 헌장에 규정된 임무를 수행한다.

(b) 헌장 제2조에 따른 인터폴의 목표를 달성하기에 적합한 원칙을 정하고 일반적인 조치를 마련한다.

(c) 사무총장이 작성한 다음연도 일반 업무계획을 검토하고 승인한다.

(d) 필요하다고 판단되는 규정을 정한다.

(e) 헌장에 규정된 직무를 수행할 사람을 선출한다.

(f) 인터폴이 처리할 권한이 있는 사안에 대해 결의안을 채택하고 회원국에게 권
고한다.

(g) 인터폴의 재정 정책을 결정한다.

(h) 다른 기구와 체결하는 모든 협정을 검토하고 승인한다.

제9조
회원국은 총회의 결정을 수행하기 위해 자신의 의무에 부합하는 한 권한 내에서 모
든 노력을 기울여야 한다.

제10조
인터폴 총회는 매년 정기회의를 개최해야 한다. 집행위원회 또는 회원국 과반수의
요청에 따라 임시회의를 개최할 수 있다.

제11조
(1) 총회는 회기 중에 특정 사안을 처리하기 위한 특별위원회를 설치할 수 있다.

(2) 또한 두 번의 총회 회기 사이에 지역회의를 개최하기로 결정할 수 있다.

제12조
(1) 총회는 매 회의의 마지막에 다음 회의 장소를 선정해야 한다.

(2) 하나 이상의 회원국이 회의 개최를 신청한 경우 총회는 2년 후 회의 개최 장소
를 결정할 수도 있다.

(3) 선정된 장소에서 회의를 개최하는 것이 불가능하거나 바람직하지 않을 경우 총
회는 다음 해를 위한 또다른 회의 장소를 선정할 수 있다.

제13조
각국에서는 한 명의 대표만이 총회에서 투표권을 가진다.

제14조
헌장에 의해 2/3의 다수결이 필요한 경우 외에는 단순 과반수로 결정한다.

집행위원회

제15조

집행위원회는 인터폴 총재, 3명의 부총재 및 9명의 집행위원으로 구성된다.

집행위원회 13명의 구성원은 다른 국가에 속해야 하며, 지리적으로 합당하게 분포되어야 한다.

제16조

총회는 회원국 대표 중에서 총재와 3명의 부총재를 선출한다.

총재의 선거에는 2/3의 다수결이 필요하며, 이 다수결을 2차 투표에서도 얻지 못한 경우에는 단순 과반수로 충분하다.

총재와 부총재는 다른 대륙 출신이어야 한다.

제17조

총재는 4년 임기로 선출한다. 부총재는 3년 임기로 선출한다. 총재나 부총재는 동일 직위나 집행위원으로 바로 재선될 수 없다.

총재 선출에 따라 제15조(두 번째 단락) 또는 제16조(세 번째 단락)를 적용할 수 없거나 양립할 수 없는 경우 네 번째 부총재를 선출하여 4개 대륙이 모두 총재단 수준에서 대표되어야 한다.

이 경우 집행위원회는 일시적으로 14명의 위원을 갖게 된다. 이 기간은 제15조 및 제16조를 적용할 수 있게 되는 즉시 종료되어야 한다.

제18조

인터폴 총재는

 (a) 총회와 집행위원회의 회의를 주재하고 토의를 총괄한다.

 (b) 인터폴의 활동이 총회와 집행위원회의 결정에 부합하도록 보장한다.

 (c) 인터폴 사무총장과 가능한 한 직접적이고 지속적인 접촉을 유지한다.

제19조

9명의 집행위원은 총회에서 3년 임기로 선출한다. 집행위원은 동일 직위에 바로 재선될 수 없다.

제20조
집행위원회는 인터폴 총재가 소집하며 매년 1회 이상 개최된다.

제21조
집행위원회의 모든 위원은 임무를 수행함에 있어 각국의 대표가 아닌 인터폴의 대표로 활동해야 한다.

제22조
집행위원회는
(a) 총회 결정에 대한 집행을 감독한다.
(b) 총회 회의의 의제를 준비한다.
(c) 유익하다고 생각하는 업무 또는 사업 계획서를 총회에 제출한다.
(d) 사무총장의 행정과 업무를 감독한다.
(e) 총회가 위임한 모든 권한을 행사한다.

제23조
집행위원회의 위원이 사임하거나 사망한 경우 총회는 그를 대신할 다른 위원을 선출해야 하며 이때 임기는 전임자의 임기와 같은 날에 종료된다. 집행위원회 위원은 누구라도 인터폴에 대한 대표의 자격을 상실하면 직무를 수행할 수 없다.

제24조
집행위원회 위원은 임기가 만료되는 해에 개최되는 총회 회의가 종료될 때까지 그 직을 유지한다.

사무총국

제25조
사무총국은 인터폴의 상설 부서들로 구성된다.

제26조

사무총국은

(a) 총회와 집행위원회의 결정을 실현해야 한다.

(b) 일반 범죄에 대응하여 국제 센터의 역할을 한다.

(c) 기술 및 정보 센터의 역할을 한다.

(d) 인터폴의 효율적인 행정을 보장한다.

(e) 국가기관 및 국제기구들과 연락을 유지하는 한편 범죄자 검색에 관한 문제는 국가중앙사무국을 통해 처리해야 한다.

(f) 유익하다고 생각하는 출판물을 발행한다.

(g) 총회, 집행위원회 및 다른 인터폴 기관 회의에서 사무국 업무를 조직하고 수행한다.

(h) 총회와 집행위원회의 검토 및 승인을 위해 다음연도 업무 계획안을 작성한다.

(i) 인터폴 총재와 가능한 직접적이고 지속적인 접촉을 유지한다.

제27조

사무총국은 사무총장과 인터폴 업무를 위임받은 기술 및 행정 직원들로 구성된다.

제28조

사무총장의 임명은 5년 임기로 집행위원회가 제청하고 총회가 승인한다. 사무총장은 1회에 한해 5년 임기로 재임명될 수 있으나 65세가 되면 사임해야 한다. 사무총장은 65세가 되면 임기를 마치도록 허용되나 70세 이후에는 그 직을 유지할 수 없다. 사무총장은 경찰 분야에서 고도로 유능한 사람 중에 선임되어야 한다.

예외적인 경우, 집행위원회는 총회에 사무총장의 해임을 제안할 수 있다.

제29조

사무총장은 총회 및 집행위원회가 결정한 지침에 따라 직원을 고용·감독하고, 예산을 관리하며, 상설 부서를 조직·감독한다.

사무총장은 인터폴 업무에 관한 제안이나 사업을 집행위원회 또는 총회에 제출해야 한다.

사무총장은 집행위원회와 총회에 대해 책임이 있다.

사무총장은 총회, 집행위원회 및 부속기관의 논의에 참여할 권한을 가진다.

사무총장은 그의 임무를 수행함에 있어 특정국가가 아닌 인터폴을 대표한다.

제30조

사무총장과 직원들은 임무를 수행함에 있어 인터폴 외의 다른 정부나 기관의 지시를 요구하거나 받아들여서는 안된다. 사무총장과 직원들은 그들의 국제적인 업무에 방해가 될 수 있는 행위를 삼가야 한다.

인터폴의 각 회원국은 사무총장과 직원들의 임무가 오로지 국제적 성격임을 존중하고 그들의 임무 수행에 영향을 미치지 않도록 해야 한다.

모든 인터폴 회원국은 사무총장과 직원들의 직무 수행을 지원하는데 최선을 다해야 한다.

국가중앙사무국

제31조

그 목표를 달성하기 위해 인터폴은 회원국의 지속적이고 적극적인 협력을 필요로 하며, 회원국은 자국의 법률이 허용하는 권한 범위 내에서 인터폴 활동에 충실히 참여하기 위해 노력해야 한다.

제32조

위의 협력을 보장하기 위해 각국은 국가중앙사무국의 역할을 수행할 기관을 임명한다. 국가중앙사무국은 다음 연락을 보장한다.

(a) 국내 다른 기관

(b) 타국 국가중앙사무국

(c) 인터폴 사무총국

제33조

제32조를 적용할 수 없거나 효과적인 중앙화된 협력이 허용되지 않는 국가의 경우 사무총국은 해당 국가와 함께 가장 적합한 다른 협력 수단을 결정해야 한다.

자문단

제34조
과학적인 문제에 대해 인터폴은 "자문단"에 상의할 수 있다. 자문단의 역할은 자문에 국한된다.

제35조
자문단은 집행위원회에서 3년 임기로 임명한다. 그들의 임명은 총회에 통보된 후에 확정된다.
자문단은 인터폴의 관심 분야에서 세계적 명성을 가진 사람 중에서 선정한다.
총회의 결정에 따라 자문단은 해임될 수 있다.

파일통제위원회

제36조
파일통제위원회는 인터폴의 개인 정보 처리와 관련하여 인터폴이 정한 규정을 준수하도록 보장하기 위한 독립 기관이다.
파일통제위원회는 개인 정보 처리와 관련한 인터폴의 모든 사업, 작전, 제반 규칙 또는 관련 사안에 대한 조언을 인터폴에 제공한다.
파일통제위원회는 인터폴 파일에 포함된 정보에 관한 요청을 처리한다.

제37조
파일통제위원회의 위원은 그 직무를 수행하는데 필요한 전문성을 보유해야 한다.
그 구성과 기능은 총회가 정한 세부 규칙에 따라야 한다.

예산과 재원

제38조
인터폴의 재원은 다음에 의해 제공된다.
 (a) 회원국의 재정 기여금
 (b) 집행위원회에 의해 접수 또는 승인된 기증, 유증, 보조금, 교부금 및 기타 재원

제39조

총회는 사무총장이 제공한 견적에 따라 회원국의 분담 기준과 세출 한도액을 정해야 한다.

제40조

인터폴의 예산안은 사무총장이 작성하여 집행위원회의 승인을 위해 제출되어야 한다. 예산안은 총회의 동의 후에 효력이 발생한다.

총회가 예산안을 승인할 가능성이 없을 경우 집행위원회는 종전 예산의 기본 틀에 따라 필요한 모든 조치를 취해야 한다.

다른 기구와의 관계

제41조

헌장에 규정된 목표와 목적을 감안하여 적합한 경우 인터폴은 다른 정부 간 기구 또는 비정부 국제기구와의 관계를 설정하고 협력해야 한다.

이러한 국제기구, 정부 간 또는 비정부 기구와의 관계에 관한 일반 조항은 총회의 승인을 받은 후에만 효력이 발생한다.

인터폴은 소관하는 모든 사안과 관련하여 비정부 국제기구, 정부 국가기관이나 비정부 국가기관의 조언을 받을 수 있다.

총회의 승인을 받아 집행위원회 또는 긴급한 경우에는 사무총장이 인터폴의 활동과 권한 범위 내에서 다른 국제기관이나 기구의 요청 또는 국제조약에 근거하여 임무를 수락할 수 있다.

헌장의 적용, 개정 및 해석

제42조

본 헌장은 회원국 또는 집행위원회의 제안에 따라 개정할 수 있다.

헌장의 개정 제안의 경우 사무총장은 모든 인터폴 회원국이 검토할 수 있도록 총회 제출 최소 3개월 전에 통보해야 한다.

헌장에 대한 개정은 인터폴 회원국 2/3의 다수결로 승인된다.

제43조
본 헌장의 프랑스어, 영어, 스페인어 원문은 권위 있는 것으로 간주된다.

제44조
본 헌장의 적용은 2/3의 다수결로 채택된 일반 규정과 부록을 통해 총회에 의해 결정된다.

임시 규정

제45조
부록 I 에 언급된 국가를 대표하는 모든 기관은 해당 정부기관을 통해 본 헌장에 동의할 수 없다고 선언하지 않는 한 인터폴의 회원으로 간주된다. 이러한 선언은 본 헌장을 시행한 날로부터 6개월 이내에 이루어져야 한다.

제46조
첫 번째 선거에서 임기보다 1년 후에 끝나는 부총재 1명을 추첨으로 선출한다.
첫 번째 선거에서 임기보다 1년 후에 끝나는 집행위원 2명과 임기보다 2년 후에 끝나는 집행위원 2명을 추첨으로 선출한다.

제47조
국제형사경찰위원회 직원 중 공적이 있고 장기간 근무한 사람에게는 총회가 국제형사경찰기구의 직급에 상응하는 명예 직책을 수여할 수 있다.

제48조
국제형사경찰위원회에 속한 모든 재산은 국제형사경찰기구로 이전된다.

제49조
본 헌장에서
 – "기구"는 항상 국제형사경찰기구를 의미한다.
 – "헌장"은 항상 국제형사경찰기구의 헌장을 의미한다.
 – "사무총장"은 국제형사경찰기구의 사무총장을 의미한다.

- "위원회"는 인터폴의 집행위원회를 의미한다.
- "회의" 또는 "총회"는 인터폴의 총회를 의미한다.
- "회원" 또는 "회원들"은 헌장 제4조에 규정된 국제형사경찰기구의 회원국을 의미한다.
- "대표"(단수) 또는 "대표들"(복수)은 제7조에 규정된 대표단에 속하는 사람 또는 사람들을 의미한다.
- "위원"(단수) 또는 "위원들"(복수)은 제19조에 규정된 조건에 따라 집행위원으로 선출된 사람 또는 사람들을 의미한다.

제50조
본 헌장은 1956년 6월 13일부터 시행한다.

부록 1

헌장 제45조가 적용되는 국가 명단

아르헨티나, 호주, 오스트리아, 벨기에, 브라질, 미얀마, 캄보디아, 캐나다, 실론, 칠레, 콜롬비아, 코스타리카, 쿠바, 덴마크, 도미니카 공화국, 이집트, 아일랜드 공화국, 핀란드, 프랑스, 독일 연방 공화국, 그리스, 과테말라, 인도, 인도네시아, 이란, 이스라엘, 이탈리아, 일본, 요르단, 레바논, 라이베리아, 리비아, 룩셈부르크, 멕시코, 모나코, 네덜란드, 네덜란드령 앤틸리스제도, 뉴질랜드, 노르웨이, 파키스탄, 필리핀, 포르투갈, 자르, 사우디아라비아, 스페인, 수단, 수리남, 스웨덴, 스위스, 시리아, 태국, 터키, 영국, 미국, 우루과이, 베네수엘라, 유고슬라비아

5. 일반 규정

(제정) 1956년 제25차 총회
(개정) 1962년, 1964년, 1967년, 1968년, 1974년, 1975년, 1977년, 1983년,
1985년, 1987년, 1988년, 1997년, 1999년, 2013년, 2014년, 2017년, 2019년

제1조
본 일반 규정 및 부록은 인터폴 헌장 제44조에 따라 채택되었다.
헌장과 일반 규정 사이에 차이가 있으면 헌장이 우선한다.

총 회

장소 – 일자 – 소집

제2조
총회는 매년 정기회의를 개최해야 한다.

제3조
모든 회원국은 자국을 대표하여 해당 국가의 영토에서 총회 개최를 신청할 수 있다.
이것이 불가능한 경우 회의는 인터폴 소재지에서 개최해야 한다.

제4조
개최 신청은 총회에서 토론이 시작되기 전에 총재에게 보내야 한다.

제5조
집행위원회는 종전 총회가 정한 장소에서 회의를 개최하는 것이 어려운 상황인 경
우 다른 장소를 정할 수 있다.

제6조
총재는 초청국의 소관 기관 및 사무총장과 협의하여 총회 개최 날짜를 확정해야 한다.

제7조
날짜와 장소가 결정되면 회원국에 대한 통보는 적어도 4개월 전에 다음 방법으로
전달되어야 한다.
 (a) 초청국이 외교경로를 통해 다른 회원국에게
 (b) 사무총장이 인터폴의 모든 회원국에게

제8조
총회 참관인으로 다음을 초청할 수 있다.
 (a) 인터폴의 회원국이 아닌 경찰기관
 (b) 국제기구
참관인 명단은 집행위원회가 작성하고 초청국의 승인을 받아야 한다.
본 조 (a)에 언급된 참관인은 초청국과 사무총장이 공동으로 초청하고, (b)에 언급
된 참관인은 집행위원회와 초청국의 합의에 따라 사무총장이 단독으로 초청한다.

의제

제9조
총회의 임시 의제는 집행위원회가 작성하여 개회 90일 전까지 회원국에게 전달되
어야 한다.

제10조
임시 의제에는 다음이 포함된다.
 (a) 인터폴의 업무에 관한 사무총장의 보고
 (b) 사무총장의 재무보고 및 예산안
 (c) 사무총장이 제안한 다음 연도 업무계획
 (d) 이전 총회에서 포함하기로 결정한 항목
 (e) 회원국이 제안한 항목
 (f) 집행위원회 또는 사무총장이 포함한 항목

제11조
모든 회원국은 개회 30일 전까지 항목을 의제에 추가하도록 요청할 수 있다.

제12조
총회 개회 전에 집행위원회는 임시 의제와 추가사항을 항목별 긴급성과 우선순위에 따라 최종 의제로 작성한다. 종전 회의에서 이월된 항목은 다음 회의를 위해 제안된 항목보다 우선하는 것으로 간주된다.

제13조
회원국은 가능한 한 개회 30일 전까지 의제에 관한 보고서와 항목의 검토에 필요한 정보를 접수해야 한다.

임시회의

제14조
임시회의는 원칙적으로 인터폴의 소재지에서 개최한다.
임시회의는 요청이 있은 후 가능한 신속히 30일 이상 90일 이내에 사무총장이 총재의 동의를 받아 소집해야 한다.

제15조
원칙적으로 임시회의의 의제는 회의 소집 목적만 포함할 수 있다.

대표단과 투표

제16조
회원국은 가능한 신속하게 대표단의 구성을 사무총장에게 통보해야 한다.

제17조
총회는 결의안을 통해 전체 회의에서 결정을 내려야 한다.

제18조

일반 규정 제52조에 따라 각 회원국은 하나의 투표권을 가진다.

투표는 수석대표 또는 다른 대표가 해야 한다.

한 회원국의 대표가 다른 회원국을 대신하여 투표할 수 없다.

제19조

총회의 결정은 헌장이 달리 규정한 경우를 제외하고는 단순 과반수에 의한다.

제20조

과반수는 참석하여 찬성 또는 반대 투표한 사람을 기산(起算)하여 결정한다. 기권한 사람은 그 이유를 설명할 수 있다.

헌장에서 "회원국의 과반수"가 필요한 경우 이 과반수의 계산은 총회 참석 여부에 관계없이 인터폴의 총 회원국 수를 기준으로 한다.

제21조

투표는 2/3의 다수결이 필요한 경우 외에는 단기(單記) 투표에 의한다.

2/3의 다수결이 필요한 경우 1차에서 필요한 의결정족수를 얻지 못하면 2차 투표를 실시한다.

제22조

표결은 거수, 기명 또는 비밀투표로 수행된다.

헌장에 따라 비밀투표가 필요한 경우를 제외하고 어떤 대표라도 언제든지 기명투표를 요청할 수 있다.

제23조

집행위원회를 구성하는 사람들은 비밀투표로 선출된다.

두 명의 후보자가 같은 수를 득표하면 2차 투표를 실시한다. 이것으로 결정되지 않으면 추첨으로 누구를 선정할지 결정한다.

제24조

결의안은 대표의 요청이 있으면 단락별로 투표할 수 있다. 이 경우 전체 내용은 그 다음에 투표에 회부되어야 한다.

한 번에 하나의 결의안만 투표해야 한다.

제25조

제안에 대한 수정안이 발의되면 수정안을 먼저 투표해야 한다.

다수의 수정안이 있을 경우 총재는 최초 제안의 내용과 가장 다른 수정안부터 시작하여 별도로 투표에 회부해야 한다.

회의 진행

제26조

총회와 집행위원회의 회의는 총회가 달리 결정하지 않는 한 비공개로 한다.

제27조

총회는 각 발표자의 시간을 제한할 수 있다.

제28조

발의된 안건을 논의할 때 회원국은 의사진행 요청을 제기할 수 있으며 이에 대해 총재는 즉시 결정해야 한다.

이의가 있는 경우 대표는 총회에 제기할 수 있고, 총회는 즉시 투표로 결정한다.

제29조

토의 중에 발표자가 회의 또는 토론의 중단이나 연기를 발의하는 경우 해당 사안은 즉시 투표에 회부되어야 한다.

제30조

대표는 언제든지 토론의 종료를 제안할 수 있다. 종료에 반대하는 두 명의 발표자가 발언할 수 있으며, 그 후 총회는 발의에 동의하는지 여부를 결정해야 한다.

제31조

총회는 모든 공용어로 된 사본이 배포되지 않은 때는 결의안에 대해 투표하지 않을 수 있다.

다수의 회원국이 결의안 서면 사본의 사전 배부를 요청하지 않는 한 수정안과 반대 제안은 즉시 논의될 수 있다.

결의안에 재정적 영향이 있을 때는 집행위원회에 의견 제시를 요청하고 토의를 연기해야 한다.

제32조

사무총장 또는 그의 대리인은 언제든지 토의에 참여할 수 있다.

사무국

제33조

총회 토론 요약서는 공용어로 가능한 신속히 배포되어야 한다.

제34조

사무총장은 총회의 사무국 업무에 책임이 있다. 이를 위해 사무총장은 필요한 직원을 고용하고 그들을 지휘, 감독해야 한다.

위원회

제35조

(1) 각 회의에서 총회는 필요한 위원회를 구성해야 한다. 총재의 제안에 따라 총회는 다양한 의제 항목과 관련된 업무를 각 위원회에 배정해야 한다.

(2) 총회가 지역회의를 구성하기로 결정한 때는 회원국의 제안을 고려하여 회의 날짜, 장소 및 조건을 확정할 권한을 지역회의에게 위임해야 한다. 지역회의가 적절한 결정을 내리지 못하면 총회가 결정해야 한다.

제36조

(1) 각 위원회는 자체 의장을 선출한다. 각 위원회 위원은 투표권을 가진다. 위원회 회의는 총회 전체 회의와 동일한 규칙을 따라야 한다.

(2) 본 조 (1)의 규정은 지역회의에도 적용된다.

제37조

(1) 각 위원회의 의장 또는 위원회가 지명한 보고자는 총회에 논의 결과를 구두로 설명해야 한다.

(2) 지역회의 의장은 동 회의에서 권고한 사항을 사무총국에 송부할 수 있으며, 사무총국은 제안된 결의안으로 조정하여 총회에 제출할 책임이 있다.

제38조

총회가 달리 결정하지 않는 한 위원회는 회기 사이에 자문을 요청받을 수 있다.

총재는 사무총장과 상의하여 위원회 회의를 소집할 수 있다.

집행위원회

제39조

총회는 정기회의의 마지막에 일반 규정 제52조에 따라 투표권이 정지되지 않은 회원국이 추천한 대표를 대상으로 선거를 실시하여 집행위원회의 결원을 보충해야 한다.

제40조

총회는 각 회의가 시작할 때 "선거위원회"를 구성할 회원국 대표단장 3명 이상을 선출해야 한다.

선거위원회는 접수된 추천 대상자를 면밀히 검토하여 유효한지 여부를 결정하고 총회에 알파벳 순서로 대상자 목록을 제출해야 한다.

또한 선거위원회는 계표(計票)도 담당한다.

제41조

어떤 이유로든 총재가 더 이상 회기 중에 또는 회기 사이에 임무를 수행할 수 없는 경우 선임 부총재가 임시로 그를 대신한다.

모든 부총재가 부재하는 경우 총재의 임무는 집행위원회의 다른 위원들에 의해 지명된 위원에게 잠정적으로 위임된다.

사무총국

제42조

총회는 비밀투표로 5년 임기의 사무총장을 선출한다.

사무총장 직위에 대한 후보자는 집행위원회가 제청한다.

제43조

사무총장은 경찰관이거나 전직 경찰관이어야 한다.

제44조

사무총장의 5년 임기는 전임 사무총장의 임기 마지막에 시작하여 그의 임기가 만료되는 해에 개최되는 총회 회의 마지막에 종료된다.

사무총장의 임기는 헌장 제28조에 규정된 5년의 기간이 만료되거나 사임, 사망, 해임 또는 헌장 제28조에 적시된 연령 제한에 도달한 경우 종료된다.

집행위원회는 사무총장의 고용조건을 결정해야 한다.

제45조

사무총장이 자신의 임무를 수행할 수 없을 경우 집행위원회가 이의를 제기하지 않는 한 사무총국의 최고위 직원이 임시로 이를 수행해야 한다.

자문단

제46조

자문단은 총회, 집행위원회, 총재 또는 사무총장의 요청에 따라 개별 또는 공동으로 자문에 응할 수 있다. 자문단은 사무총국 또는 집행위원회에 과학적 성격의 제안을 할 수 있다.

제47조

자문단은 총회, 집행위원회 또는 사무총장의 요청에 따라 과학적 문제에 관한 보고서 또는 자료를 총회에 제출할 수 있다.

제48조

자문단은 총회에 참관인으로 참석할 수 있으며, 총재의 허락을 받아 토의에 참여할 수 있다.

제49조

여러 명의 자문단이 같은 국적일 수도 있다.

제50조

자문단 회의는 인터폴 총재가 소집할 수 있다.

예산 – 재정 – 인사

제51조

재정규정은 다음에 관한 규칙을 정해야 한다.

- 법정 분담금 및 지불 조건 결정
- 예산의 준비, 승인, 집행 및 통제
- 회계 시스템의 구축과 회계의 유지, 통제 및 승인
- 용역, 물품 및 서비스의 조달, 계약관리, 그리고 인터폴의 재정관리에 관한 모든 일반 조항을 포함해야 한다.

제52조

(1) 당해 회계연도와 이전 회계연도에 대한 인터폴 법정 분담금을 납부하지 않은 회원국은 인터폴 헌장 개정안에 대한 투표 외에는 총회에서 투표권이 없다.

(2) 사무총장은 인터폴에 법정 분담금을 납부하지 않은 회원국에게 서면으로 통지해야 한다. 이 통지는 적용되는 제재와 사무총국이 분담금의 조기 납부를 장려하기 위해 마련한 지원 방안을 강조해야 한다. 사무총장은 이에 대해 집행위원회에, 관련된 경우에는 총회에도 통보해야 한다.

(3) 다만, 총회는 이 항목이 회의 의제에 포함된 경우 재량으로 투표권의 정지를 보류하기로 결정할 수 있다.

제53조
직원규정은 적용 대상인 인터폴 직원을 명시하고, 직원 관리에 관한 규칙과 절차를 정해야 한다. 여기에는 고용에 관한 기본 조건 및 직원의 기본적인 의무와 권리를 명시해야 한다.

언 어

제54조
(1) 인터폴의 공용어는 아랍어, 영어, 프랑스어 및 스페인어다.
(2) 총회 회의 동안 모든 대표는 본 조 (1)에 언급된 언어 중 하나로 통역될 수 있게 준비한 경우에는 다른 언어로 연설할 수 있다. 여러 국가에서 본 조 (1)에 언급되지 않은 언어로 동시통역을 요청할 때는 기술적으로 가능한 지 여부를 검토하기 위해 총회 최소 4개월 전에 사무총장에게 제출해야 한다.
(3) 본 조 (2)의 특별 규정을 적용받고자 하는 회원국은 필요한 시설을 제공하고 관련된 모든 경비를 부담해야 한다.

일반 규정의 개정

제55조
본 규정 및 부록은 회원국의 요청에 따라 다음 총회 개회 최소 120일 전에 사무총국에 제안하면 개정될 수 있다. 사무총장은 총회 회기 최소 90일 전에 이 제안서를 회람해야 한다.
사무총장은 총회 회기 최소 90일 전에 회원국에 자신의 제안서를 회람하여 일반 규정 및 부록에 대한 개정을 제안할 수 있다.
회기 중에는 긴급한 필요성이 있는 경우에만 본 규정 또는 부록의 개정을 총회에 제출할 수 있으며 이러한 목적의 서면 제안서는 3개 회원국이 공동으로 제출해야 한다.

제56조
총회는 회의에서 선출된 대표 3명과 집행위원회가 지명한 2명으로 구성된 "임시위원회"와 상의한 후에 본 규정 또는 부록의 개정 제안에 대해 결정해야 한다.
이 위원회는 헌장 개정 제안에 대해서도 자문해야 한다.

6. 인터폴 파일통제위원회 법령

(제정) 2016년 제85차 총회
(개정) 없음

제1조 목적
(1) 본 법령의 목적은 인터폴 파일통제위원회의 업무를 정하는 것이다.
(2) 인터폴 파일통제위원회는 본 법령에 따라 구성되고 기능해야 한다.

제1장 일반 조항

제2조 정의
(1) 인터폴 데이터 처리규칙 제1조에 제시된 정의는 본 법령에 적용된다.
(2) "위원회"는 인터폴 헌장 제5조 및 제36 조에 규정된 인터폴 파일통제위원회를 말한다.
(3) "인터폴의 규칙"은 본 법령에 달리 명시되지 않는 한 인터폴 헌장 및 데이터 처리규칙을 말한다.

제3조 위원회의 권한
(1) 위원회는 헌장 제36조에 따라 부여된 다음과 같은 직무를 수행할 수 있다.
 (a) 인터폴의 개인 정보 처리가 인터폴의 규칙을 준수하도록 보장한다.
 (b) 인터폴 정보 시스템의 개인 정보 처리와 관련된 모든 사업, 작전, 제반 규칙 또는 다른 사안에 대해 인터폴에 자문한다.
 (c) 인터폴 정보 시스템에서 처리된 데이터의 접근 및/또는 데이터 수정이나 삭제 요청을 검토하고 결정한다.
(2) 위원회는 직무 수행을 위해 다음을 갖는다.
 (a) 본 법령 제19조에 의거한 인터폴 정보 시스템에 대한 최대한의 접근
 (b) 본 법령 제26조에 규정된 바와 같이 필요한 점검을 수행하고, 인터폴에 구속력 있는 결정을 내리며, 인터폴 정보 시스템의 개인 정보 처리에 대해 의견을 제

시할 수 있는 권한

(c) 본 법령 제28조에 규정된 바와 같이 인터폴 정보 시스템에서 처리된 데이터에
대한 접근이나 수정 및/또는 삭제 요청에 대해 검토하고 최종적이고 구속력 있
는 결정을 내릴 수 있는 배타적 권한

제4조 위원회의 독립성

위원회는 그 직무 수행에 있어 독립적이어야 한다.

제5조 인터폴 회원국의 협력

인터폴 회원국은

(1) 위원회의 권한과 독립성을 존중해야 한다.

(2) 자국법에 따라 위원회의 요청에 성실히 답변해야 한다.

(3) 자국법이 허용하는 범위에서 영토 내에 있는 국가기관이 위원회의 업무를 방해
하거나 위원회의 권한에 해당하는 사안에 대해 인터폴에 대항하는 결정을 내리
지 않도록 보장해야 한다.

제2장 위원회의 조직

제1절 위원회의 구조 및 구성

제6조 구조

(1) 위원회는 두 개의 소위원회로 구성된다.

(a) 본 법령 제3조 (1)(a) 및 (b)에 규정된 직무를 수행할 권한이 있는 감독자문 소
위원회

(b) 본 법령 제3조 (1)(c)에 규정된 직무를 수행할 권한이 있는 요청 소위원회

(2) 각 소위원회 위원은 다른 소위원회의 업무 및 심의에 투표권이 없는 위원으로
협의 및/또는 참여할 수 있다.

제7조 의장

(1) 의장은 두 소위원회 회의를 주재하고 업무를 지휘하며 위원회의 행정과 사무국
의 업무를 감독한다.

(2)의장은 요청 소위원회의 위원 중에서 전체 위원들이 선출된다.

제8조 구성

(1) 위원회는 높은 도덕성, 공정성 및 청렴성을 갖춘 7명의 위원으로 구성되며, 고위직 임명에 필요한 전문 분야의 자격을 보유한 사람 중에 선출한다.

(2) 위원회의 위원은 인터폴 회원국 국민으로, 서로 다른 국적을 가지고 있어야 하고, 인터폴 공용어 중 하나에 능통해야 한다. 요청 소위원회의 위원은 가능한 한 전 세계 주요 법률 체계를 대표해야 한다.

(3) 감독자문 소위원회는 의장, 데이터 보호 전문가 및 전자적인 데이터 처리 전문가로 구성된다.

(4) 요청 소위원회는 다음 5명으로 구성된다.

 (a) 데이터 보호 전문 변호사

 (b) 국제적인 경찰 문제 관련 경험, 특히 국제 경찰협력에서 인정받는 변호사

 (c) 국제 형법 전문 변호사

 (d) 인권 전문 변호사

 (e) 가급적 국제 사법 공조 경험이 있고, 사법 또는 검찰의 고위직이거나 고위직이었던 변호사

제2절 위원회의 위원

제9조 선거

(1) 위원회의 위원은 총회에서 선출된다.

(2) 필요한 경우 사무총장은 인터폴 회원국에게 위원회 위원의 임무를 수행하는데 필요한 자격과 전문 지식을 갖춘 사람을 정해진 기간 내에 추천하도록 서면으로 요청해야 한다. 각 회원국은 직위 별로 한 명의 후보자를 제안할 수 있다.

(3) 모든 추천은 해당 직위에 대한 후보자의 자격을 명시한 자료가 첨부되어야 한다.

(4) 집행위원회는 필요한 자격을 갖춘 모든 자격이 있는 후보자 명단을 첨부 문서와 함께 준비하여 총회에 제출해야 한다.

(5) 총회는 총회 절차규칙에 따라 비밀투표로 위원회의 위원을 선출한다. 단순 과반수를 득표한 후보자는 선출된 것으로 간주된다. 자신의 경력에 따라 한 사람이 여러 개의 공석에 대한 후보자가 될 수 있다.

제10조 임기

(1) 위원회 위원의 임기는 5년이며, 3년의 추가 기간 동안 한 번 갱신될 수 있다.

(2) 본 법령에 따른 첫 번째 선거의 목적을 위해

 (a) 감독자문 소위원회 위원 중 한 명은 추첨을 통해 4년의 임기로 선정된다.

 (b) 요청 소위원회 위원 중 2명은 추첨을 통해 4년의 임기로 선정된다.

 (c) 다른 위원은 5년의 임기로 근무한다.

 (d) 위원회의 현 위원은 갱신되지 않는 임기로 선출될 수 있다.

(3) 위원회 위원이 더 이상 그의 직무를 수행할 수 없거나 사임한 경우 전임자의 잔
    여 임기에 대해 새로운 위원을 선출해야 한다. 새로운 위원은 갱신되지 않는 한
    번의 3년 임기에 재선될 수 있다. 집행위원회는 다음 총회 회의 시까지 근무하
    도록 임시 후임자를 임명할 수 있다.

제11조 독립성

(1) 위원회의 위원은 개인적인 자격으로 봉사한다.

(2) 위원회의 직무를 수행함에 있어 위원회의 구성원은 독립적이거나, 직간접 적이
    든 외부의 영향을 받지 않아야하며, 개인, 단체 또는 정부의 지시를 요구하거나
    받아들이지 않아야 한다.

(3) 회원국은 위원회의 직무 수행을 방해하거나 독립에 대한 신뢰에 영향을 줄 수
    있는 행동이나 활동을 삼가야 한다.

(4) 인터폴 및 회원국은 위원회 위원 또는 그 사무국에 영향을 미치거나 직무 수행
    에 해가 될 수 있는 행위를 삼가야 한다.

(5) 위원회의 의장은 위원회와 그 위원들의 독립성에 관한 규칙이 존수되도록 보장
    해야 한다.

제12조 공정성

(1) 위원회의 위원은 자신의 공정성이 합리적으로 의심되는 사건에는 참여하지 않
    아야 한다.

(2) 위원회 운영 규칙은 본 조의 적용에 관한 기준과 절차를 정해야 한다.

제13조 보수

총회는 위원회 위원의 보수를 결정해야 한다. 보수는 임기 동안 감소하지 않아야

한다.

제14조 해임 및 일시 정직

(1) 다음과 같은 경우 위원회의 위원은 총회에 의해서만 해임될 수 있다.
 (a) 위원이 위법행위를 했거나 무능력하여 위원회에서 제안
 (b) 위원이 반복된 또는 중대한 위법행위를 하여 집행위원회가 위원회와 협의하여
　　제안
(2) 긴급한 경우, 집행위원회는 위원회와 협의하여 위법행위를 했거나 무능력한 위
　　원을 다음 총회까지 일시적으로 정직시킬 수 있다.

제3절 위원회의 사무국

제15조 사무국

(1) 사무국은 상설기관으로, 위원회의 권한 아래 사무국장이 책임진다. 사무국장은
　　국제 형법, 인권 및/또는 데이터 보호 분야에서 폭넓은 경험을 갖춘 법률 전문
　　가여야 한다.
(2) 사무국 직원은 위원회가 선발한다. 사무국 직원의 선정에는 다음을 고려해야
　　한다.
 (a) 인터폴의 모든 공용어를 대표
 (b) 세계의 주요 법률 시스템을 대표
 (c) 사법 또는 법원 기록 경험이 있거나 국제 형법, 인권법 및/또는 데이터 보호에
　　정통하거나 법률 분석 및 작문 실력을 갖춘 직원을 적절히 선정
(3) 사무국은 본 법령에 따라 위원회가 효과적으로 그 직무를 수행할 수 있도록 지
　　원한다. 특히, 사무국은 다음과 같이 적절한 조치를 취해야 한다.
 (a) 위원회의 행정 업무를 수행하거나 이를 수행할 수 있게 준비한다.
 (b) 위원회가 검토해야 할 파일을 준비한다.
 (c) 위원회와 인터폴 또는 다른 기관과의 연락 및 조정 역할을 한다.
 (d) 위원회나 의장의 지시에 따라 연구 및 기타 임무를 수행한다.
(4) 사무국의 직원은 완전히 독립적으로 직무를 수행해야 하며 오로지 위원회로부
　　터 지시를 받아야 한다.
(5) 사무국 직원은 행정적인 목적에 한하여　사무총국 직원으로서 권리와 의무를

가진다.

제4절 위원회의 기능

제16조 회의
(1) 위원회는 직무를 효과적으로 수행하기 위해 회의 장소, 횟수 및 기간을 정하되, 1년에 3회 이상 회의를 개최해야 한다. 회의는 위원회의 의장이 소집한다.
(2) 위원회의 회의는 비공개로 하며, 원칙적으로 위원회의 위원과 사무국만이 참석할 수 있다. 다만 위원회는 참석이 필요하다고 판단되는 다른 사람을 초청할 수 있다.
(3) 위원회는 매년 예정된 회의의 전체 일정을 공개해야 한다.
(4) 회의 준비를 위해 위원회는 적정한 기간 내에, 가급적 회의 1개월 전에 두 소위원회에서 논의할 사안의 목록을 사무총국에 제공해야 한다.

제17조 권한 위임
각 소위원회는 직무를 효과적으로 수행하기 위해 일부 권한을 한 명 이상의 위원에게 위임할 수 있다. 이러한 위임에는 회기 사이에 결정을 내릴 수 있는 권한이 포함된다.

제18조 언어
(1) 위원회의 공용어는 일반 규정 제54조에 명시된 인터폴의 언어인 아랍어, 영어, 프랑스어 및 스페인어로 한다.
(2) 위원회는 공용어 중 내부 파일과 심의에 사용할 언어를 정할 수 있다.

제19조 인터폴 정보 시스템에 대한 접근
위원회는 직무를 효과적으로 수행하기 위해 인터폴 정보 시스템에서 처리되는 모든 데이터의 위치, 형태 또는 매체와 관계없이 자유로이 무제한 접근할 수 있다.

제20조 보안 및 직업상 비밀
(1) 위원회 파일은 보안 사항이다.
(2) 본 법령 제4장에 따라 위원회에 제출된 요청들은 요청 소위원회에서 보안 사항

으로 취급하며 인터폴 정보 시스템에 기록하지 않는다. 하지만 요청 소위원회는 다음을 정할 수 있다.

(a) 사건의 사실관계 및 신청인의 권리와 자유를 고려하여, 요청의 검토와 관련한 직무를 수행하는데 필요한 정보의 공개

(b) 인터폴 정보 시스템에 이미 포함된 데이터를 갱신하거나 수정하기 위해 요청 전체나 그 일부를 인터폴 정보 시스템에 기록

(3) 위원회 위원, 사무국 및 본 법령에 따라 위원회가 임명한 전문가는 직무 과정에서 달리 요구되지 않는 한 직무 수행 중 알게 된 모든 정보를 보안 사항으로 간주해야 한다. 보안 유지 의무는 그러한 직무 수행이 중단된 후에도 계속 적용된다.

제21조 협의

(1) 위원회는 인터폴 데이터 처리규칙에 따라 인터폴 정보 시스템에 접근권이 있는 사무총국, 데이터 출처 또는 다른 기관과 직접 협의할 수 있다. 국가기관과는 해당국 국가중앙사무국을 통해 협의해야 한다.

(2) 위원회는 그 직무와 관련된 사안에 대해 데이터 보호 단체를 포함한 다른 국제기구나 국가기관과 협의할 수 있으며, 국가기관과는 해당국 국가중앙사무국을 통해 협의해야 한다.

(3) 위원회는 다른 기관이나 단체와 협의할 경우 보안 유지 요건 및 제한 사항을 고려해야 한다.

제22조 전문가

위원회는 전문 지식을 가진 개인이나 단체에보안 유지 요건과 제한 사항의 범위 내에서 전문적인 조언을 제공하도록 위임할 수 있다.

제23조 인터폴 사무총국

인터폴 사무총국은 위원회가 직무를 효과적으로 수행할 수 있도록 적시에 다음과 같은 필요한 지원을 제공해야 한다.

(a) 장소 및 필요한 시설 제공

(b) 본 법령 제4장에 의한 요청을 사무총국이 접수한 즉시 위원회에 전달

(c) 위원회가 요청하여 사무총국이 제공할 수 있는 정보 또는 인터폴 데이터 처리규칙에 규정된 정보 일체를 위원회에 전달

(d) 위원회가 직무를 수행할 수 있도록 다른 관련 정보를 위원회에 전달

(e) 위원회의 회의 지원

(f) 위원회의 권한과 독립성 존중 및 보호

제24조 예산

총회는 위원회의 제안에 따라 직무수행에 필요한 연간 예산을 위원회에 배정해야 한다.

제25조 운영 규칙

(1) 본 법령에 따라 위원회는 그 직무를 수행하기 위한 자체 운영 규칙을 제정해야 한다.

(2) 위원회의 운영 규칙은 다음 사항을 포함해야 한다.

(a) 업무 체계

(b) 위원회 업무의 보안 유지 및 보호를 위한 절차

(c) 의장의 선거 절차 및 임기

(d) 위원회 회의의 장소, 횟수 및 기간

(e) 소위원회의 결정 채택에 관한 절차

(f) 위원 배제에 관한 기준 및 절차

(g) 요청 수용 여부에 대한 결정 절차

(h) 위원회의 효과적인 직무 수행과 관련된 사안

(3) 위원회가 채택한 운영 규칙은 인터폴의 모든 공용어로 공개해야 한다.

제3장 감독자문 소위원회

제26조 감독자문 소위원회의 권한

본 법령 제3조에 따라 감독자문 소위원회는 다음과 같은 권한을 가진다.

(1) 감독 역할로서 인터폴 개인 정보 처리의 인터폴 규칙 준수 여부를 확인하는 데 필요한 점검을 수행하고, 인터폴 규칙 미준수를 보완하는데 필요한 조치 및 인터폴 개인 정보 처리의 개선 권고안에 관한 구속력 있는 결정을 내린다.

(2) 자문 역할로서 인터폴 데이터 처리규칙에 제시된 모든 사안 및 개인 정보 처리와 관련된 사안에 대해 스스로 또는 사무총국의 요청에 따라 의견을 제시한다.

제27조 결정, 의견 및 권고

(1) 결정, 의견 및 권고는 서면으로 작성되어야 하며 이유가 제시되어야 한다.

(2) 감독자문 소위원회는 사무총국에 결정, 의견 및 권고를 전달해야 한다.

(3) 사무총국은 가능한 신속히 감독자문 소위원회의 결정을 이행하고, 이에 대해 위원회에 보고해야 한다.

(4) 사무총국은 가능한 신속히 감독자문 소위원회의 의견 및 권고 후속조치에 매진하고, 이행 사항에 대해 위원회에 보고해야 한다.

(5) 사무총국이 감독자문 소위원회의 의견이나 권고에 동의하지 않는 경우 가능한 신속히 위원회에 통보하고 이견(異見)의 이유를 제시해야 한다. 이 경우 위원회는 집행위원회에 이를 통보하여 집행위원회가 적절한 조치를 취하도록 할 수 있다.

제4장 요청 소위원회

제28조 요청 소위원회의 권한

(1) 본 법령 제3조에 따라 요청 소위원회는 다음과 같은 배타적 권한을 가진다.

(a) 자신의 권한으로 본 법령에 따라 제출된 요청을 처리한다.

(b) 인터폴 정보 시스템에서 처리된 데이터에 대한 접근, 수정 및/또는 삭제 요청을 검토하고 결정한다.

(2) 본 법령은 다음 사항을 저지할 수 없다.

(a) 개인 또는 단체가 인터폴 정보 시스템에서 처리된 데이터에 대해 조치를 취하도록 해당 데이터 출처의 소관 기관에 요청서를 제출

(b) 데이터 출처가 인터폴 정보 시스템에서 처리한 데이터를 수정 또는 삭제

(c) 사무총국이 인터폴 규칙에 따라 인터폴 정보 시스템에서 처리된 데이터를 차단, 수정 또는 삭제

제1절 절차의 시행

제29조 데이터 접근, 수정 및 삭제 권한

(1) 개인 또는 단체는 인터폴 정보 시스템에서 처리된 해당 개인 또는 단체 관련 데이터에 대한 접근, 수정 및/또는 삭제 요청을 위원회에 직접 제출할 권리가 있다.

(2) 인터폴과 회원국은 이 권리를 존중해야 한다.

제30조 요청의 제출
(1) 본 장에서는 위원회에 요청을 제출한 개인 또는 단체를 신청인이라고 한다.
(2) 신청인 또는 정당한 권한을 부여받은 대리인은 인터폴의 공용어 중 하나로 요청을 작성하여 위원회에 제출해야 한다. 데이터의 수정 또는 삭제 요청은 그 이유를 명시해야 한다.
(3) 요청의 제출에 따른 비용은 없다.

제31조 요청 제출 후의 의사소통
(1) 요청 소위원회는 최대한 신속히 요청의 접수 사실을 인정하고 신청인에게 해당 절차 및 처리 기간을 통지해야 한다.
(2) 요청 소위원회는 전체 처리 절차에서 신청인의 유일한 연락 담당이다.
(3) 요청 소위원회는 요청에 따라 또는 스스로 신청인과 데이터 출처에게 요청 접수 및 관련 진행상황을 통보해야 한다. 또한, 요청 소위원회는 요청을 검토하는 날짜와 다른 추가 제출 기한을 통보해야 한다.
(4) 요청 소위원회는 신청인과 데이터 출처가 사용하는 인터폴 공용어로 연락해야 하며, 전자적 방식을 포함하여 적절한 의사소통 방식을 사용해야 한다.

제32조 요청의 수용 여부
(1) 요청 소위원회는 각 요청을 검토하여 최대한 신속히 수용 가능한지 여부를 신청인에게 접수한 날로부터 1개월 이내에 통지해야 한다.
(2) 위원회는 본 법령의 조항 및 위원회가 운영 규칙에서 정한 수용 기준과 양립할 수 없는 모든 요청에 대해서는 불수용으로 밝혀야 한다.
(3) 요청의 전부 또는 일부를 수용할 수 없다고 밝히는 경우 요청 소위원회는 신청인에게 이유를 설명해야 한다.

제2절 요청의 수용 결정 후의 절차

제33조 요청의 검토
(1) 요청이 수용 가능한 경우 요청 소위원회는 신청인에 관한 데이터가 인터폴 정

보 시스템에서 처리되고 있는지 여부를 확인해야 한다.

(2) 요청 검토 시점에서 신청인에 관한 어떤 데이터도 처리되지 않은 경우 요청 소위원회는 보안 유지 요건을 고려하여 적절한 조치를 결정할 수 있다.

(3) 신청인에 관한 데이터가 인터폴 정보 시스템에서 처리되고 있고, 수정 또는 삭제 요청인 경우 요청 소위원회는 데이터 처리의 인터폴 규칙 준수 여부를 검토해야 한다. 데이터 접근에만 관련된 요청의 경우에도 요청 소위원회는 해당 데이터 처리의 인터폴 규칙 준수 여부를 검토할 수 있다. 요청의 검토 범위는 데이터 처리의 인터폴 규칙 준수 여부로 제한된다.

제34조 협의

(1) 요청을 검토하기 위해 추가 정보가 필요한 경우 요청 소위원회는 데이터 출처 및/또는 사무총국에게 정보나 설명을 요구해야 한다.

(2) 요청 소위원회는 본 법령 제21조에 따라 다른 단체에게도 정보나 설명을 요구할 수 있다.

제35조 정보의 교환

(1) 요청에 관한 정보는 본 조에 규정된 제한, 조건 및 절차에 따라 신청인과 데이터 출처가 접근할 수 있어야 한다.

(2) 정보 공개 전에 요청 소위원회는 해당 정보의 소유자인 신청인 또는 데이터 출처와 협의해야 한다.

(3) 정보의 교환은 다음과 같은 이유로 요청 소위원회가 주도적으로 또는 데이터 출처, 사무총국이나 신청인의 요청에 따라 결정하면 제한될 수 있다.

 (a) 공공이나 국가 안전 보호 또는 범죄예방을 위해

 (b) 수사나 기소의 보안성을 보호하기 위해

 (c) 신청인이나 제3자의 권리와 자유를 보호하기 위해

 (d) 위원회나 인터폴이 제대로 임무를 수행하기 위해

(4) 정보 공개에 관한 모든 제한은 타당해야하며 개요 등 일부 정보를 제공할 수 있는지 명시해야 한다. 제한 이유가 타당하지 않다고 반드시 정보의 내용을 공개해야 하는 것은 아니나 요청 소위원회가 요청을 평가하고 결정할 때 이를 고려할 수 있다.

(5) 적절하고 사건의 보안성을 침해하지 않는 경우, 요청 소위원회는 신청인에게

데이터 출처 소관 기관에 연락하도록 안내할 수 있다.

제36조 서면 제출 및 청문

요청 소위원회는 서면 제출을 기반으로 요청을 검토해야 한다. 청문은 요청 소위원회가 요청 검토에 필요하다고 판단하는 경우에만 개최할 수 있다.

제37조 임시 조치

(1) 요청 소위원회는 절차 진행 중 언제든지 해당 데이터 처리와 관련하여 인터폴이 취해야 할 임시 조치를 결정할 수 있다.

(2) 임시 조치는 본 법령 제41조에 규정된 절차에 따라 이행되어야 한다.

제3절 결정 및 구제

제38조 결정의 성격과 내용

(1) 요청 소위원회의 결정은 최종적이며 인터폴과 신청인에게 구속력을 가진다.

(2) 결정은 인터폴의 공용어 중 하나로 서면으로 제공되어야 한다. 결정문에는 결정의 이유와, 절차의 개요, 당사자의 제출 서류, 사실관계 설명, 인터폴 규칙의 적용, 법적 논쟁 분석 및 운영 부분을 포함해야 한다.

(3) 결정은 보안 유지 요건과 제한 및 본 법령 제41조에 따라 신청인과 데이터 출처에게 제공되어야 한다.

제39조 구제

(1) 요청 소위원회는 인터폴의 규칙에 따라 데이터가 인터폴 정보 시스템에서 처리될 수 있도록 적절한 보완 조치를 결정할 수 있다.

(2) 요청 소위원회는 데이터가 인터폴의 규칙에 따라 처리되지 않았다는 것을 발견한 경우 해당 데이터와 관련한 보완 조치와 더불어 인터폴이 신청인에게 제공해야 할 다른 적절한 구제 조치를 결정할 수 있다.

(3) 인터폴이 제공해야 할 구제 조치는 특별히 인터폴 정보 시스템을 통해 데이터가 처리된 경우에만 인터폴에 책임을 지울 수 있다.

(4) 요청 소위원회는 구제 조치를 결정하기 위해 다음과 같은 요소를 고려해야 한다.

 (a) 데이터가 처리되었을 때 인터폴에 허용되는 정보

(b) 데이터 처리와 연관된 관련 단체의 역할과 책임

(c) 데이터 출처의 소관 기관을 대상으로 신청인이 취했거나 마땅히 취했어야 할 조치

(d) 데이터 출처의 소관 기관이 신청인에게 이미 제공했거나 제공할 수 있는 모든 구제 수단

(e) 인터폴이 표명한 입장

(f) 본 법령 제46조에 규정된 바와 같이 인터폴의 업무에 간섭하지 않을 의무

제40조 결정 기간

(1) 요청 소위원회는 데이터에 대한 접근 요청의 경우 이를 수용하기로 밝힌 날로 부터 4개월 이내에 결정해야 한다.

(2) 요청 소위원회는 데이터에 대한 수정 및/또는 삭제 요청의 경우 이를 수용하기 로 밝힌 날로부터 9개월 이내에 결정해야 한다.

(3) 요청 소위원회는 특정한 요청과 관련한 상황에 따라 처리 기한 연장을 결정할 수 있다. 이러한 연장은 타당해야 하고, 사무총국, 자료의 출처 및 신청인에게 즉시 통보되어야 하며, 결정문에도 설명되어야 한다.

(4) 요청 소위원회는 본 조에 정해진 처리 기한 내에서 효과적으로 직무를 수행하 기 위해 회기 사이에 결정을 내리고 적절한 절차를 강구할 수 있다.

제41조 결정의 통지 및 이행

(1) 요청 소위원회의 서면 결정은 내려진 날로부터 1개월 이내에 사무총국에 제공 되어야 한다.

(2) 사무총국은 결정의 이행에 필요한 추가 설명을 요구하는 경우 외에는 접수일로 부터 1개월 이내에 이를 이행해야 한다. 사무총국이 추가 설명을 요구하는 경 우 사무총국은 설명을 받은 날로부터 1개월 이내에 이행해야 한다. 사무총국은 결정의 이행 사항을 신속히 위원회에 통지해야 한다.

(3) 요청 소위원회는 신청인과 데이터의 출처에게 서면 결정을 제공하고 보안 요건 및 제한을 고려하여 인터폴의 결정 이행 사항을 통지해야 한다. 접근 요청에 대 한 결정은 요청 소위원회가 채택한 날로부터 1개월 이내에 제공해야 한다. 데 이터 수정 및/또는 삭제 요청에 대한 결정은 요청 소위원회가 이행 사항을 통지 받은 날로부터 늦어도 1개월 이내에 신속히 제공해야 한다.

(4)위원회의 결정에 따라 데이터가 수정 또는 삭제된 경우 사무총국은 데이터 출처 외에 해당 데이터를 받았던 다른 인터폴 회원국에게 즉시 수정 또는 삭제 사실을 통지해야 한다. 데이터 출처가 아닌 다른 회원국에서 요청하는 경우 보안 요건 및 제한에 따라 위원회는 결정문과 설명을 제공할 수 있다.

제42조 변경
(1) 요청 소위원회의 결정에 대한 변경 신청은 요청이 처리되었던 시점에서 알려졌 다면 요청 소위원회가 다른 결론을 내렸을 수도 있는 사실을 발견한 때에만 가 능하다.
(2) 변경 신청은 이러한 사실의 발견 6개월 이내에 해야 한다.
(3) 변경 요청에 대한 결정 기간은 본 법령 제40조에 규정된 기간과 같다.

제5장 파일의 공개 및 보관

제43조 연례 보고서
(1) 위원회는 자신의 모든 활동에 대한 연례 보고서를 작성하여 총회에 제출해야 한다.
(2) 위원회의 연례 보고서는 인터폴의 모든 공용어로 작성되어야 한다.

제44조 결정, 권고 및 의견의 공개
본 법령에 규정된 보안 요건, 제한 및 다른 조건에 따라 위원회는 인터폴의 모든 공 용어로 자신의 결정, 의견, 권고 및 보고서를 공개하기 위해 노력해야 한다.

제45조 위원회 파일의 보관
(1) 위원회는 자신의 파일, 결정, 의견 및 권고를 30년간 보관해야 한다.
(2) 다만 위원회는 인터폴 데이터 처리규칙 제132조에 규정된 다른 합법적인 목적 을 위해서는 필요한 파일, 결정, 의견 및 권고를 동 규칙 제134조에 명시된 기간 동 안 보관할 수 있다.

제6장 최종 규정

제46조 인터폴 기능에 대한 불간섭
본 법령은 어떤 경우에도 인터폴 기능 수행에 필요한 자산과 활동에 대한 본질적인
간섭을 허용하는 것으로 해석되어서는 안 된다.

제47조 지위
본 법령은 인터폴 헌장의 부록을 구성한다.

제48조 폐지
본 법령은 제73회 총회에서 결의 AG-2004-RES-08로 채택되었던 인터폴 파일에
대한 접근 및 정보 통제에 관한 규칙을 폐지하고 대체한다.

제49조 개정
본 법령은 헌장 제44조 및 총회 절차규칙에 따라 총회의 결정으로 개정될 수 있다.

제50조 시행
본 규정은 2017년 3월 11일부터 시행한다.

주석

1   1960년대 영국의 TV 시리즈인 Man from Interpol을 비롯하여 1980년대 홍콩영화와 2005년 방영
      된 국제 불법무기거래상의 이야기를 다룬 미국 범죄영화인 Lord of War에 이르기까지 인터폴이
      관련된 드라마나 영화에 등장하는 요원들은 예외 없이 첨단무기로 무장하고 국경을 넘나들며 악
      을 소탕하는 국제수사관들로 묘사된다.

2   상세한 내용은 인터폴의 조직에서 추가 설명

3   1970년 발간된 프랑스 작가 Francois Beauval의 Less Grandes Enigmes de l'Interpol을 통해 소개한
      일화이나 일부에서는 정확한 근거가 없이 독자의 관심을 끌기 위해 지어낸 이야기라는 비판도 제
      기되고 있다.

4   개최국인 모나코 외에 프랑스, 벨기에, 덴마크, 독일, 이탈리아, 오스트리아, 헝가리, 스위스, 스페
      인, 포르투갈, 세르비아, 루마니아, 불가리아, 제정러시아, 페르시아(이란), 이집트, 터키, 멕시코, 쿠
      바, 엘살바도르, 과테말라, 브라질, 미국, 영국 24개국에서 참석했다.

5   1887년 폴란드 출신 안과 의사이자 언어학자인 L. L. Zamenhof가 개발하여 Unua Libro(First
      Book)를 통해 발표한 국제적인 보조언어(international auxiliary language)로서 이후 UN에서도 공
      식적인 지지를 나타내고 회의, 문학, 방송매체 등에서도 일부 시도되고 있으나 아직까지 공용어로
      채택한 나라는 없는 상태다.

6   이에 대해서는 1993년 Fenton Bresler가 발간한 'INTERPOL, A history and examination of 70
      years of crime solving' 책자의 Chapter 2 (Rebirth) 부분을 참조해 재정리했다.

7   Dr Johannes Schober는 오스트리아 및 비엔나 경찰청장 외에도 전후 외교장관, 두 번의 오스트리
      아 수상(Chancellor, 1921-22, 1929-30)과 국회의원(1930-32), 외교장관을 다년간 지낸 인물이다.

8   제2회 국제형사경찰회의에 참석한 17개국 : 오스트리아, 벨기에, 중국, 이집트, 피움, 프랑스, 독일,
      그리스, 헝가리, 이탈리아, 네덜란드, 폴란드, 루마니아, 스웨덴, 스위스, 미국, 유고슬라비아(최초
      회의의 주최국인 모나코와 당시 국제사회에서 가장 선진 경찰 제도로 알려진 영국은 불참).

9   프랑스 변호사인 Claude Valleix의 언급을 인용

10   인터폴 파일은 범죄자의 지문 및 종교 등까지 포함된 개인정보와 범행수법 등 관련 정보들을 한
      장의 카드에 기입한 방식이었으며 1980년대 후반 관련 정보가 컴퓨터화 될 때까지 사용되었다.

11   인터폴 국가중앙사무국 설치는 이후 1956년에 회원국 가입을 위한 기본 조건으로 의무화되었다.

12   상기서 Fenton Bresler의 'INTERPOL, A history and examination of 70 years of crime solving' 책자
      의 Chapter 3 (The First Ten Years)에 소개된 사례 중 일부를 재정리했다.

13   초대 사무총장으로 임명된 사람은 당시 오스트리아 경찰청장인 오스카 드레슬러(Oskar Dressler)

로 그는 사실 1923년 위원회 설립 당시부터 실무를 총괄하여 총재인 요한 쇼버(Johannes Schobber) 박사를 보좌했다.

14 1932년 초대 총장 요하네스 쇼버 박사 사망 이후에는 후임 비엔나 경찰청장이 총재직을 이어받았으나, 1938년 3월 나치 독일이 오스트리아를 강제로 합병하면서 당시 비엔나 경찰청장이자 총재이던 마이클 스커블(Michael Skubl)을 강제로 사임시키고 친나치 성향의 오토 스테인하우즐(Otto Steinhausl)로 했다.

15 1943년 발행 'The International Criminal Police Commission and Its Works' 미국 의회 도서관 소장.

16 벨기에 경찰의 제안으로 불가리아 제14회 부쿠레슈티 총회에 이어 개최된 회의로 영국, 프랑스, 네덜란드, 폴란드, 칠레 등 17개국 43명의 대표단이 참석했다(당시 서방과 관계가 악화되어 있던 소련 및 이탈리아, 스페인 등은 초청하지 않음).

17 애초 네덜란드와 체코에서도 본부 유치를 희망했으나 전후 국제관계에서 프랑스가 선정되었다.

18 당시 도입된 색상별 수배서 구별은 인터폴 파일들이 전산화된 이후 현재까지도 그대로 적용되고 있다. 상세 내용은 제3장 3.인터폴 수배서&통지 참조

19 인터폴 활동에서 정치적 중립성이 명문화된 것은 1948년 헌장 제1조에 'to the strict exclusion of all matters having a political, religious or racial character' 단서를 추가한 것에서 비롯되었으며, 1956년 개정 헌장은 신설된 제3조에 'It is strictly forbidden for the Organization to undertake any intervention or activities of a political, military, religious or racial character.'라고 규정하여 정치, 종교, 인종 외에 군사적 성격의 개입이나 활동에도 불개입 원칙을 확대했다.

20 이 사건을 계기로 인터폴 탈퇴까지 결정한 것에 대해서는 당시 FBI 국장 에드거 후버(Edgar Hoover)와 인터폴과의 협력에 적극적이던 다른 연방기관인 재무부 비밀국(요인경호) 및 마약 단속국 간의 갈등이 영향을 미쳤다는 분석도 있다.

21 현재 인터폴의 지역회의는 대륙별로 정례화되어 유럽은 매년, 아시아·아프리카·미주 등 다른 대륙은 2년마다 격년으로 개최하며, 지역회의에서 논의된 사항은 총회에 제출하고 있다.

22 총재와 부총재는 각 대륙을 대표하고 집행위원 숫자는 아시아·아프리카·미주는 3명, 유럽은 4명을 두도록 구성하여 현재까지도 유럽의 우위가 그대로 인정되고 있다.

23 인터폴을 상징하는 엠블럼과 기(旗)는 1955년에 최초로 제작, 상세 내용은 제2장 1. 비전과 미션 참조

24 the Rules on International Police Cooperation and on the Control of INTERPOL's Archives

25 당시 프랑스 정부의 건물에 대한 부가가치세 면제 외에 리옹시에서는 입지조건이 좋은 론강 인근에 2.5에이커 상당의 부지를 무상으로 제공하고 지방 이전 보너스 및 이전 비용까지 전폭적인 지

원을 제시했다.

26 현재 인터폴에서는 지문, DNA, 안면인식, 성명정보, 도난분실여권, 위조문서, 도난공문서, 도난차
    량, 도난선박, 아동성착취물, 도난예술품, 불법총기, 탄도정보 등 총 18종의 데이터베이스에 1억여
    건의 정보를 보유 중이다. 상세 내용은 제3장 2. 데이터베이스 및 자료 관리 참조

27 I-24/7은 24시간 7일 보안이 확보된 인터넷 가상사설망(VPN)을 통해 모든 회원국을 연결하는 통
    신시스템으로 2003년 캐나다가 최초로 연결된 이후 2007년에는 모든 회원국이 사용하게 되었다.

28 INTERPOL Constitution Article 2, Its aims are:

    (1) To ensure and promote the widest possible mutual assistance between all criminal police
    authorities within the limits of the laws existing in the different countries and in the spirit of the
    'Universal Declaration of Human Rights';

    (2) To establish and develop all institutions likely to contribute effectively to the prevention and
    suppression of ordinary law crimes.

29 Article 3, It is strictly forbidden for the Organization to undertake any intervention or activities of a
    political, military, religious or racial character.

30 Boister, Neil(2003). "Transnational Criminal Law?". European Journal of International Law.

31 AGN/68/RES/11, Protection of the Organization's distinctive signs.

32 Article 5, The International Criminal Police Organization - INTERPOL shall comprise:

    - The General Assembly - The Executive Committee - The General Secretariat
    - The National Central Bureaus - The Advisers - The Commission for the Control of Files

33 총회에 파견되는 대표단의 자격과 관련, 헌장 제7조는 '(a)경찰 업무를 다루는 기관의 고위 관계자
    (b)평소 직무가 인터폴의 활동과 연관되어 있는 자 (c)의제상 안건에 대한 전문가를 포함하도록
    노력해야 한다'라고 하여 임의규정으로 제시하고 있을 뿐, 경찰공무원 또는 공무원으로 국한하고
    있지 않다. 이에 따라, 총회 대표단 중 총재와 부총재 출마가 가능하다고 한 헌장 제16조 역시 그
    자격을 회원국의 경찰공무원으로 국한하지 않는다.

34 일반 규정 제4조

35 일반 규정 제6조, 단, 사무총장 및 개최국과 협의하여 결정해야 한다.

36 총회 절차 규칙 제22조, 제23조

37 일반 규정 제48조, 총회 절차 규칙 제20조, 제51조 제3항

38 총회 절차 규칙 제26조 제5항, 제39조, 제42조 제4항, 제5항 등

39 총회 절차 규칙 제8조 제4항. 신임장은 권한 있는 자가 총회에 참석한 대표단장을 정부대표로 임명

하는 것이 원칙이나 갑작스럽게 대표단장의 변경되어 새로운 신임장을 발급할 여유가 없었던 경우(신임을 받은 사람과 실제 참석자 불일치), 신임장 작성자가 적절한 권한을 갖고 있는 자인지가 불분명한 경우, 신임장의 내용에 오류가 있는 경우 등 실제로는 해석의 여지가 필요할 때가 있다.

40 총회 절차 규칙 제18조 제2항, 제19조

41 UN의 안전보장이사회나 다른 국제기구의 집행위원회에서 중요사항을 결정하는 것과 달리 인터폴은 집행위원회에서 총회의 안건을 결정하기는 하지만 예산안, 활동계획, 법적근거에 대한 제 · 개정 등 중요 안건은 총회의 의결을 반드시 필요로 하며, 이로 인해 인터폴 총회는 형식적 회의가 아니라 실질적인 의사결정을 위한 자리가 되고 있다.

42 총회 절차 규칙 제34조

43 헌장 제14조, 일반 규정 제19조, 총회 절차 규칙 제37조

44 총회 절차 규칙 제40조

45 총회 절차 규칙 제40A조

46 총회 절차 규칙 제20조, 총회에 기자 접근을 허락할지 여부는 총재의 권한이다.

47 총회 절차 규칙 제61조, 제62조

48 인터폴의 100주년과 관련, 1914년 모나코에서 개최된 최초의 경찰간 국제회의 100주년을 기념하여 2014년에는 모나코에서 총회를 개최했고, 1923년 오스트리아 빈에서 국제형사경찰위원회(ICPC: International Criminal Police Commission)를 설치한 것을 기념하여 2023년에는 빈에서 총회를 개최할 예정이다.

49 통상 3월, 6월에 사무총국(프랑스 리옹)에서 회의를 진행하고, 10월이나 11월 총회 개최지에서 총회 전 이틀간 회의를 개최한다.

50 총재가 부총재로 재출마하는 것을 금지하는 규정은 없지만 헌장 제17조와 제19조의 취지에 따라 총재가 부총재로 재출마할 수 없다고 해석하고 있다.

51 서면절차는 단순하고 중요하지 않은 안건을 회기 외에 처리하여 대면 집행위원회에서 보다 중요한 사안에 대해 깊게 검토하고자 도입되었으나, 서면절차로 처리할 수 없는 예외사항을 너무 폭넓게 규정하여 실질적으로 처리할 수 있는 안건의 범위가 좁은 데다 만장일치가 필요하여 활용도가 낮았다가 2020년 3월 집행위원회에서 서면절차를 활성화하기 위해 처리할 수 있는 안건을 확대하였고, 이후 코로나 상황으로 인해 대면회의가 불가능해짐에 따라 비상시 인터폴의 주요 의사결정 수단으로 적극 활용되고 있다.

52 주요 인사 선출에 있어 2명 이상의 후보자가 있을 경우 아무도 과반수의 득표를 하지 못하거나 동수를 득표하면 최소득표자를 배제하고 추가표결을 실시한다. 2명의 후보자가 있을 때는 다수 득표

자를 선택하고, 양자가 재표결에도 동일하게 득표할 경우 제비뽑기에 의해 선택한다(집행위원회 절차 규칙 제7조 제4항).

53 이전까지는 연령이 65세 미만이면 3선 이상도 가능했으나 2017년 헌장 개정으로 1회 연임만 가능 하게 되었다. 레이몬드 켄달(Raymond KENDALL, 영국, 1985~2000년 사무총장)과 로날드 노블 (Ronald K. NOBLE, 미국, 2000년~2014년 사무총장)은 각각 3선에 성공하여 15년의 임기를 마쳤 다.

54 인터폴 헌장 제41조 (전략) With the approval of the General Assembly, the Executive Committee or, in urgent cases, the Secretary General may accept duties within the scope of its activities and competence either from other international institutions or organizations or in application of international conventions.

55 1997년 UN-인터폴 협력협정 체결 당시 인터폴 측에서 협정에 서명한 자는 당시 인터폴 총재인 도시노리 가네모토였으며 사무총장이 서명권자로 서명한 1996년 국제우편연합과의 협약, 2009년 UN평화유지군 및 특별정치임무 관련 MOU, 2003년 UNESCO와의 업무협약 같은 경우는 모두 총회에서 사무총장에게 서명권 위임에 관한 사항을 결정한 뒤 이루어졌다.

56 상황실은 2003년 프랑스 리옹 사무총국에 설치되어 소속 직원들의 당직 근무로 운영되었으나 Follow the Sun Project에 따라 2011년 아르헨티나 부에노스아이레스 지역사무소에, 2015년 싱가 포르 IGCI에 추가 설치되어 현재는 3개소에서 8시간마다 교대하며 야간근무 없이 회원국들의 요 청을 처리하고 있다.

57 2019년 말 현재 사우디아라비아 리야드(중동)와 바베이도스 브리지타운(카리브해) 지역사무소 설치가 진행 중으로, 설치 국가와의 본부협약, 면책 조항 등 특권사항 협의가 완료되면 업무를 개 시할 예정이다.

58 법률가 및 전문가 7인으로 구성되는 독립기구로, 인터폴이 처리한 개인 데이터가 관련규정을 준수 했는지를 감시하고, 인터폴 정보공개 청구에 대한 심사를 하며, 정보처리의 운영·시스템에 대해 인터폴에 자문한다. 주된 역할은 적색 수배 발부건에 대한 이의신청 심사다.

59 보통은 회원국 경찰관이 파견되나 경찰관이 아닌 일반직 공무원이 선발되어 오는 경우도 있다.

60 제도 시행 후 최근까지 인사, 재정·조직, 조직·신종범죄 관련 국장 직위에 모두 여성 후보자가 선발됨

61 관련 내용은 제5장 3. 조직, 4. 주요 업무 참조

62 2018년 두바이 총회에서 키리바시, 바누아투가 가입하면서 194개 회원국이 되었다.

63 주요 글로벌 치안 이슈에 대한 국가별 고위급 논의 필요성이 대두되어 2004년 제73차 총회에서

2005년부터 국가중앙사무국장 회의를 별도로 개최할 것을 합의, 2005년 제1회 회의를 개최. 한국 경찰에서는 2011년 제7회 회의부터 외사국장이 지속적으로 참석 중이다.

64 인터폴 헌장(제34~35조)과 일반 규정(제46~50조)에서는 자문단(Advisers)의 성격과 역할에 대해 간략히 규정하고 있으며 실제 활동 중인 재정 자문단은 조직 구성과 역할 범위에 대한 자세한 사항을 2001년 집행위원회에서 채택한 규정에 따르고 있다(II.B/TRAF/EC/2001, Terms of Reference of the Advisory Group on Financial Matters).

65 2020년 현재 다음 10개의 규정이 일반 규정의 부록에 해당한다. ① 인터폴 총회 절차 규칙 ② 총회 회의의 조직에 관한 규칙 ③ 지역 회의 위임 규정 ④ 집행위원회 절차 규칙 ⑤직원 편람 ⑥ 재정 규정 ⑦ 예산외 재원에 관한 인터폴 지침 ⑧ 재단 및 유사 기관과 인터폴의 관계에 관한 지침 ⑨ 국가중앙사무국장 회의의 위임 규정 ⑩ 인터폴 데이터 처리 규칙

66 일반 규정 제52조 (1) 당해 연도와 전년도의 재정의무를 완수하지 못한 회원국은 총회 또는 다른 회의에서 투표권을 행사할 수 없다. 반면 이러한 투표권 제한은 헌장의 개정을 위한 표결에는 적용되지 않는다.

67 일반 규정 제55조, 총회 절차 규칙 제14조 제2항

68 재정 규정에 따르면 일반 예산의 수입원은 회원국의 분담금 외에 지역사무소 조달 자금, 회원국의 자발적 기부, 인터폴 재단의 기부, 현물 기부, 보상금 및 손실 회복, 금융소득, 기타수입이 있다.

69 신탁자금과 특별회계 예산은 2015년 1,860만 유로로 전체 예산의 22.9%였으나 2020년 5,135만 유로, 34.6%로 증가한 데 반해 분담금은 2015년 5,278만 유로 65.1%에서 2020년 5,881 유로 39.6%로 비율이 대폭 축소되었다.

70 스포츠의 도박 및 승부조작 범죄 대응을 위한 사업으로 카타르 정부의 펀딩으로 2016년부터 계속되고 있다.

71 UN 총회 결정에 의해 1948년 국제법의 성문화를 위해 설립된 기관으로 스위스 UN제네바사무소에 위치하고 있다.

72 최지우. 「국제법상 국제기구의 행위에 대한 회원국의 책임」, 서울대학교 대학원 법학과, 2019, 29p에서 재인용

73 2014년 모나코에서 개최된 제83차 인터폴 총회에서 시범 운영하기로 의결함

74 대리인이란 변호인, 친족 등을 의미하나 이는 예시적 규정에 불과하고, 개인이 대리인을 통해 신청할 경우 대리인 선임계를 제출해야 하며, 선임계에는 대리인에 대한 데이터 열람 승인의 취지를 명시해야 함

75 제2장 인터폴의 조직 '프랑스 정부와 인터폴 사무총국에 관한 본부 협정' 관련 내용 참조.

76 타국을 운행하는 비행기, 선박의 경우 탑승자 사전확인제도(I-Prechecking)라는 시스템이 전 세계
   적으로 운영되고 있는데, 항공사, 선박회사, 국경관리기관 간 출입국 시스템 연계를 통해 탑승권 발
   권 전에 탑승자 인적사항을 확인, 위험 외국인 탑승을 사전 차단하고 있다. 우리나라의 경우 2013년
   경찰청-법무부 간 업무협의를 통해 인터폴 적색 수배자는 원칙적으로 입국을 거부하고 있지만,
   단순 경제범죄로 다른 회원국의 요청에 의해 수배서가 발부된 경우에는 입국을 허가하기도 한다.

77 우리나라의 경우 '범죄인 인도법' 및 세계 각국과 체결한 양자 범죄인 인도 조약에 의해 제도를 운
   영하며, 외국이 우리나라에 소재한 범죄인의 인도를 요청할 경우 서울고등검찰청 검사의 권한으
   로 대상자를 인도구속하고, 대상자에 대한 인도재판의 관할권은 서울고등법원에 있다. 국제적으
   로 통일된 범죄인 인도 조약은 없으므로, 각국 간 조약을 통해 체결한 바에 따라 범죄인 인도의 요
   건은 상이하다.

78 범죄 사실의 진위 여부 및 그 성격을 따지는 재판 절차로 형사소송의 형식적 요건을 다루는 절차
   적 공판 절차와 대비되는 개념이다.

79 캐나다 자유권리헌장 제7조 모든 사람은 법의 기본원칙에 따를 경우를 제외하고 생명, 자유
   와 안전의 권리 및 이를 침해당하지 않을 권리를 향유한다(Everyone has the right to life, liberty
   and security of the person and the right not to be deprived thereof except in accordance with the
   principles of fundamental justice).

80 2016년 제85차 발리 총회의 결정에 따라 신설된 기구로, 인터폴 수배를 신청한 개별 사건에 대한 인
   터폴 헌장 및 데이터 처리 규칙 부합 여부에 대한 판단을 전담한다. 다양한 국적, 다양한 언어를 구사
   할 수 있는 경력직 인터폴 직원, 전 · 현직 경찰관, 데이터 분석가, 변호사 등으로 구성된다.

81 인터폴의 적색 수배는 국제 사회에서 공공재와 유사한 성격으로서 이의 무분별한 사용은 각국 인
   터폴에 대한 신뢰의 황폐화로 이어지며 이러한 폐단을 막기 위해서는 회원국들의 책임 있는 적색
   수배 이용이 필수적이다.

82 인터폴 파일통제위원회 법령 제29조(데이터 열람, 정정, 삭제할 권리)

83 인터폴 파일통제위원회 법령 제29조 내지 제32조

84 국제기구(International Entity)는 국제사회에서 공공의 이익을 목적으로 인터폴과 정보 교류 협정
   을 맺은 국제기구, 정부 간 기구 또는 비정부 간 기구를 말한다.

85 관련 내용은 제3장 2. 데이터베이스 및 자료 관리 참조

86 인도네시아 발리에서 발생한 폭탄 테러로, 202명이 사망하고 209명이 부상당했다. 사망자 중 38명
   만이 인도네시아인으로 다양한 국적의 관광객들이 희생되었다. 테러범들은 이슬람 원리주의 테러
   조직인 '제마 이슬라미아(JI)' 소속으로 밝혀졌다.

87 인터폴 IRT의 주요한 임무는 ① 수배자 및 테러용의자에 대한 수배서 발부, ② 피의자 식별을 위한 지문·안면 등 생체정보 DB 조회, ③ 분실 여권(SLTD) DB 조회, ④ 위조 여권 감별, ⑤ 자금세탁에 대한 전문지식 제공, ⑥ 재난 상황 시 피해자 식별 작업 등 여섯 가지다.

88 2008년 인터폴의 『효과적 교육훈련을 위한 지침(INTERPOL Guide to Effective Training)』을 제작하면서 훈련 품질 보장기준을 도입했고, 이때부터 해마다 이를 재검토하여 발전시키고 있다. 크게 기술적 부분, 학습적 부분, 내용적 부분으로 구분되며, 커리큘럼과 목표가 제대로 설정되어 있는지, 피교육자가 교육에 얼마나 참여할 수 있는지, 평가는 적절한지, 피드백은 어떻게 제공되는지 등 다양한 항목이 포함되어 있다.

89 2010년부터 인터폴 회원국들이 수배서 및 통지를 표준화된 양식으로 인터폴 전용통신망인 I-24/7을 통해 처리할 수 있도록 도입한 전용 시스템

90 2010년 카타르 도하에서 개최된 제79차 인터폴 총회에서 글로벌 혁신단지의 설립을 의결함

91 인터폴에서 2019년에 발간한 'Global Crime Threat Summary'로 사이버·테러·조직범죄 등 분야별 국제범죄의 추세와 최근 동향을 정리한 자료

92 강력한 진통제 개발의 필요성에 따라 화학적으로 합성된 마약이다. 대표적인 예로 메스암페타민(Methamphetamine, 필로폰)이 있다.

93 특정 소프트웨어를 사용하여 접속하거나 허가가 있어야 접속할 수 있는 일종의 비밀 네트워크로, IP주소가 공개적으로 공유가 되지 않아 익명성이 보장되고 추적이 어렵다는 특징이 있다.

94 호주에 소재한 경제평화연구소(Institute for Economics and Peace)에서 발간한 2018년 국제테러의 동향 관련 보고서를 재정리한 것이다.

95 2010년 12월 이후 알제리, 바레인, 이집트, 이란, 요르단, 리비아, 모로코, 튀니지, 예멘 등 중동과 북아프리카에서 일어난 반정부 시위 및 민주화 운동을 말한다.

96 2017년에는 전체 테러의 20% 이상이 실패하여 가장 높은 수준을 보였다.

97 UN안보리 결의안 2178호는 외국인 테러 전투원을 '자신의 국적 또는 영주 이외의 국가에서 무력분쟁과 관련하여 테러행위에 가담하거나 테러훈련을 받은 자'로 정의하고 있다.

98 '2016-2020 INTERPOL Counter-Terrorism Strategy', 인터폴에서 진행 중인 테러 대응 활동들을 포함하는 5개년 전략 체계로 다양한 지역, 상황에 적응 가능한 유연한 계획을 지향한다.

99 대중을 뜻하는 Crow와 자금조달을 의미하는 Funding을 조합한 용어로, 온라인 플랫폼을 통해 다수의 대중으로부터 자금을 조달하는 방식을 말한다.

100 TDAWN(Travel Documents Associated With Notices)은 수배서 정보를 여권정보 등과 연동하여 검색할 수 있는 인터폴 시스템을 말한다.

101 브루나이, 캄보디아, 인도네시아, 라오스, 말레이시아, 미얀마, 필리핀, 싱가포르, 태국, 베트남.

102 Facial Imaging Recognition Searching and Tracking의 약어다.

103 UN안보리 대테러위원회에서는 외국인 테러 전투원(Foreign Terrorist Fighters)에 대해 '테러 활동의 일환인 침투, 계획, 모의, 참가, 교육 등의 목적으로 거주국 또는 국적국을 떠나 외국을 여행하는 개인'이라고 정의하고 있다. UN안보리의 2017년 자료에 따르면, 알카에다, IS 등 주요 테러 집단들은 100개국이 넘는 나라로부터 3만여 명의 테러 전투원을 모집했다고 한다.

104 Chemical, Biological, Radiological, Nuclear, and Explosives의 약어다. 최근 테러 단체들이 사용하고 있는 폭발물의 종류는 날로 다양해지고 그 파괴력도 진화를 거듭하고 있으며, 지난 10여 년간 브뤼셀, 아부자, 보스턴, 런던, 마드리드, 모스크바, 뭄바이에서 폭탄테러가 자행되었고 시리아와 이라크 등 분쟁지역에서는 수시로 화학물질 테러가 일어나고 있다.

105 인터폴은 프로젝트 리트머스의 일환으로 사제 폭발물 테러의 위험성을 경고하기 위한 캠페인 목적의 단편영화를 제작했는데, 2018년 10월에 칸 영화제에서 기업 미디어 및 TV부문 금상을, 2019년 뉴욕 방송영화제에서 금메달을 수상하기도 했다.

106 인터폴에서 2017년 2월 발간한 'Global Strategy on Organized and Emerging Crime'에서 제시된 내용이다.

107 최근 들어 다크넷이 마약 거래 주요 루트로 이용되고 있다. 영국 랜드(RAND) 연구소에 따르면 2016년 한 해 동안 다크넷에서 이루어진 마약 거래 규모가 최대 3억 달러에 이르는 것으로 추산되었다.

108 2019년 9월 진행된 최근 프로젝트에는 아르헨티나, 볼리비아, 브라질, 콜롬비아, 도미니카공화국, 에콰도르, 파나마, 페루, 카보베르데, 가나, 기니비사우, 나이지리아 등이 참여했다.

109 유라시아 국제조직범죄 활동에 대응하기 위한 인터폴 주관 프로젝트로 2015년부터 매년 실무자회의(Working Group)를 개최하여 배후 범죄자 및 기업 대상 정보를 공유하고 회원국의 수사 활동을 지원하고 있다.

110 구소련의 구성 공화국 중 11개국이 결성한 독립국가연합(Commonwealth of Independent States)으로 현재는 러시아, 몰도바, 벨라루스, 아르메니아, 아제르바이잔, 우즈베키스탄, 카자흐스탄, 키르기스스탄, 타지키스탄 9개국이 참여.

111 2019년 6월 Thunderball 작전에서는 싱가포르 소재 인터폴 IGCI에 공동대응팀이 조직·운영되어 범죄자 검거와 함께 23마리의 살아 있는 영장류, 30마리의 대형고양이류, 4,300마리의 조류, 해마, 돌고래 등 1만 점의 불법 해양생물을 압수했다.

112 섹스토션(Sextortion)은 화상채팅으로 피해자를 유도하여 알몸 등 부적절한 영상을 촬영하게 한

후 이를 미끼로 피해자를 협박하여 금원을 갈취하는 범죄수법으로, 최근 우리나라에서 사회적 문제가 되었던 텔레그램을 이용한 성착취물 유포도 개념적으로 이에 해당한다.

113 현재까지 7차례의 인터폴 소가(SOGA) 작전을 통해 3만 명 이상이 검거되었고, 압수액은 5,700만 달러에 이른다(폐쇄된 3,700여 개소 도박장에서 다루던 도금의 규모는 8조 달러로 추산).

114 2019년에는 남아프리카 공화국 케이프타운에서 10월 22일부터 23일까지 개최되었다.

115 해킹방식의 일종으로 대상 컴퓨터에 동시다발적으로 '서비스 거부(Denial of Service)' 공격을 감행하여 정상적인 작동을 방해하는 방식이다.

116 '몸값(Ransom)'과 '소프트웨어(Software)'가 합성된 신조어로서 파일을 인질로 삼아 금원을 요구하는 사이버범죄의 대표적인 유형이다.

117 기존 랜섬웨어 공격은 이메일 첨부파일로 이루어지지만 워너크라이는 SMB(Server Message Block) 방식을 채택하여 한 대 컴퓨터만 감염되면 파일을 내려받지 않아도 같은 네트워크에 연결된 다른 컴퓨터도 자동으로 감염되는 구조다.

118 Robot+Network의 합성어. 악성 프로그램에 감염된 좀비 PC의 네트워크를 의미하며 DDoS 공격의 필수 요소다.

119 웹 호스트 업체 중 고객이 웹상에 게재하는 내용에 대한 규제 기준을 고의로 매우 관대하게 함으로써 불법적인 정보가 업로드될 수 있게 하는 업체로, 통상 사이버 관련 법령이 제대로 정비되지 않은 국가에 위치하는 경우가 많다.

120 글로벌 컴퓨터 보안업체인 McAfee의 2018 Cybersecurity Report 참조

121 GLACY+라는 작전명은 Global Action On Cyber Crime Extended의 영문 약자다.

122 12개국은 케이프베르데, 도미니카공화국, 가나, 모로코, 필리핀, 스리랑카, 통가, 칠레, 코스타리카, 모리셔스, 나이지리아, 세네갈이다.

123 관련 내용은 제3장 6. 글로벌 혁신단지 추가 참조

124 브라질, 칠레, 콜롬비아, 코스타리카, 도미니카공화국, 에콰도르, 엘살바도르, 멕시코, 니카라과, 파나마, 페루 등이 있다.

125 Global Indicator on Unidentified Victims in Child Sexual Exploitation Material.

126 ECPAT에서 2018년 11월 발간한 Trends in Online Child Sexual Abuse Material 참조

127 유럽 국가들을 중심으로 민간 차원의 자율규제를 적용하고 있으며, 덴마크의 민간기구 '레드바넷 핫라인', 스웨덴 민간기구 'ECPAT 스웨덴' 등의 활동이 대표적이다.

128 FACE : Fight Against Child (Sexual) Exploitation

129 Human Dignity Foundation, 아동의 존엄한 삶을 목표로 2004년 스위스에 설립된 재단으로, 아동

의 안전, 성취, 존엄성 보장을 목표로 다양한 아동 권리증진 활동을 전개하고 있다.

130 국제도피사범이란 일반적으로 범죄를 저지르고 해외로 도주한 사람을 말하지만 인터폴에서 말하는 도피사범(Fugitive)이란 범죄를 저지르고 도주한 자, 가석방 단계에서 처벌을 피하고자 도주한 자, 감옥에서 탈주한 자 등 사법망을 벗어나려고 시도하는 모든 사람을 의미한다.

131 INFRA : International Fugitives Round Up and Arrest.

132 쉥겐 협약 가입국의 국경 · 해안선 관리를 위해 2004년 창설된 유럽연합 내 기관으로 본부는 폴란드 바르샤바 소재하며 이전에는 조정 업무를 주로 맡았으나 2016년 유럽 국경 · 해안 경비대가 공식 출범하여 실질적인 업무도 수행하고 있다.

133 관련 내용은 제2장 2. 조직 · 인력 및 지배 구조 참조

134 인터폴이 싱가포르 내무부와 공동으로 격년 단위로 개최하는 대규모 국제행사로 관련 미래학자, 보안기업 CEO 및 전문가, 컴퓨터 엔지니어, 경찰청장 및 분야별 담당가가 참여하여 미래 치안이슈를 주제별로 논의하고 제안사항을 도출하고 있다.

135 제4장 2. 조직 · 신종 범죄 참조

136 The future of law enforcement: Policing strategies to meet the challenges of evolving technology and a changing world(2019.10.22., Deloitte Insights) 참조

137 2020년 1월 영국의 전국 경찰서장 협의회(NPCC: National Police Chiefs' Council) 및 경찰 감독 기구인 '경찰 형사국장 연합회'(APCC: Association of Police and Crime Commissioners)에서 공동으로 발행한 자료로 향후 10년간 디지털 기술이 치안에 미치는 영향과 경찰이 전략적으로 갖추어야 할 디지털 역량을 제시하고 있다.

138 I-CORE는 INTERPOL Capabilities for Operational Relevance의 약어로 2019년 10월 칠레 산티아고에서 개최된 제88차 인터폴 총회에서 회원국의 승인을 받아 채택되었다.

139 인공지능과 빅데이터 · 기계학습(machine learning) 기법을 활용하여 다양한 원천에서 확보된 대용량 데이터를 입력 · 가공하여 회원들이 활용할 수 있는 유가치한 범죄정보를 제공하기 위한 통합 인터폴 분석 플랫폼 사업으로 2024년까지 개발을 목표로 하고 있다.

140 INTERPOL Fund for International Police Cooperation, 인터폴 재정 규정에 따라 기금은 예산 단년도 원칙의 적용이 배제되어 여러 해에 걸쳐 재원의 조성 및 지출이 가능하다.

141 2020년 기준 전 세계 데이터의 총량은 44제타바이트(44조 기가바이트)에 이르러 2010년 대비 50배가 될 것이라는 예측이다(2017년 8월 Bloomberg 발표).

142 2019년 미주 지역의 콜롬비아 경찰대학을 시작으로 2020년 아시아 지역에서 한국의 경찰대학이 지정되었고, 다른 지역으로도 확대하고 있다.

143 인터폴 지적재산범죄 수사학교(IIPCIC: INTERPOL IP Crime Investigators College)로 온라인 기반으로 지적재산권 범죄 관련 동향, 수사 기법, 국제 공조에 이르기까지 다양한 과정을 제공하고 있다.

144 네덜란드 응용과학연구소(TNO), 싱가포르 난양공대, SECOM 등과 첨단 기술 분야에서 파트너
    십을 구축하고 있다.

145 관련 내용은 제2장 2. 조직 · 인력 및 지배 구조 참조

146 코로나 사태를 감안하여 인터폴에서 대면 행사의 대안으로 새로 적용한 온라인 회의 방식이다. 대
    륙별 또는 개별 회원국의 경찰 및 전문가를 참여시켜 현안들을 논의하고 있다.

147 현행 집행위원회의 지역별 구성비인 유럽 4명, 아시아 · 아프리카 · 미주 각 3명은 1964년 총회 결
    정사항으로 당시 회원국 중 유럽 국가들이 높은 비율을 차지하고 있던 상황을 반영한 것이다. 이
    를 개선하기 위해 총재는 대륙과 무관하게 선출하고 각 대륙별로 부총재 1명과 집행위원 2명을 선
    출하기 위한 헌장 개정안이 2015년 및 2019년 총회에 안건으로 제출되었지만 유럽 국가의 반대로
    정족수인 전체 회원국 3분의 2에 미달하여 부결되었다.

148 2020년 5월 유사시 집행위원회 활성화 방안의 일환으로 서면절차의 적용이 가능한 안건의 범위를
    대폭 확대하여 헌장을 제외한 관련 규정의 개정안 발의, 총회 의제 준비, 사업계획 및 예산안 승인,
    주요 직위의 임명 · 해임 등까지 가능하도록 개정했다.

149 2019년 8월에 제1회 Global Young Police Leader Programme을 개최한 바 있다.

150 가입년도는 인터폴 홈페이지를 기준으로 했으며, 탈퇴 후 재가입한 국가의 경우 최초 가입년도를
    기재했다. 구유고슬라비아, 구체코슬로바키아의 경우 인터폴 총회에서 그 지위를 신설 국가가 승
    계할 수 없다고 결정하여 새로운 가입국 기준으로 했으나, 구소련의 경우 그 지위를 러시아가 승
    계하여 구소련 가입일을 기준으로 했다.